REPÚBLICA DE SEGURANÇA NACIONAL

MILITARES E POLÍTICA NO BRASIL

RODRIGO LENTZ

REPÚBLICA DE SEGURANÇA NACIONAL

MILITARES E POLÍTICA NO BRASIL

FUNDAÇÃO ROSA LUXEMBURGO

expressão POPULAR

República de Segurança Nacional – Militares e política no Brasil
[cc] EXPRESSÃO POPULAR/FUNDAÇÃO ROSA LUXEMBURGO, 2022

Dados Internacionais de Catalogação na Publicação (CIP)

L574m   Lentz, Rodrigo
República de segurança nacional – militares e política no Brasil / Rodrigo Lentz. – São Paulo : Expressão Popular; Fundação Rosa Luxemburgo, 2022.
384 p. ; 12 x 18cm ; (Emergências)

ISBN 978-65-89834-02-1 – Fundação Rosa Luxemburgo
ISBN 978-65-5891-053-4 – Expressão Popular

1. Democracia – Brasil. 2. Brasil – Política e governo. – Brasil. I. Título.

CDD: 355   CDU: 36

And Books: André Queiroz – CRB-4/2242

"Esta publicação foi realizada pela Fundação Rosa Luxemburgo com fundos do Ministério Federal para a Cooperação Econômica e de Desenvolvimento da Alemanha (BMZ)".

"Somente alguns direitos reservados. Esta obra possui a licença Creative Commons de Atribuição + Uso não comercial + Não a obras derivadas (BY-NC-ND)".

EDITORA EXPRESSÃO POPULAR
Rua Abolição, 197 – Bela Vista
CEP 01319-010 – São Paulo – SP
Tel: (11) 3112-0941 / 3105-9500
livraria@expressaopopular.com.br
www.expressaopopular.com.br
ed.expressaopopular
editoraexpressaopopular

FUNDAÇÃO ROSA LUXEMBURGO
Rua Ferreira de Araújo, 36
05428-000 São Paulo SP – Brasil
Tel. (11) 3796-9901
info.saoPaulo@rosalux.org
www.rosalux.org.br/
@RosaluxSaoPauloBuenosAires

SUMÁRIO

Introdução 9
Formação histórica da politização dos militares 21
Primeira geração: ditadura de Segurança Nacional 67
Segunda geração: democracia de segurança nacional ... 91
Terceira geração: ditadura militar-civil de
segurança nacional 143
Doutrina de "Segurança Nacional" da ESG
revisitada (1930-1985) 235
Quarta geração: o novo sentido da
intervenção militar 285
Militares e governo Bolsonaro 313
Considerações finais 339
Notas 347
Lista de siglas 349
Referências 353
Para saber mais 379
Sobre o autor 383

COLEÇÃO EMERGÊNCIAS

Debates urgentes, fundamentais para a compreensão dos problemas brasileiros, com enfoques quase sempre invisibilizados. Essa é a proposta da Coleção Emergências, uma iniciativa da Fundação Rosa Luxemburgo e da Editora Expressão Popular. Há um volume gigantesco de dados e notícias em circulação que nos traz uma falsa ideia de acesso aos temas que pautam a vida política do país. Mas boa parte deste conteúdo é produzido e veiculado pelos donos do poder econômico, que elegem o que deve ser visto e informado de acordo com seus interesses. Por isso, é essencial ampliarmos as maneiras de enfrentar esse ponto de vista único e pautar, com profundidade, temas de relevância para o povo brasileiro.

Nossa coleção se propõe a discutir questões cruciais para o Brasil a partir de perspectivas pouco divulgadas nos meios de comunicação comerciais. Cada obra não pretende ser a última palavra sobre o tema, mas o ponto de partida para estimular debates e novas leituras. Só entendendo nossa realidade iremos transformá-la. Daí Emergências. Emergências porque é preciso refletir sobre o mundo no qual vivemos. Já não temos condições de ignorar a gravidade das crises econômica, social, ambiental, política. Emergências porque já não se pode mais insistir em velhas respostas. Emergências porque não podemos mais esperar.

INTRODUÇÃO

EMBORA COM ORIGENS NA INDEPENDÊNCIA, FOI COM A FUNDAÇÃO da república no Brasil que os militares se consolidaram como personagens relevantes na política nacional. Seja com protagonismo, seja no papel de coadjuvante, a participação dos militares foi a tônica de nossa história institucional e condensa, de forma muito peculiar, a cultura política brasileira. Para interpretar o Brasil atual e projetar o futuro político da nação, é imprescindível compreender a quase bicentenária relação entre civis e militares na disputa pelo poder político.

A distinção entre civis e militares nas relações de poder político decorre da literatura especializada que enfatiza diferentes aspectos de socialização, organização e institucionalização dos militares em relação às demais organizações sociais, sobretudo por sua peculiaridade burocrático-profissional. Além de exercerem a custódia das armas do Estado, as instituições militares e seus servidores – afetados em diferentes níveis pelas desigualdades sociais – são responsáveis por usá-las legal ou ilegalmente, razão pela qual o nível de controle social dessas instituições é um indicador democrático fundamental.[1]

No tempo presente, muitos são os exemplos fáticos que ilustram essa importância. Nem precisamos lembrar do encontro em 2015 – um ano antes do impedimento presidencial de Dilma Rousseff (PT) – entre Michel Temer (PMDB), então vice-presidente, e os generais Eduardo Villas Bôas, à época comandante do Exército, e Sérgio Etchegoyen, à frente do Estado-

-Maior Conjunto das Forças Armadas (EMCFA), para discutir "a situação política do país". Tampouco é preciso recordar da palestra do general Hamilton Mourão em uma loja maçônica de Brasília, em outubro de 2017, quando anunciou as "aproximações sucessivas" do Alto Comando do Exército para que o Poder Judiciário "fizesse sua parte" na crise política e prendesse o ex-presidente Luiz Inácio Lula da Silva (PT). Seis meses depois, com Lula já preso, e com o general Fernando Azevedo e Silva habitando o gabinete presidencial como um "assessor especial", ainda houve o "tuíte" do então comandante do Exército, general Villas Bôas, "alertando" o Supremo Tribunal Federal (STF) sobre a oposição que apresentavam em relação à liberdade do líder nas pesquisas para as eleições presidenciais de outubro de 2018. Estas já estavam sob supervisão do general Etchegoyen, que ascendeu ao governo de Temer, ainda em 2016, como ministro do Gabinete de Segurança Institucional (SI) (Lentz, 2/11/2017; 19/2/2018). Recentemente, em evento de lançamento da biografia de Michel Temer, Denis Rosenfield revelou que a participação dos generais comandantes de então iniciou já em 2015, antes do impedimento. Algo que o áudio de Romero Jucá, vazado em maio de 2016, também indicava: "Estou conversando com os generais, comandantes militares. Está tudo tranquilo, os caras dizem que vão garantir. Estão monitorando o MST, não sei o quê, para não perturbar" (Valente, 2017).

Basta nos atermos ao resultado político desse protagonismo dos generais do Exército. Após a surpreendente vitória da chapa militar em 2018 – Jair Bolsonaro (então PSL), um capitão do Exército na presidência, e Mourão (PRTB), um general do Exército na vice-presidência –, oito dos 22 ministérios e 2.558 cargos de direção e assessoramento superior (cargos de confiança) eram ocupados por *militares da ativa das Forças Armadas*, isso apenas no décimo mês de governo. Em 2020, exatos 2.897 militares na mesma condição ocupavam cargos políticos no Poder Executivo Federal – 1.595 deles do Exército, 680 da Marinha e 622 da Força Aérea Brasileira (FAB). Logo após a chegada da pandemia da Covid-19, um general de divisão da ativa, Eduardo Pazuello, assumiu o Ministério da Saúde. Em 2021, depois de 600 mil mortos e 130 mil crianças órfãs pela pandemia, a ocupação de cargos de confiança por militares da ativa das Forças Armadas passou para 2.930, sendo destes 213 no Poder Judiciário, 1 no Legislativo e o restante, 2.716, no Executivo (1.540 do Exército, 676 da FAB, 500 da Marinha). Porém, outros 8.450 militares da reserva das Forças Armadas ocupavam cargos de "tarefa de tempo certo", em grande parte no Executivo; das 46 estatais controladas diretamente pela União, 16 são comandadas por militares da ativa das Forças Armadas, incluindo a Petrobras e a Eletrobras que, contabilizando as subsidiárias (49 e 69, respectivamente), deixam sob comando militar 61% das empresas direta ou indiretamente ligadas à União (ocupação dez vezes maior do que no governo anterior). Esses dados, de julho de 2020, foram extraídos de informação prestada pelo Ministério da Defesa e presentes no Painel Estatístico de Pessoal da Secretaria de Gestão de Pessoas do Ministério da Economia, conforme matérias de Ranier Bragon e Camila Mattoso (*Folha de S. Paulo*, 18/7/ 2020), Tânia Monteiro e Adriana Fernandes (*O Estado de S. Paulo*, 31/5/2020), Leonardo Cavalcanti (*Poder 360*, 17/7/2020), Cátia Seabra e Diego Garcia (*Folha de S. Paulo*, 6/3/2021).

Por outro lado, engana-se quem pensa que a presença de militares da ativa e da reserva das Forças Armadas em cargos políticos começou no governo Bolsonaro. De acordo com dados obtidos do Painel Estatístico de Pessoal do Ministério da Economia, conforme matéria de Ranier Bragon e Camila Mattoso publicada na *Folha de S. Paulo* (18/7/2020), em janeiro de 1999, no segundo governo de FHC (PSDB), já havia 1.137 militares da ativa das Forças Armadas atuando no Executivo; no governo de Lula (PT), essa presença aumentou em 18%, chegando em 2010 a 1.421 militares em cargos de confiança política no governo. De 2011 a 2016, Dilma Rousseff (PT) aumentou o contingente em 29%, alcançando 1.833 militares da ativa das Forças Armadas em cargos de confiança. Por sua vez, Michel Temer (PMDB) aumentou em 4% esse contingente, contando, em 2018, com 1.925 militares, incluindo a simbólica posse de um general do Exército, Joaquim Silva e Luna, no comando do Ministério da Defesa, fato inédito desde sua criação, em 1999. A grande diferença é que, até Temer, os militares ocupavam cargos do segundo escalão para baixo e apenas no Ministério da Defesa, no Gabinete de Segurança

Institucional (GSI) e na Vice-Presidência, com exceções pontuais em outras pastas e poderes.

Portanto, a chamada *militarização da política* é um processo que ocorreu mesmo após 1988, ascendeu com governos de direita e de esquerda, e atingiu seu ápice com o governo Bolsonaro. É um fenômeno de raízes mais profundas, ligadas à formação democrática brasileira. Sendo assim, a proposta deste livro é oferecer uma interpretação histórica dos militares na política com base na "Doutrina de Segurança Nacional" da Escola Superior de Guerra brasileira (ESG). Produzida ao longo do século XX e atualizada até hoje, essa doutrina fornece um pensamento político oficial dos militares no Brasil, com uma estrutura ideológica da organização militar nacional e uma tradição doutrinária de ação política no ambiente civil. Partindo de seus termos, é possível traçar algumas hipóteses de interpretações sobre a atual ocupação militar da política, hipóteses essas a serem contraditadas pelos próprios acontecimentos em andamento.

Para tanto, algumas fontes primárias foram incluídas na análise. Primeiro, a doutrina da ESG foi categorizada conforme o conteúdo do *Manual Básico da Escola Superior de Guerra*, editado entre 1974 e 2016. Segundo, foi mapeado o alto escalação da presidência da república durante a ditadura de 1964, de Castelo a Sarney – conforme cruzamento com o almanaque dos "ex-estagiários" da ESG, até Geisel ao menos 30% dos militares no governo haviam passado pela ESG; apenas no governo Figueiredo a presença significativa de militares formados na ESG foi reduzida, chegando a 18%.

Nesse sentido, desde a primeira tomada do poder político, as Forças Armadas, com indispensável participação civil, desencadearam um longo processo de profissionalização que incorporou a política nacional na organização militar a partir de um conjunto de autonomias: é a única instituição "nacional" e "permanente", de obediência discricionária à representação da soberania popular, com a finalidade de promover, garantir e manter sua concepção peculiar de segurança nacional. Ao contrário do que muito se disseminou com a queda da direção do poder político em 1985, os militares seguiram na política nacional. Porém, em outra posição estratégica: na *supervisão da estabilidade da Ordem de Segurança Nacional*. Desde a crise política de 2013, que resultou no golpe de Estado de 2016 e na eleição da chapa militar, essa posição foi alterada e os militares, outra vez pela via eleitoral, regressaram ao comando do poder político, em mais um capítulo da longa história da politização das Forças Armadas no Brasil. É este o argumento central deste livro.

Para desenvolvê-lo, no primeiro capítulo se discorre sobre a formação histórica da politização dos militares. De início, descreve-se a fundação política da organização (1821-1889). Comenta-se sua ascensão à direção do poder político com uma ditadura militar-civil e a afirmação institucional dessa organização na nova ordem estabelecida (1889-1894). Depois, analisa-se a integração dos militares na disputa republicana pelo poder político que culminou na eleição de um segundo governo militar (1894-1914) e, por fim, na construção dos militares contra a ordem instituída pelo heterogêneo movimento tenentista até a retomada do poder político.

A partir de 1930, o processo histórico da politização dos militares é apresentado em *quatro gerações de segurança nacional* que firmaram uma hegemonia interna, reduzindo progressivamente a pluralidade ideológica na organização militar por meio de intensas disputas políticas e diferentes graus de violência. Cada uma dessas gerações se conformou de maneira distinta, assim como foi diferente o sentido dado à segurança nacional.

Considerando essas peculiaridades, o segundo capítulo cuida da primeira geração de segurança nacional. Entre 1930 e 1946, se afirmou a crença de uma "política do Exército" como necessária à organização nacional, com o primeiro esboço de pensamento político autônomo. Nessa terceira passagem pela direção do poder político, esse pensamento penetrou na organização do "novo Estado" e foi influenciado pelo regime trabalhista de paz social entre capital e trabalho, mas revelou profundas divergências na concepção de desenvolvimento nacional entre militares e civis da nova ordem.

A disputa pelo sentido de segurança nacional, diretamente ligado ao modelo de desenvolvimento nacional, foi a tônica da segunda geração, tratada no terceiro capítulo. De 1946 a 1964, a *democracia de segurança nacional* foi marcada pela organização e luta política de grupos civis-militares, tanto no Estado quanto na sociedade. A própria criação da ESG, em 1948, ocupou um papel estratégico nessa disputa e foi decisiva para o triunfo de um novo pensamento de segurança nacional que, finalmente, ascendeu à direção do poder político.

É essa terceira geração que o quarto capítulo aborda. Entre 1964 e 1989, a tomada do poder impôs uma concepção de desenvolvimento nacional por um longo processo de violência política para a reestruturação do Estado, a neutralização estrutural e a repressão progressiva de seus adversários, assim como a eliminação de seus inimigos, tanto na organização militar quanto na organização nacional. É essa geração que consolida a Doutrina de Segurança Nacional brasileira na organização militar e, com os sucessivos expurgos, promove institucionalmente uma considerável coesão ideológica.

Nesse afunilamento da pluralidade política na organização, se formou uma unidade de pensamento político que equilibra diferenças, orienta o processo de ressocialização militar, condiciona o recrutamento institucional e estrutura a estratégia e o planejamento de manutenção e preservação da nova ordem política conquistada. Mais do que isso, define uma função permanente, estática no propósito e dinâmica no agir, a ser desempenhada pela organização política dos militares e de seus líderes, a depender da conjuntura política interna e externa. Eis uma síntese revisitada da Doutrina de Segurança Nacional da ESG, constante no quinto capítulo.

Por fim, os dois últimos capítulos buscam oferecer uma interpretação ensaística da quarta geração de segurança nacional. Tal exercício se baseia no exame das atualizações promovidas na doutrina da ESG, que passou por 11 edições desde 1988, assim como na análise da participação dos militares na conjuntura política do golpe de 2016 ao governo Bolsonaro (2019-). De um lado, essa geração viveu uma "crise de identidade" na primeira década fora da direção política, padecendo da perda de legitimidade política entre as elites nacionais e do desgaste da imagem pública da instituição depois de 25 anos de ditadura. No entanto, usufruiu dos efeitos estruturais duradouros promovidos pelo regime anterior e se limitou, com relativa discrição, ao papel de *vigilância política de segurança nacional*. Condizente com a nova conjuntura estrutural, que reserva às instituições judiciárias e de segurança pública a responsabilidade primeira de executar o controle da estabilidade da segurança interna, as Forças Armadas – em especial o Exército – desempenharam seu novo papel sem renunciar ao poder político. Ao contrário, todas as prerrogativas institucionais foram preservadas, os aparelhos de segurança nacional, mantidos, e seu papel político de *vigilância da Ordem de Segurança Nacional* – tanto político-institucional quanto da ordem social – se manteve ativo, apesar de discreto e, somente depois da última crise política, mais visível.

Este livro se esforça para recolocar o problema dos militares na política no centro das estratégias políticas democráticas. Compreender historicamente a *questão militar* e como os militares pensam a política pode nos ajudar – e nisso acredito cada vez mais – a interpretar que tipo de regime é esse que emerge após o golpe de 2016. Mais do que isso, a evitar novas ilusões e equívocos decorrentes de se ignorar os temas militares como "apenas" de defesa nacional quando, em verdade, estão diretamente relacionados à disputa política entre classes, organizações e ativistas sociais.

FORMAÇÃO HISTÓRICA DA POLITIZAÇÃO DOS MILITARES

AS RELAÇÕES CIVIS MILITARES NO BRASIL SE CONFUNDEM, POR

razões históricas, com o problema dos militares na política. Desde a independência do Brasil, em 1822, as relações de poder político são marcadas por níveis distintos de conflitos e cooperação entre militares e civis. Por regular a distribuição de poder político – e da violência, em última análise –, o binômio conflito-cooperação foi decisivo para os rumos do regime de dominação política entre as classes sociais que conformaram a sociedade nacional.

A compreensão dessa dinâmica histórica é objeto de diferentes interpretações na literatura política. Na síntese de Edmundo Campos Coelho (1976), há aquelas de natureza *instrumental* e aquelas de cunho *organizacional*. Nas de caráter instrumental, como a palavra sugere, as organizações militares seriam apenas uma ferramenta de determinadas classes sociais ou coadjuvantes de atores políticos relevantes. Nessa toada, um instrumento das classes dominantes (versão oligárquica, produto das relações de produção), um instrumento das classes médias recrutadas para o oficialato ou, ainda, um instrumento moderador da política, guiadas pela opinião pública. A abordagem organizacional, adotada por Coelho para interpretar o caso brasileiro a partir de um método histórico, rejeita o papel de "marionete" de classes sociais para as Forças Armadas e reconhece uma certa autonomia do ambiente social na definição de objetivos e interesses próprios, ligados à noção de sobrevivência e expansão das organizações sociais, seguida inclusive de um fechamento da organização à sociedade civil.

Outra classificação é feita por Clóvis Brigagão e Domício Proença Jr. (2007), que definem seis perspectivas que também poderiam ser agrupadas pela divisão de Coelho. Como instrumentais, na versão *chauvinista*, as organizações militares seriam responsáveis pela sobrevivência da nação, estariam acima das querelas civis, ocupando uma posição de superioridade moral ao restante da sociedade. Também poderiam configurar um *poder moderador*, um quarto poder de equilíbrio aos demais poderes, em prol do "bem-estar" da nação ou, ainda, como instrumento, a serviço dos interesses da *classe dominante ou das próprias elites*, conforme a classe que representam. As categorias restantes dos autores se aproximam à noção de organização social: configuram um verdadeiro *partido político*, com um conjunto de valores e interesses próprios; um *ator político* "puro e simples", parasita da sociedade, agindo e barganhando a favor de seus interesses institucionais em negociações de trocas com o poder civil; e, por fim, a visão otimista das Forças Armadas *profissionalizadas*, na função de defesa nacional, a qual os autores se associam.

A partir desse quadro teórico geral, busco destacar os pontos que considero fundamentais para a compreensão diacrônica dos militares na política, ou melhor, da politização dos militares. Para tanto, cumpre vislumbrar como os militares miram a política e como os civis lidam com essa politização. Na marcação proposta neste livro, de 1822 a 1889 ocorre a fundação política da organização militar que deságua em sua primeira experiência na direção do poder do Estado. Entendo que somente na República foi que se desencadeou o *desenvolvimento da politização dos militares*.

É prudente inscrever que a história dos militares no Brasil é muito ampla. Reúne aspectos de naturezas econômicas, geopolíticas, diplomáticas, culturais, sociais, tecnológicas e, por óbvio, militares. Um grande clássico a respeito é o livro de Nelson Werneck Sodré, *História militar do Brasil*. Sem pretensão de recontar sua complexa história política, importa aqui somente destacar a dimensão da disputa pelo poder político em momentos aqui considerados chaves para o processo histórico da politização. Embora sofrendo alguns recuos temporários, as bases da fundação política foram institucionalizadas, preservadas, ampliadas e moldadas conforme a dinâmica das relações civis militares:

1) caráter institucional permanente e nacional, indissolúvel por se confundir com o próprio Estado;
2) finalidade política tanto de defesa externa quanto de segurança interna;
3) controle nacional das instituições de Estado responsáveis pelo emprego da violência no âmbito interno;
4) autonomia para administrar sua própria atuação política, por meio de um Judiciário especial e de direitos políticos do cidadão-militar;

5) coesão organizacional e ideológica dessa atuação política.

Com o desenvolvimento desses cinco pilares, os militares brasileiros incorporaram a política nacional em sua missão organizacional. O conflito interno da sociedade desigual, tão frequente no Brasil Império, passava a ser também um problema da corporação militar, a ser resolvido, controlado e prevenido com seus aliados civis – isso logo após o fim do regime econômico e social da escravidão e, posteriormente, na transição de uma sociedade basicamente rural para a sociedade industrial e urbana. Sem demora, os efeitos colaterais desse engajamento estrutural dos militares passaram a se avolumar, tanto dentro da organização quanto em seu relacionamento com as elites civis e o "povo brasileiro".

FUNDAÇÃO POLÍTICA DA ORGANIZAÇÃO MILITAR

Da Independência (1822) à queda da monarquia (1889), os militares brasileiros se constituíram como uma organização burocrática-corporativa de importância decisiva para o poder político. Conforme argumenta Oliveiros Ferreira em seu livro *Vida e morte do partido fardado* (2019), a origem dessa constituição remete ao episódio de insubordinação ocorrido em 5 de junho de 1821, quando a força militar da época condicionou sua obediência à queda do ministro da Marinha e Ultramar, o português Marcos de Noronha e Brito (1771-1828), Conde dos Arcos. Insatisfeitos com sua condução da tropa, foram representados por um padre junto ao então príncipe regente que, sem condições de se opor militarmente, aceitou a troca de comando por outro ministro, indicado pelos militares. Note-se que, antes de ser deposto e "deportado" à Portugal por exigência da tropa, o conde havia editado decreto visando limitar os poderes judiciais e de polícia no ambiente interno: as prisões só deveriam ocorrer por ordem judicial escrita, exceto flagrantes; com culpa formada por três testemunhas, duas juramentadas; somente por crimes previstos em lei e com descrição individual do acusado; julgamentos deveriam acontecer em até 48hs, com direito à justa defesa ao acusado e mediante procedimento público; e surgiram as garantias individuais aos presos, proibindo a tortura e os maus-tratos. Por fim, estabelecia penas para as autoridades que as descumprissem (Camargo, 2004, p. 76-77).

Esse primeiro episódio de conflito entre militares e civis ocorreu em um contexto de crise do poder político que culminou na declaração de Independência, em 1822, e na primeira Constituição brasileira, em 1824. É nessa ocasião que os militares se tornam *Força Armada de Mar e Terra* (Brasil, 1824), conforme os artigos 145 a 150 da Constituição, no capítulo do Imperador. No caso da Constituição de 1824, outorgada pelo Imperador, não se abriu "brecha legal para atuação política das Forças Armadas", sendo a Força Armada "essencialmente obediente" às ordens da "autoridade legítima" e, por essa razão, ainda não existiria um poder militar autônomo. Apesar de considerar esse marco histórico, não se ignora a existência de organizações militares da época colonial, como as Ordenanças, Milícias e Forças Regulares, ou mesmo, em 1808, a criação do Corpo da Brigada Real do Brasil, o Arsenal Real da Marinha, a Intendência e Contadoria da Marinha, a Real Academia dos Guardas Marinhas e a Real Fábrica de Pólvora, assim como a Real Academia Militar, em 1810 (Sodré, 2010, p. 62-75).

A respeito, cabe frisar que a *autonomia da organização militar* é um conceito próprio da abordagem organizacional, e se refere diretamente ao nível de poder dessa organização frente a outros poderes. Em sistemas sociais estratificados, de sociedades estruturadas de forma complexa, as organizações seriam um objeto de análise fundamental para a compreensão das relações de poder: quanto maior o controle de recursos escassos, maior o controle político sobre as demais organizações. Sendo assim, a *finalidade do emprego dos militares* se torna uma questão central para a política. No caso da Constituição de 1824 (Brasil, 1824) – a *Segurança e a Defesa do Império* –, é importante notar o emprego da Força Armada no plano interno, pois corresponde ao regime de dominação política e, portanto, do binômio conflito-cooperação política entre as classes sociais.

Nesse período, conforme explicam Suzeley Mathias e André Guzzi (2010), a grande missão da Força Armada era a integridade do território e isso implicava não fazer distinções entre "inimigo externo e interno", sendo a conservação da ordem interna imperial a missão da Força Armada. Logo, é contestável afirmar que somente com a "proclamação da república" teria se iniciado o *emprego das Forças Armadas na garantia da lei e da ordem* contra os inimigos internos (os inimigos da república), abrindo-se o precedente que seria a tônica desse período. Ao contrário, conforme argumenta Regina de Faria (2011), desde 1840, o modelo de "colonização" do Império se desdobrava no modelo de *colono soldado*, inspirado na experiência russa: colônias agrícolas com funções de garantia da lei e da ordem interna, dirigidas por oficiais militares da ativa e povoadas por colonos que recebiam cargos militares para a ocupação do território. Muito além de resolver apenas o problema de fronteira (o inimigo externo), se tratava do enfrentamento dos resistentes à dominação: povos indígenas, quilombolas e pobres livres taxados como "vadios", todos considerados entraves ao processo "civilizatório". Iniciadas como política de defesa do Império, as colônias militares, de acordo com o estudo de Faria (2011, p. 3), "foram instaladas principalmente em locais considerados problemáticos para a segurança interna", visando assegurar a posição estrutural privilegiada "dos grandes senhores de terra e de escravos" pelo controle dos sujeitos e grupos sociais considerados perigosos. Conforme o titular do Ministério da Guerra (futuro Ministério do Exército) de 1858, Jeronymo Francisco Coelho, a finalidade das colônias militares era estabelecer "núcleos de povoação" em lugares remotos centrais e despovoados em que somente "a disciplina" militar fosse capaz de permitir a obediência passiva. Nos lugares centrais, implicava aplicar esse modelo de povoação "onde se têm acumulado vagabundos e malfeitores, que ameaçam a segurança e a propriedade dos habitantes dos povoados mais próximos", sendo essas colônias militares "mais que tudo colônias policiais, de segurança e de defesa, que garantem, ao mesmo tempo, no futuro, o infalível desenvolvimento de povoações" (Faria, 2011, p. 4).

No período de 1840 a 1856, foram criadas as seguintes colônias militares: Colônia de Pedro II (Pará, 1840), Colônia São João do Araguaia (Pará, 1850), Colônia de Pimenteiras (Pernambuco, 1850), Colônia Leopoldina (Alagoas, 1850), Colônia de São Pedro de Alcântara do Gurupi (Maranhão, 1853), Colônia do Urucú (Minas Gerais, 1854), Presídio de Santa Bárbara (Goiás, 1854), Colônia de Óbidos (Pará, 1854), Presídio de Santo Antônio (Goiás, 1854), Presídio de Santa Cruz (Goiás, 1855) e Presídio de Santa Leopoldina (Goiás, 1856). Portanto, ao menos desde a primeira colônia militar – Colônia de Pedro II (Pará, 1840) –, a Força Armada brasileira foi utilizada na segurança interna para manter a ordem estabelecida, cumprindo o papel de polícia e de disciplinamento social visando o desenvolvimento, unindo as funções de segurança e defesa.

É nesse sentido que, para Faria (2011, p. 8), nas finalidades das colônias militares figuravam "proteger a segurança de vida e propriedade dos habitantes daqueles lugares contra os malfeitores e escravos fugidos, capturando aqueles e destruindo os quilombos destes". Em uma dessas colônias, por exemplo, tal empreendimento militar visava "destruir os quilombos e (re)escravizar os escravizados fugidos, apoiar a catequese dos índios e garantir a segurança da navegação do rio Gurupi, para tornar aquele território atrativo aos aventureiros e capaz de gerar riquezas para a sociedade local e para o Estado nacional" (Faria, 2011, p. 13). Embora a repressão aos "índios selvagens" ocorresse porque ameaçavam a expansão da agricultura e da pecuária, na década de 1870 a estratégia foi alterada: os índios deviam ser atraídos para a "civilização"; os quilombos, dominados para aproveitar sua infraestrutura (e não mais destruídos); e seus moradores, reescravizados, junto à captura dos mocambos.

É nesse cenário – de essencial subordinação ao poder político civil e cumprindo a finalidade tanto da defesa externa quanto da segurança interna – que os militares brasileiros iniciam o processo de afirmação de sua autonomia durante o Brasil Império. Para além dos momentos de cooperação, cumpre aqui destacar os episódios de conflito que se mostraram decisivos para esse processo.

Primeiro, *a relação da Força Armada com o "povo" brasileiro* em plena construção de sua identidade nacional. Se, no plano interno, estava destinada a reprimir a resistência à dominação e a cooperar com o empreendimento colonizador das elites, a Força Armada também se viu no seio dessa disputa de poder. Logo após a Constituição de 1824, a crise política de 1831, que culminou na abdicação do imperador D. Pedro I, contou com a perda do controle político sobre a Força Armada. Para Ferreira (2019), inclusive, foi nessa crise política que teria ocorrido uma união entre povo e tropa. No mesmo ano, em consequência dessa insubordinação, a monarquia criou a Guarda Nacional – uma nova Força Armada para ser fiel ao governo monárquico e civil –, organização paralela que, para Ferreira, se transformou em "eterno motivo de fricção entre o Exército e o governo durante todo o Segundo Reinado" (Ferreira, 2019, p. 655). Outro episódio relevante foi o chamado *Golpe da Maioridade*, em 1840. Assim como no evento da abdicação, ocorre uma "reunião da tropa ao povo". Embora ainda sem protagonismo político, para Ferreira, a Força Armada sustentou a articulação civil majoritária que assegurou o controle do poder político.

A essa altura, fermenta o questionamento da subordinação: a quem servem os militares? Ao governo ou "ao povo"? Não por acaso, como demonstra o estudo de Fernanda Nascimento (2018), a partir da década de 1850 uma imprensa militar passa a canalizar manifestações de parte de oficiais militares "letrados", em sua grande maioria do Exército, direcionadas ao público militar em geral para construir um discurso político sobre a sociedade, o governo imperial, assim como uma autoimagem sobre "a classe militar", seus interesses e objetivos. Embora não representassem o discurso institucional da Força Armada, no estudo de

John Schulz (1994), essa imprensa refletia a expressão politizada desses militares que já exerciam cargos de representação política nas instituições do Império.

No caldo dessa construção política da organização militar e sua relação com o governo e a sociedade, estava o *positivismo*. Ainda que já presente desde a década de 1850 na Academia Militar, foi em 1872, com o primeiro instrutor de positivismo da academia, Benjamin Constant Botelho de Magalhães, que a "religião da humanidade" penetrou de forma significativa no Exército. Segundo Schulz, em 1887, já eram três instrutores; em 1881, cinco; e de 1884 até o fim do Império "sete dos 38 professores da academia militar eram comtistas" (Schulz, 1994, p. 77). Não que essa ideologia fosse integralmente compreendida e defendida, mas emprestava, segundo Leonardo Trevisan (1985), à parcela crescente dos militares um *discurso reformador da sociedade e do Estado*, baseado nas ideias da ordem e do progresso. Mais do que isso: como sugere Ferreira, fomentava *uma concepção de representação política pelo ideal do soldado-cidadão* e do *cidadão-fardado*, muito incentivado por republicanos abolicionistas que faziam oposição ao Império, como Rui Barbosa, Quintino Bocaiúva e Júlio de Castilhos.

A *luta pela abolição* do escravagismo, travada abertamente na sociedade, também penetrou na oficialidade e contribuiu para a formação preliminar da autonomia militar. Para além dos ideais de liberdade e solidariedade que ajudaram a politizar os militares pela crítica à sociedade escravagista, cabe aqui destacar o que Schulz aponta como *interesse organizacional* no fim da escravidão: escravizados não eram bons soldados de acordo com os militares, uma vez que *"a raça negra preguiçosa, sem energia por educação e herança [grifo nosso] só pode ser estimulada por algum aguilhão"* (Schulz, 1994, p. 88). Note-se que, ao menos em uma parcela das lideranças militares emergentes, havia uma dissociação entre abolição e racismo. Da mesma forma ocorria com a reinvindicação por uma política imigratória e a intervenção do Estado no desenvolvimento econômico, pois se nutria a expectativa de recrutamento de homens de origem europeia, formando assim "um grande Exército de trabalhadores brancos voluntários que substituísse o pequeno Exército compulsório de ex-escravos preguiçosos" (Schulz, 1994, p. 88).

Outro evento fundamental foi a Guerra do Paraguai. Primeiro, por conta do episódio da crise de 1868: Duque de Caxias, senador conservador e consagrado general do Exército, uma vez nomeado comandante da tropa em plena guerra, consegue impor a queda do gabinete do liberal Zacarias, seu inimigo íntimo. Para Ferreira (2019), este episódio permitiu "um respiro" para a estabilidade do regime imperial, mas abriu considerável precedente político a favor dos militares, politizados sob a liderança de Duque de Caxias. Para Schulz, no pós-guerra, uma série de graves problemas organizacionais-corporativos e o desprestigio à "classe militar" que lutara "pela pátria" impulsionaram uma crescente insatisfação com a elite governante civil –

redução do orçamento pela metade, baixos salários, ausência de pensões para viúvas e aleijados, demora e "corrupção" nas promoções, bem como a dissolução e redução do efetivo, seriam alguns exemplos.

Como aponta Nascimento (2018), com a imprensa militar e os parcos, mas importantes, representantes políticos, já ecoava o discurso público dos militares sobre os civis "negligentes, imorais e vergonhosos" em contraposição à autoimagem do militar consciente, idôneo e honrado. Segundo Schulz (1994), de um lado estava formado um grande *ressentimento com as elites civis,* sem "patriotismo", que lucraram vendendo escravizados "superfaturados" para servirem de soldados na guerra e não enviaram seus filhos "em defesa da pátria" e, de outro, os militares honrados pela vitória na guerra que, com maior orgulho como corporação, passam a praticar "uma posição mais definida e franca em relação aos assuntos da instituição e da nação" (Schulz, 1994, p. 87).

É nesse contexto que se insere a conhecida "questão militar" (1883-1887). A rigor, para Ferreira (2019) a questão foi "uma sucessão de atos de indisciplina formalmente caracterizados como tais pelas autoridades civis, fundadas nos regulamentos militares e avisos (portarias) ministeriais". O estopim se deu com as declarações do tenente-coronel e político Antônio da Sena Madureira (1841-1889) contra um projeto de lei que aumentava contribuições compulsórias dos militares. Garantida pelo marechal Deodoro da Fonseca, o ponto alto da insubordinação resultou na recusa do Exército em manter o emprego subsidiário da tropa na segurança interna, especificamente no papel de polícia para assegurar a ordem escravagista: recapturar escravizados que se libertavam por todo o país. O conflito se tornara uma *questão* porque envolvia um problema político junto à corporação contrariada em seus interesses organizacionais. Porém, mais do que isso, se tratava da afirmação política "do direito dos militares de expressar livremente a opinião do 'cidadão-soldado' e de poder contestar o poder estabelecido, reivindicação essa legitimada pela convicção de que o militar, mais do que o civil, tem o dever de defender a pátria, a lei e a ordem" (Ferreira, 2019, p. 821).

De fato, *a questão* representou o amadurecimento final do processo de fundação da autonomia política da organização militar. A crise de 1868 havia conferido uma demonstração de poder dos velhos comandantes e políticos militares, mas estes seguiam devidamente acomodados e fiéis ao poder político do Império. Mesmo assim, a politização já largamente avançava na Força Armada. Como descreve Schulz, em 1871, o herói de guerra Floriano Vieira Peixoto (1839-1895), então tenente-coronel, organizou a fundação do "Instituto Militar para defender os interesses do Exército como corporação e órgão político" (Schulz, 1994, p. 78). Dissolvida meses depois por representar uma ameaça à disciplina do Exército, a organização foi o ensaio para a futura criação, em 1887, do Clube Militar no Rio de Janeiro (RJ), ocasião em que "os militares institucionalizaram sua participação na política" (Schulz, 1994, p. 114). Desse modo, para Ferreira, ao fim da questão militar, o Clube funcionou como uma literal organização política dos militares para a disputa de poder político. Além disso, para Schulz, a ascensão política ganhou impulso com a morte dos velhos generais Caxias, Osório e Porto Alegre (entre 1875 e 1880), pois eles "exerciam uma influência inibidora sobre os jovens oficiais" (Schulz, 1994, p. 86) e, uma vez ausentes os obstáculos superiores, o caminho organizacional estava finalmente aberto à "participação do Exército como uma classe na política" (Schulz, 1994, p. 86). Sem ignorar a imprecisão do termo "classe militar" como algo homogêneo e institucional – inclusive como oposição organizada ao Império, ou ainda à luz do conceito de classe social –, como nos pondera Nascimento (2018), o que se destaca aqui é a constituição de uma identidade política de um segmento social, a "classe militar", em oposição à "classe política".

É nesse caminho que a crise de dominação política se aprofunda entre 1887 e 1888, com o desfecho da abolição da escravatura e da perda de apoio das oligarquias escravagistas à monarquia. Além da grande efervescência social, a luta pela abolição estava diretamente ligada à construção de uma nova ordem econômica em conflito com a velha estrutura agrária baseada na escravidão. Com a incapacidade de Dom Pedro II, republicanos liderados por Rui Barbosa avançaram contra o "golpe do Terceiro Reinado". Para Ferreira, o Exército, depois do embate com a monarquia que tentou dissolver a corporação, decide se opor à sucessora princesa Isabel. Com isso, Schulz aponta para o estabelecimento de duas novas forças políticas: a província de São Paulo, por seu crescente poder econômico; e o Exército, fundamental "porque vários setores civis apelaram à Força como o único meio de resolver a crise" (Schulz, 1994, p. 113).

É essa aliança entre as elites civis e militares que põe "a pá de cal" à monarquia. Quer dizer, o *nascimento da república* "não constituiu uma revolução social, em qualquer sentido que se possa dar ao termo", mas apenas significou, nas palavras de Schulz, "um realinhamento da elite" (Schulz, 1994, p. 121). Se inaugurou uma nova fase de conflito e cooperação entre civis e militares que resultou em um fato inédito para a organização militar: pela primeira vez na história, o Exército assumia o consórcio de direção do poder político da sociedade nacional.

Dessa maneira, podemos concluir que, no correr do Brasil Imperial, os militares já faziam parte da política nacional. Exerciam cargos representativos, possuíam imprensa própria, se manifestavam sobre os conflitos políticos e temas candentes da sociedade, participavam dos momentos de crise política e foram engajados na segurança interna. Quer dizer, a primeira "grande intervenção" dos militares – o golpe de Estado que derrubou a monarquia – foi o ponto alto de um processo de mais de meio século de fundação política da organização burocrática-corporativa. Conforme sugere Coelho (1976), a Força Armada deixava uma condição de expressiva dependência do poder político para uma nova posição na disputa pelo poder, já com "alguma autonomia".

Na direção de um governo provisório, a nova ordem política foi declaradamente um *regime de cooperação entre civis e militares em face de um conflito político e social* que "dividiu águas na história do Brasil": o movimento abolicionista, seus antagonistas e o Estado brasileiro, como analisado no fundamental estudo de Ângela Alonso (2014). Interferindo nas estruturas de dominação política, o fim da escravatura inaugurou uma nova fase de conflitos pelo comando e direção da organização da sociedade nacional em que os militares estavam diretamente envolvidos.

AFIRMAÇÃO INSTITUCIONAL NA NOVA ORDEM

Como lembra Schulz (1994, p. 139), embora a deposição da monarquia em 1889 tenha sido obra armada, a "imprensa e elementos da elite haviam criado um clima adequado, sem o qual não poderia ter ocorrido a intervenção militar". Consequentemente, o primeiro governo republicano "era composto de militares e representantes dos grupos civis que haviam apoiado o golpe" (Schulz, 1994, p. 139). Em outros termos, tratava-se de um governo militar-civil, como resta nítido na composição do governo: os militares Deodoro da Fonseca (presidente), Benjamin Constant (ministro do Exército) e Eduardo Wandenkolk (ministro da Marinha); os civis da imprensa do Rio de Janeiro: Quintino Bocaiúva (ministro das Relações Exteriores), Aristides Lobo (ministro do Interior) e Rui Barbosa (ministro da Fazenda); o histórico civil republicano, o paulista Campos Sales (ministro da Justiça), e o republicano positivista gaúcho, Demétrio Ribeiro (ministro da Agricultura).

Enquanto resultado imediato dessa aliança, nos primeiros três meses de república, os militares "obtiveram um aumento de salário de 50%, uma lei de aposentadoria compulsória que garantia a reforma ou promoção imediata de quase todos os oficiais superiores e a expansão do Exército de 13 mil para 25 mil homens" (Schulz, 1994, p. 139-140). Por sua vez, os aliados civis paulistas lograram uma lei que naturalizava automaticamente os imigrantes e separava a Igreja do Estado, visando recrutar imigrantes protestantes, além de conferir maior autonomia para os estados e a adoção de providências econômicas como crédito à agricultura e os bancos de emissão. Dessa maneira, a primeira "grande intervenção" dos militares assumiu o poder político visando seus objetivos e interesses organizacionais-corporativos, além de outras motivações como as preferências políticas do alto oficialato e do grupo social dos militares. E, claro, os interesses econômicos da base civil.

Recolhidas as recompensas, o protagonismo da nova ordem se encontrava em disputa. Conforme descreve João Quartim de Moraes (1989), para os militares, se tratava de uma "ditadura militar", enquanto para os civis, uma "ditadura progressista" ou simplesmente uma "ditadura republicana". Muito embora o governo tenha se instalado sob o signo provisório, o civil Demétrio Ribeiro, quando assumiu o Ministério da Agricultura, defendeu abertamente, por ser positivista ortodoxo, o estabelecimento de uma ditadura permanente. Seja como fosse, o fato é que se tratava de um regime de força e, nestes termos, impossível negar o protagonismo militar. Nesse contexto, foi estabelecida uma nova Constituição, em 1891, com os fundamentos da organização militar conquistados junto às elites políticas nacionais.

A primeira autonomia política foi assegurar às "forças de terra e mar" o caráter de *instituições nacionais e permanentes do Estado*. Isso conferiu aos militares legitimidade política entre a elite civil, pois os equiparou ao próprio Estado e contribuiu significativamente para sua autonomia em relação ao poder civil. Do ponto de vista histórico, a natureza permanente estava ligada à tentativa de dissolução da corporação na "questão militar". Como aponta Miguel Seabra Fagundes (1947, p. 3-5), essa foi uma clara medida de autonomia política em relação ao poder civil, pois os militares se posicionaram institucionalmente "no quadro dos elementos basilares da estrutura do Estado". Um precedente ilustrativo oposto se remete à *Bill of Rights* da Inglaterra, de 1688, quando as Câmaras inglesas recusam ao rei poder de manter um Exército permanente sem autorização parlamentar; daí que, a cada ano, o parlamento passou a dizer quantos homens em armas o rei iria dispor. Mais do que isso, a existência da corporação militar passa a estar atrelada à própria sobrevivência do Estado nacional com "relativa autonomia jurídica". Em todas as setes Constituições republicanas do período (1891, 1934, 1937, 1946, 1967 e 1988), foi preservado o caráter permanente e nacional da Força Armada.

Dessa maneira, entre as elites políticas, restou legitimada a concepção de que a instituição militar seria a guardiã "dos valores nacionais" tomados como "valores permanentes", fazendo com que a própria instituição, como destacam Mathias e Guzzi (2010, p. 50), se tornasse um valor, lhe garantindo "um lugar superior àquele ocupado por qualquer outro sujeito nacional", ou seja, um lugar "acima da própria nacionalidade". Igualmente, nesse pacto civil-militar, as Forças Armadas seguiriam como a "única instituição profissional que representa toda a nação, o que nenhuma outra organização pode reivindicar" e, assim, nacionais e permanentes se tornariam legalmente "uma entidade superior aos legítimos representantes do povo na democracia e, quiçá, em algo superior ao próprio povo".

A segunda autonomia se refere aos *"direitos políticos" da instituição militar* como uma elite política. Segundo Fagundes (1947), na questão militar, as punições ao "direito" de manifestação política dos altos oficiais haviam ocorrido à revelia do órgão militar máximo da época, o Conselho Superior Militar (CSM). Com a fundação política da organização, estava assegurada, na seção de "declarações de direitos" da nova Constituição, que a Força Armada teria "um foro especial nos delitos militares": o *Supremo Tribunal Militar* (STM), com sua organização e atribuições a serem reguladas. Conforme demonstra Alexandre Seixas (2002), em 1893, tal regulação foi promovida assegurando alguma autonomia: 12 ministros militares e três civis, todos vitalícios e com salários irredutíveis. Reconhecer no pacto político entre as elites nacionais essa autonomia visava garantir à organização militar *condicionar a obediência ao poder civil à sua própria interpretação sobre a legalidade do comando político.* Segundo Fagundes, nas punições de 1886, ao coronel Ernesto da Cunha Matos (censura e prisão) e ao tenente-coronel Sena Madureira (repreensão) havia prevalecido a interpretação do CSM de que "o militar só está obrigado à obediência dentro dos limites da lei" (Fagundes, 1947, p. 10). Longe de representar uma afronta aos princípios basilares da hierarquia e disciplina, aqui importava conferir autonomia à organização quanto aos termos da regulação de sua atuação política na organização nacional e na disputa pelo poder político.

Em pleno "regime de força", havia um grande interesse e a necessidade dos parceiros civis em assegurar pelas armas a nova ordem instituída. Nesse sentido, a liderança civil de Rui Barbosa foi decisiva para superar a resistência da alta cúpula militar, então na direção do Poder Executivo, ao dispositivo "dentro da lei" e, com isso, institucionalizar à Força Armada uma "posição condigna na organização política do país". É cristalino o paradoxo que esse mandamento produz: dever de obedecer, mas o direito de deliberar sobre a própria obediência. Aqui importa a questão-chave da soberania do Estado moderno: a decisão em situações de crise ou, como argumentam Mathias e Guzzi (2010), recorrendo ao pensamento de Carl Schmitt, o poder de quem pode decidir na excepcionalidade. E a nova ordem buscava, pela força, a estabilidade contra seus adversários e inimigos.

Rapidamente a *obediência dentro dos limites da lei* abalou o regime de cooperação da aliança entre militares e civis, a começar contra seu próprio artífice, Rui Barbosa. Nas palavras de José Murilo de Carvalho (2006), com base nessa autonomia, a "Força Armada deliberante" passou a justificar seu intervencionismo na política por legalizar o ideal do *soldado-cidadão*.

Isso nos remete à própria *finalidade da Força Armada no regime de dominação política republicano*. Neste ponto, vale trazer a distinção de três conceitos sociológicos muito utilizados no sentido político para os fins dos militares: a *função* é um conceito sistêmico, se refere a parte de um organismo que reúne um conjunto de atribuições de um sistema, de uma unidade, com um objetivo comum; o *papel* cuida das expectativas sociais tanto da própria organização quanto da sociedade, incluindo aqui as elites políticas e o "povo"; e a *missão* carrega um sentido teológico, de obediência a algo superior, nos exatos termos recebidos. Quando tratamos dos militares no Brasil, essas três dimensões se confundem de acordo com o regime de dominação em vigor e a configuração das relações de poder com os civis.

Dessa maneira, além da tradicional atribuição da *defesa externa* do país, a Constituição de 1891 passou a dispensar claramente à Força Armada o poder da *manutenção das leis no interior*. Aqui não importa diretamente a execução do poder de polícia, mas de quem é sua responsabilidade no pacto entre as elites nacionais. Em outros termos, qual instituição terá o controle das armas dentro do Estado nacional para que seja garantia do regime constitucional e do processo de representação da ordem instituída. Considerando a existência da Guarda Nacional e das forças policiais estaduais, a responsabilidade nacional pela manutenção das leis também se remetia ao papel político dos militares na manutenção da ordem.

Esses parâmetros refletem um novo quadro de relações de poder político. Os militares, uma vez no poder, não desejavam abandoná-lo. O ideal do soldado-cidadão havia de fato penetrado na corporação, liderada pelo alto comando, assim como largamente mobilizado publicamente pelos civis-liberais-republicanos à época da questão militar, sendo Rui Barbosa o próprio autor do termo "soldado-cidadão". Aqui foi mobilizada a rivalidade entre dois modelos de militar, segundo nos conta Ernesto Seidl (2010): aquele ligado ao conhecido, ao prático das batalhas e da guerra, ao cotidiano do soldado que dormia nas tarimbas; e o científico, acadêmico, letrado, sem experiência prática real da guerra. Embora vigorasse essa herança imperial de disputa entre *tarimbeiros* e *científicos*, havia uma extração instrumental do ideal positivista da "ditadura republicana" que servia ao propósito de permanência militar no poder político: aos tarimbeiros, por prestígio e poder; e aos bacharéis de farda, por afirmação organizacional e reforma do sistema político. Estavam convictos de que, justamente por serem militares, deviam assumir a direção política.

Nesse sentido, foi o "tarimbeiro" marechal Deodoro da Fonseca (1827-1892), primeiro ditador-presidente, que se valeu da "ciência da humanidade" para cravar na nova bandeira nacional o lema positivista "ordem e progresso". Em seu governo (1889-1891), Deodoro formou um ministério de civis e militares, integralmente maçônico, instituiu a censura à imprensa, separou Igreja e Estado, extinguiu a pena de morte. No entanto, Deodoro e os militares do Exército, favoráveis à centralização do Estado, entraram em franco conflito com os civis liberais descentralizadores durante o governo provisório e, depois de eleito conforme a nova Constituição, sob a ameaça de dar um golpe, dissolveu o Congresso, cercou a sede do Legislativo, retomou a censura e decretou estado de sítio. Do "golpe de três de novembro", eclodiu um conflito com a Armada (atual Marinha), que exigiu a renúncia de Deodoro, confirmada logo depois.

Com o apoio das oligarquias de São Paulo, assumiu o também militar do Exército, marechal Floriano Peixoto, então vice-presidente constitucional. Assim como Deodoro, que havia se afirmado como a grande liderança política dos militares desde a década de 1870, Floriano chegou à presidência com a experiência de ter assumido, em 1884, a presidência da província de Mato Grosso, com o aval do Partido Liberal (PL). Em seu governo (1891-1894), se aliou aos civis do Partido Republicano Paulista (PRP) e imprimiu diversas campanhas repressoras à oposição para "consolidar a república".

Desses embates, merece destaque o conflito entre as Forças Armadas, conhecido como a Revolta da Armada (1893-1894), porque está diretamente ligado ao pilar basilar da coesão organizacional. A Armada tinha uma estrutura organizacional diferente do Exército, alimentava rivalidades profissionais entre as duas forças, mantinha vínculos monarquistas, disputas por poder orçamentário e prestígio político, assim como um recrutamento aristocrático de oficiais, razão pela qual estava menos sujeita às pressões das elites civis. Responsável militar pela renúncia de Deodoro (a primeira Revolta da Armada, em 1891), a Armada exigia novas eleições por contestar a posse do vice-presidente vedada pela Constituição, mas foi fortemente reprimida por Floriano e o Exército com auxílio da Marinha dos Estados Unidos, tendo seus líderes exilados ou presos.

Além da disputa interna entre as Forças, a ditadura de "salvação nacional" do Exército se remetia a uma série de intervenções federais nos estados promovidas para derrubar governadores oposicionistas. Conforme menciona Oliveiros Ferreira (2019), com a justificativa de enfrentar a "corrupção" dos políticos civis desses estados, Floriano chegou a afirmar que, "como liberal que sou, não posso querer para o meu país o governo da espada; mas não há quem desconheça, e aí estão os exemplos, que ele é o único que sabe purificar o sangue do corpo social que, como o nosso, está corrompido" (Ferreira, 2019, p. 440). Igualmente, reprimiu a "Revolução Federalista" (1893-1895), guerra civil nos três estados do sul do país que refletia os conflitos entre defensores da descentralização e da centralização do poder político nacional. E, como demonstração de força e personalismo, mudou o nome da capital de Santa Catarina de Nossa Senhora do Desterro para Florianópolis.

Como saldo dessa primeira experiência no poder, foram crescentes os questionamentos sobre a politização dos militares e, segundo Schulz (1994, p. 21), "muitos oficiais estavam desiludidos com o governo militar, que havia provocado o aumento da corrupção e o caos financeiro sob Deodoro, a repressão brutal sob Floriano e a desordem geral". A consequência foi que "a maior parte do Exército, bem como a maioria da elite civil, era a favor da saída do Exército do poder", produzindo um consenso entre a elite civil contra a intervenção militar na política que prevaleceu por "duas gerações". No entanto, apesar de iniciativas de lei de outros militares políticos – como as do general e deputado Sólon Ribeiro (1839-1900) –, foi mantida a possibilidade de oficiais da ativa ocuparem cargos políticos. Entrava em descenso a politização dos militares, mas longe de representar no horizonte seu afastamento da política.

INTEGRAÇÃO REPUBLICANA DOS MILITARES NA DISPUTA POLÍTICA

Prudente de Moraes, em 1894, foi o primeiro civil do período republicano eleito de forma direta pelo voto censitário. Vinculado às oligarquias paulistas do PRP, Prudente de Moraes se elegeu pelo Partido Republicano Federal (PRF), uma fusão do PRP e diversos clubes republicanos estaduais, visando nacionalizar seu grupo político. Embora tivesse perdido a primeira eleição constitucional indireta para Deodoro, em 1891, dirigia o Poder Legislativo e fazia parte da aliança militar-civil que sustentou politicamente o governo de Floriano Peixoto. Iniciava uma nova fase em que os civis assumiam o protagonismo e os militares se tornavam coadjuvantes.

Desse novo período, a figura de Hermes da Fonseca, sobrinho de Deodoro da Fonseca, é um exemplar pouco lembrado, mas muito significativo. Egresso da Escola Militar do Rio de Janeiro e adepto do positivismo, assim como da maçonaria, Hermes da Fonseca foi um destacado comandante do Exército na repressão à segunda Revolta da Armada (1893-1894), sendo alçado à general em 1900, enquanto comandava a Brigada Policial da Capital Federal (futura Polícia Militar do Rio), cargo que ocupou de 1899 a 1904. Depois de comandar, na condição de general do Exército, uma instituição militar integralmente voltada para a segurança interna, passou a exercer o comando da Escola Preparatória do Realengo, instituição responsável pela formação dos aspirantes a oficiais do Exército. Já na condição de marechal, assumiu o Ministério da Guerra de Afonso Pena, do Partido Republicano Mineiro (1906-1909).

Como uma expressão da alta cúpula militar, Hermes vivenciou o que Carvalho chamou de "primeiro-tenentismo": movimentos de jovens oficiais do Exército, motivados pelo positivismo e a incorporação do ideal do soldado-cidadão, iniciados em 1889 e seguidos até o fechamento da escola da Praia Vermelha, em 1904. Organizados em sua maioria no Clube Militar, importante foco de agitação que tinha "insignificante número de oficiais superiores", esse primeiro movimento significativo do baixo oficialato "revelou a incapacidade da organização de agir unificadamente". Nesse caldeirão de ampliação da politização dos militares, Hermes da Fonseca atuou, já como comandante da Escola de Realengo, na segurança interna, reprimindo a chamada Revolta da Vacina – um motim civil-militar que contou com a participação de diversos militares da Escola da Praia Vermelha, incluindo o então aspirante a oficial Eurico Gaspar Dutra.

Como se refere Seixas (2002), durante sua gestão no Ministério da Guerra (1906-1908), Hermes promoveu duas importantes políticas. Primeiro, promoveu uma reorganização do Exército em 1908. Além de instituir o serviço militar obrigatório, somente implementado em 1918, assim como o aumento do efetivo da Força Armada, em especial do Exército, merece destaque a extinção do antigo regulamento do Conde de Lippes (1724-1777), que seguia sendo usado pelo Exército desde o Brasil Império para "manter a ordem e a disciplina nas lutas internas" e que previa o uso da tortura para obtenção da prova penal. Segundo, deu início às *missões alemãs* (1906, 1908, 1910), com o envio de oficiais brasileiros para as escolas militares germânicas.

Essas missões exerceram grande influência nos oficiais depois da reabertura da Escola da Praia Vermelha, em 1911, trazendo novas ideias de profissionalização militar e uma concepção sobre o papel das Forças Armadas na sociedade nacional, que resultaram na fundação da revista *Defesa Nacional*, destinada a difundir conhecimentos renovadores voltados para a profissionalização, incluindo aí o afastamento da política partidária. Já em consequência dessas mudanças profissionalizantes, um desses oficiais – Juarez Távora (1898-1975) – tornou-se entusiasta das novas ideias e, nas palavras de Carvalho (2006), liderança de "um movimento de catolicização dos oficiais", em que a ideologia positivista perdia espaço interno. Daí a geração dos conhecidos *jovens turcos*, simbolizando um período de 16 anos sem revoltas nas escolas militares (1906-1922). A alcunha "turcos" se refere à "missão indígena" na escola do Realengo, em 1916, na qual um grupo de novos instrutores – incluindo alguns turcos – refletiam uma nova mentalidade, sendo um termo pejorativo utilizado por oficiais contrariados com os questionamentos desses jovens oficiais à profissionalização vigente. Em verdade, esses jovens turcos refletiam uma ideologia profissional da jovem oficialidade turca (1902-1908) que, segundo Sürkü Hanioglu (2001), era baseada no positivismo, no darwinismo social e no elitismo, e que exerceu grande influência na queda do Império Otomano.

Paralelamente a esse movimento modernizante do Exército, a alta cúpula, representada pelo marechal Hermes da Fonseca, seguia na política. Depois de sair do Ministério de Afonso Pena e regressar ao mesmo cargo, ainda em 1909, no gabinete do então presidente Nilo Peçanha, do Partido Republicano Fluminense (PRF), Hermes é lançado como sucessor presidencial pelo Partido Republicano Conservador (PRC) contra a candidatura de Rui Barbosa, que era do Partido Republicano Liberal (PRL), mas concorreu pelo tradicional partido das oligarquias paulistas, o Partido Republicano Paulista (PRP). A eleição de 1910 foi a primeira eleição republicana polarizada, marcada pela "campanha civilista" de Rui Barbosa em oposição ao militarismo da candidatura de Hermes da Fonseca, herdeiro da experiência das "ditaduras militares" (1889-1894). Enquanto Rui Barbosa recebia o apoio da maioria das oligarquias do Sudeste, Bahia e Pernambuco, a candidatura de Hermes recebia o apoio das demais oligarquias, especialmente do Rio Grande do Sul, lideradas pelo civil Pinheiro Machado, senador do PRC.

Com a vitória de Hermes da Fonseca, os militares retornam ao comando do poder político em aliança com os civis, mas desta vez contra seus antigos aliados paulistas e pelas vias eleitorais da época. Esse regresso foi marcado pelo apelo aos desfiles militares, conferindo popularidade ao presidente militar. Porém, as desigualdades de poder levaram a conflitos políticos em que o emprego da violência de Estado foi posta em marcha para a manutenção da ordem interna – como a repressão à Revolta da Chibata. No plano militar, tratou-se de uma insurgência de praças da Marinha contra as punições disciplinares aplicadas por oficiais brancos que se valiam de métodos escravagistas como a surra de chibata contra praças negros. Apesar de inicialmente ter sido encerrada com a promessa de anistia e fim dos maus tratos, o governo militar-civil reprimiu severamente os rebeldes – inclusive com a expulsão dos marinheiros da corporação militar – e decretou o estado de sítio. João Cândido, depois de expulso por Hermes da Marinha, veio a aderir ao movimento nacionalista do Integralismo e ficou conhecido como o "Almirante Negro" (Abreu et al. [verbete Primeira República], 2010).

Além disso, o governo de Hermes implantou a política das "salvações estaduais": uma série de intervenções, com ou sem resistências locais, que visavam "salvar" governos estaduais contaminados pelos "políticos corruptos". Conforme argumenta Carvalho (2006, p. 47-48), essa política de intervenções revelou "a persistente falta de coesão hierárquica do Exército, evidenciada na atuação autônoma de oficiais e grupos, e o também persistente preconceito dos militares contra os políticos e as oligarquias". Evidenciou, ainda, o fato de que a visão de superioridade moral em relação aos civis extrapolava o *ethos burocrático*, pois, "no fundo, tanto Rui Barbosa como os militares eram contra as práticas da política dos estados e combatiam as oligarquias regionais" (Carvalho, 2006, p. 47-48). Isso levou, inclusive, ao apoio do incipiente movimento operário brasileiro, sendo o militar Hermes da Fonseca o primeiro candidato à presidência "a mencionar os operários em sua plataforma" e, depois de eleito, a patrocinar o "4º Congresso Operário brasileiro de 1912" (Carvalho, 2006, p. 47-48).

Findo o governo, Hermes da Fonseca seguiria na política, desta vez eleito para o Legislativo, em 1914, como senador do Rio Grande do Sul pelo Partido Republicano Conservador (PRC). Porém, com o assassinato de Pinheiro Machado, o PRC, então o grande aliado civil dos militares, entra em ocaso. Hermes deixa de assumir o mandato no Senado e passa a morar no exterior. Enquanto isso, outros militares seguiam na política, seja no Legislativo federal seja nos Executivos estaduais, mas sem o protagonismo na direção do poder político. No Senado, podem ser citados os seguintes: almirante Antônio Luís von Hoonholtz (1913-1915), engenheiro-militar Gabriel Salgado (1912-1915), engenheiro-militar Silvério José Néri (1904-1930), coronel do Exército Eugênio Rodrigues Jardim (1915-1917), almirante Índio Brasil (1906-1924), tenente do Exército Lauro Sodré (1897-1917; 1921-1930), general do Exército Dantas Barreto (1916-1918), marechal Pires

Ferreira (1894-1930), engenheiro-militar Luís Soares dos Santos (1916-1929), engenheiro-militar Pereira Lobo (1914-1918) e general de brigada Siqueira Menezes (1915-1923).

Eis o segundo descenso da politização dos militares. Depois do grande desgaste pelas crises políticas e econômicas do governo Hermes da Fonseca, os militares se viam frente à explosão da Primeira Guerra Mundial (1914-1918). Além disso, triunfava a Revolução Russa, em 1917, trazendo uma grande novidade na disputa pelo poder entre as classes sociais que influenciaria decisivamente as relações civis-militares no Brasil.

TENENTISMO E OS MILITARES CONTRA A ORDEM

A Primeira Guerra Mundial surtiu grandes efeitos internos nas relações civis-militares. Apesar da baixa participação brasileira, os ataques alemães a navios da Armada nacional teriam provocado manifestações populares de hostilidades à imigrantes alemães e a derrubada do ministro das Relações Exteriores do governo Venceslau Brás (1914-1918), Lauro Müller (1863-1926), general de Brigada e positivista de longo currículo na política. Egresso do governo Hermes e liderança do Partido Republicano Conservador (PRC), Müller era de origem germânica e, segundo Luigi Quevedo (2019), defendia a neutralidade na guerra. Porém, o "perigo alemão" e a eloquente oposição da imprensa liderada por Rui Barbosa contribuíram para sua renúncia. Com a queda de Müller, em 1917, o Brasil declara guerra aos Impérios Centrais (Alemanha e Áustria-Hungria) e se alinha aos países Aliados (Reino Unido, França e Rússia).

Além disso, em outubro de 1917 eclodia na Rússia o governo revolucionário comunista. No Brasil, a onda de greves operárias em centros urbanos (1917-1918) assustava as elites nacionais e estas, incluindo a cúpula da Força Armada, se engajam no *movimento anticomunista* contra o "perigo vermelho". Segundo Rodrigo Patto de Sá Motta, com amplo apoio dos empresários da imprensa da época, a existência de um "governo orientado para os interesses operários constituía perigoso mau exemplo para o proletariado brasileiro, e urgia evitar o risco de contágio" (2007, p. 231). Com a fundação do Partido Comunista Brasileiro (PCB), em 1922, crescia entre as elites civis e militares o *espectro revolucionário* como uma viga fundamental do binômio conflito-cooperação em todo o restante do período republicano.

Sem adentrar nos meandros desses dois marcos, importa aqui apenas destacar alguns efeitos políticos na organização militar. Na Armada brasileira, já livre das dissidências e dos rebeldes pró-monarquia, a guerra gerou resultados contraditórios: prejudicou sua modernização, mas rendeu experiência militar e relações político-militares, especialmente com os EUA, devido à missão estadunidense de 1917 e à recuperação de parte de seu prestígio político. Já as mudanças no Exército foram significativas, com destaque para a estruturação de um fluxo relacional entre Exército e sociedade que estabeleceu, nas palavras de Carvalho (2006, p. 78), uma "inegável vantagem militar" na transformação da sociedade.

O *alistamento universal*, demanda militar com origens em 1874, por influência do positivismo de Benjamin Constant, e instituída sem eficácia pelo ministério de Hermes da Fonseca (1906-1908), visava a abertura da sociedade ao Exército e seu alcance a todas as classes sociais. Contando com a campanha civil de Olavo Bilac (1865-1918), o alistamento universal foi de fato implementado em 1917, reforçando a mentalidade positivista do soldado-cidadão na construção de uma identificação entre Exército e povo. Uma década depois, com a criação, em 1927, dos Centros de Preparação de Oficiais da Reserva (CPOR), se completava a formação ideológica desse soldado-cidadão a ser "devolvido à sociedade" com a grande capacidade de influenciar seus rumos. Ademais, emergia uma nova concepção de guerra – a guerra total – que englobaria integralmente a sociedade. Com os militares encarnando as "aspirações nacionais", se afirmava na organização a visão de que o civilismo e seu pacifismo, as elites e seu liberalismo, não lhes concediam os meios para o fortalecimento da defesa nacional, razão pela qual adquiria grande importância a "guerra pelas mentes, a ser travada com as armas da educação moral e cívica fornecida pelo Exército com a ajuda das escolas civis" (Carvalho, 2006, p. 78).

Além disso, em 1918 os militares conseguiram pôr *fim à Guarda Nacional*. Aqui, a Força Armada, em especial o Exército, alcança o monopólio federal do emprego da violência, ainda sem o controle dos pequenos exércitos das polícias estaduais que se formaram após a proclamação da república para proteger as oligarquias locais de intervenções federais. E, completando a reforma iniciada por Hermes, em 1920 foi instituído o Regulamento Disciplinar do Exército e de Instrução e Serviço.

É nesse cenário que se formou o *tenentismo* – ou, como denomina Carvalho (2006), o "segundo movimento tenentista". Novamente, sem pretensões de repisar a complexa configuração desse fenômeno, cumpre apontar apenas dois aspectos. Primeiro, a liderança político-militar dos jovens oficiais – embora a politização também tenha atingido os praças do Exército, como na frustrada revolta dos sargentos de 1915, e a Armada, com a mencionada Revolta da Chibata. Do "primeiro tenentismo", Hermes figurava como uma referência ambígua. Porém, de volta ao Brasil, de volta à política, eleito presidente do Clube Militar em 1921, Hermes apoiou a candidatura oposicionista de Nilo Peçanha, seu antigo aliado civil do Partido Republicano Fluminense (PRF), e entrou em conflito com o candidato governista Arthur Bernardes, do Partido Republicano Mineiro (PRM). Assim como no estopim para a adesão de Deodoro da Fonseca ao golpe republicano em 1889, circulou uma carta falsamente atribuída ao adversário Arthur Bernardes, em que este supostamente proferia "insultos à honra" do marechal Hermes. Esse expediente, para mobilizar o espírito de corpo dos militares por razões políticas, foi usado diversas vezes nos anos seguintes. Neste caso, resultou no fechamento do Clube Militar, na prisão do ex-presidente Hermes e na politização dos quartéis.

Com a vitória de Arthur Bernardes, em 1922, eclode a primeira revolta tenentista da década, conhecida como a Revolta dos Dezoito do Forte. Rapidamente debelada pelo governo e pela alta cúpula militar, consistiu no levante de parcela de jovens oficiais e praças que reivindicavam a derrubada do governo e o fim do regime oligárquico. Com apoio do marechal Hermes e das oligarquias fora do eixo "café com leite" (Minas Gerais e São Paulo), o movimento foi comandado pelo capitão Euclides Hermes da Fonseca (1883-1962), filho do ex-presidente preso. Ao final da repressão, que incluiu bombardeios ao forte de Copacabana, apenas 17 oficiais e um civil seguiram em marcha pelo calçadão de Copacabana. Todos foram mortos pelo Exército, exceto dois sobreviventes – os tenentes Eduardo Gomes e Antônio de Siqueira Campos – que se tornariam lideranças políticas dos militares nas décadas seguintes.

Não se limitando ao forte de Copacabana, o movimento representava apenas parcela do Exército – contando com a adesão da guarnição local de Mato Grosso e da Escola Militar do Realengo, da qual o marechal Hermes havia sido comandante –, assim como uma quebra da hierarquia e disciplina e a volta da efervescência política às escolas de oficiais e quartéis. Apesar de trocas de comandos e medidas disciplinares, outra revolta de tenentes eclodiu em 1924, desta vez em São Paulo, mas igualmente visando a derrubada da ordem vigente e contando com fracas adesões de outros estados (Sergipe e Amazonas). A Revolta Paulista de 1924 foi liderada pelo general reformado Isidoro Dias Lopes (1865-1949) e pelo comandante da Força Pública de São Paulo (futura Polícia Militar), major Miguel Costa (1885-1959), acompanhados de vários tenentes, como Eduardo Gomes (egresso da Revolta de 1922), os irmãos Joaquim Távora (que veio a falecer depois da Revolta de 1922) e Juarez Távora, este uma liderança dos "jovens turcos", e do então senador-militar, almirante Arthur Índio do Brasil e Silva. Com duração de quase um mês e considerado o maior conflito armado urbano da história do país, foi igualmente reprimido pela Força Armada disciplinada e obediente com o respaldo do Congresso, que aceitou a decretação de estado de sítio no país. Em vigor por quase todo o período do governo Arthur Bernardes, esse estado excepcional se apoiava, entre outros fatores, na continuidade da oposição armada ao regime com a emergência da liderança do capitão-engenheiro Luís Carlos Prestes (1898-1990). Embora tivesse aderido à Revolta de 1924, Prestes não chegou a participar dos embates em São Paulo, mas deu início à Coluna Prestes, que prosseguiu com a Revolta de 1924 por outros estados e, posteriormente, se juntou à coluna do major Miguel Costa. Até 1927, a então Coluna Miguel Costa-Prestes manteve vivo o movimento tenentista pela derrubada da ordem da República Velha e a instituição de uma nova ordem política.

Conforme Carvalho (2006), nesses dois grandes eventos, de intensa politização do baixo oficialato contra a ordem estabelecida, a adesão de um oficial de alta patente e prestígio militar seria fundamental para justificar a quebra da hierarquia e ser capaz de atrair os indecisos. Se em 1889 essa figura foi Deodoro da Fonseca e, em 1922, Hermes da Fonseca (falecido em 1923), em 1924, o general-de-brigada Isidoro Lopes foi, nas palavras de Ferreira (2019, p. 1.117), o "totem" necessário para que os militares contra a ordem liderassem a "condenação do mundo político em defesa da honra militar e a busca de apoios na esfera civil".

Além disso, as *missões francesas* exerceram importante influência para a politização desses militares, pois as dissidências da alta cúpula militar também refletiam as novas ideias políticas recebidas pelo avanço do profissionalismo militar. Longe de representarem a despolitização da organização, as escolas militares passaram a semear um papel político para a Força Armada na organização nacional, visando enfrentar o contexto da nova guerra – a guerra total –, adaptada à "realidade brasileira". Neste ponto, segundo Alfred Stepan (1975), a primeira missão francesa no Brasil foi recebida, em 1906, pela Força Pública de São Paulo, e durou até 1924. No Exército, a missão somente foi recebida em 1920, mas se estendeu até 1940. A grande relevância política dessa missão foi formar "oficiais do Estado-Maior" com uma cúpula hierárquica preparada para efetivamente planejar e controlar a atividade militar.

Com a centralização do planejamento de toda a organização, se garantiu maior coesão e disciplina. Também houve uma expansão extraordinária do raio de atuação do Exército: a nova concepção de defesa abrangia todas as dimensões relevantes da vida nacional, da preparação militar ao desenvolvimento industrial. A nova mentalidade sobre a defesa nacional, que influenciou não somente militares, mas também civis – como Pandiá Calógeras –, resultou na criação, em 1927, do Conselho de Defesa Nacional (CDN), com o objetivo de planejar a mobilização nacional para a defesa, já abarcando aspectos psicológicos e econômicos.

Nesse cenário, o tenentismo se juntou às reformas organizacionais de Hermes, às ideias semeadas pela missão alemã e propagadas pela revista *Defesa Nacional*, e ao legado positivista do soldado-cidadão, para promover uma nova fase da politização dos militares no Brasil. Depois de governarem por uma ditadura (1889-1894) e por um governo eleito (1910-1914), se aproximava a derrubada da ordem oligárquica e rural do café com leite, em profunda crise de dominação política.

O então presidente da república, Washington Luís – do Partido Republicano Paulista e sucessor de Arthur Bernardes (Partido Republicano Mineiro) –, havia comandado a repressão aos tenentistas em 1922 e se engajado diretamente no conflito armado de

1924, dois meses depois de deixar a presidência de São Paulo. Antes, como secretário estadual de Justiça e Segurança Pública, foi Washington Luís quem contratou a missão francesa para a Força Pública de São Paulo. Durante o seu mandato, apesar de manter inicialmente o estado de sítio em alguns estados até o fim da Coluna Miguel-Prestes, os conflitos entre as elites civis e militares haviam sido administrados até a crise estadunidense de 1929. Com as fortes quedas das exportações de café, se alastrou uma crise econômica e política na ordem café com leite, resultando no rompimento da aliança civil governista para as eleições de 1930. De um lado, as oligarquias paulistas lançaram a candidatura de Júlio Prestes, do Partido Republicano Paulista, com o apoio dos estados do Rio de Janeiro e Bahia. De outra ponta, as oligarquias mineiras passaram a apoiar a candidatura do civil-jurista Getúlio Vargas, do Partido Republicano Rio-Grandense (PRR), então presidente do Rio Grande do Sul e ex-ministro da Fazenda de Washington Luís, formando a Aliança Liberal junto à oligarquia da Paraíba e de outros estados.

Diversos episódios da campanha eleitoral aumentavam a tensão entre as elites civis e seus aliados militares em torno da disputa pela manutenção ou mudança da ordem estabelecida. Com a eleição contestada de Júlio Prestes em razão das habituais fraudes eleitorais, em 1930, os conflitos entre governistas e a oposição à ordem oligárquica se acirraram, tendo como ponto alto o assassinato do candidato a vice de

Getúlio Vargas, o civil-jurista João Pessoa Cavalcanti de Albuquerque, do Partido Republicano da Paraíba (PRP) e sobrinho do ex-presidente Epitácio Pessoa. Com a crise política em seu cume, a saída pelas armas estava aberta e a participação dos tenentistas se fazia fundamental. No entanto, foi um militar que havia reprimido a oposição armada na década de 1920 junto aos militares leais à ordem, quem exerceu protagonismo: o oficial do Estado-Maior Pedro Aurélio de Góes Monteiro.

A situação nos quartéis estava polarizada, assim como entre os civis e, nas palavras de Góes Monteiro, citadas por Carvalho (2006, p. 49), "a fração de Major para cima, em sua maioria, estaria ao lado do governo em caso de revolução; mas, de capitão para baixo, também em sua maioria, as simpatias se voltavam para os revolucionários". Apesar de considerado legalista, Góes Monteiro era entusiasta das missões francesas, com suas ideias políticas e profissionais sobre o papel dos militares e a reprovação das elites oligárquicas. Como sugere Ferreira (2019, p. 467), na véspera da Revolução de 1930 se afirmava o pensamento político entre os militares de "identificação da Pátria com o Estado e a Nação, e a do Governo com as elites civis", de tal modo que os civis teriam "uma visão mesquinha, imediatista demais, do processo social e político", contrária à visão desses militares que demandava "integrar o Povo na Nação, e essa, na Pátria, sob um Estado bem organizado".

Mergulhado nessa mentalidade, o então tenente-coronel Góes Monteiro assumiu o comando das forças militares do levante, acompanhado por outras lideranças militares como Juarez Távora e Miguel Costa. Considerando que na politização dos militares seria indispensável a adesão de um totem – o oficial de prestígio à frente do levante –, Góes Monteiro, mesmo sem ser general, cumpriu esse papel, sendo capaz de arrastar boa parte dos indecisos no Exército.

Dessa maneira, o autointitulado "movimento pacificador" reunia, do lado dos civis, os jovens políticos derrotados na eleição de 1930 e as dissidências da velha oligarquia e, do lado dos militares, os tenentistas (à exceção de Prestes e seus aliados) e a maioria do generalato até então legalista. Segundo Carvalho (2006), a "pacificação pelas armas" teria sido a primeira tomada de poder dos militares planejada e executada pelos altos escalões do Exército e da Armada e, a princípio, seria apenas para solucionar o impasse entre os civis e promover novas eleições. O coronel Bertoldo Klinger (1884-1969), jovem turco nomeado "chefe do Estado-Maior das Forças Pacificadoras", planejou o movimento como uma operação militar rotineira. Em seu ultimato a Washington, Klinger teria afirmado que "o uso das Forças Armadas para solucionar conflitos políticos, prática constante dos governos da República, só tinha produzido lutas e ruínas" e, por isso, havia chegado a hora de "entregar os destinos do Brasil aos generais de terra e mar". Afinal, conforme o chefe da "Junta Governativa Provisória de 1930", o general do Exército Augusto Tasso Fragoso, seria "justificável a derrubada do governo porque a Força Armada não é servidora dele, mas da nação" (Carvalho, 2006, p. 51).

Uma vez deposto o presidente em exercício, antes da posse do presidente eleito, a referida junta militar transferiu o Poder Executivo à Getúlio Vargas, o "Comandante das forças revolucionárias". Se comparada à última tomada do poder pelas armas, em 1889, desta vez a organização militar detinha mais de 40 anos de afirmação institucional e integração política com as elites nacionais, assim como laços estruturais com o "povo". Seria o começo de uma nova fase da politização dos militares.

PRIMEIRA GERAÇÃO: DITADURA DE SEGURANÇA NACIONAL

O GOLPE DE ESTADO DE 1930 RESULTOU NA TOMADA DO PODER

político por civis da "Aliança Liberal" e militares tenentistas, visando expressamente pacificar, pelas armas, um conflito político entre as elites nacionais que viam crescer o engajamento da "não elite", ou seja, das classes sociais excluídas do poder político. Embora se opondo ao regime oligárquico, a "revolução" buscava, entre as próprias elites nacionais, novos termos de dominação política que preservassem a estrutura de classes sociais e os mitos fundadores da sociedade nacional. Essa foi a razão, por exemplo, da não adesão do capitão Luís Carlos Prestes, para quem o golpe implementava uma nova ditadura, contrarrevolucionária e a serviço das mesmas oligarquias opressoras das "massas trabalhadoras", além de antecipar a caracterização dos militares que aderiam – em especial, Juarez Távora – como liberais a serviço do imperialismo. Em contrapartida, mesmo tal empreendimento de acomodação exigia mudanças modernizantes tanto no Estado quanto na sociedade, especialmente na relação entre capital e trabalho, assim como no sistema político.

De modo que, no primeiro período da chamada "Segunda República" (1930-1934), a aliança civil-militar governou "provisoriamente" de forma centralizada, por decretos, suspendeu a Constituição de 1891 e nomeou interventores nos estados (exceto Minas Gerais) – em sua maioria, militares tenentistas que participaram do golpe. Em São Paulo, por exemplo, foram nomeados como interventores os militares tenente João Alberto Lins de Barros (1899-1955), de novembro de 1930 a julho de 1931, da União Democrática Republicana (UDR); capitão Manuel Rabelo (1873-945), de novembro de 1931 a 7 de março de 1932, do Partido Progressista (PP); e o general de divisão Valdomiro Lima (1873-1938), de outubro de 1932 a julho de 1933, do Partido Republicano Paulista (PRP). Quer dizer, apesar de Getúlio Vargas ser um expoente civil, seu primeiro governo contou com ampla participação dos militares na direção do poder político – Vargas chegou a ser sargento do Exército (1898-1903), passando pelo 6º Batalhão de Infantaria de São Borja (RS), Escola Preparatória e de Tática de Rio Pardo (RS) e 25º Batalhão de Infantaria de Porto Alegre (RS), chegando a participar da Coluna Expedicionária do Sul enviada à Corumbá (MS) em razão da "questão do Acre", conflito entre Brasil e Bolívia por aquele território (Abreu *et al.* [verbete Getúlio Vargas], 2010). Depois da série de conflitos armados que eclodiram em São Paulo contra o novo regime – a chamada Revolução Constitucionalista de 1932 –, foi eleita uma Assembleia Constituinte (1932-1933) e aprovada a Constituição de 1934. A Assembleia foi composta, além de 214 deputados eleitos (dos quais quase a metade eram liderados pelo tenentista Juarez Távora), de 40 representantes classistas, eleitos pelos sindicatos reconhecidos pelo recém-criado Ministério do Trabalho (Abreu *et al.* [verbete Assembleia Nacional Constituinte de 1934], 2010).

Nesse novo pacto político, a Força Armada manteve suas prerrogativas políticas da Constituição de 1891 (Brasil, 1891), mas com mudanças significativas: pela primeira vez na história constitucional surgiu o termo *segurança nacional*, ainda que sem definição, para regular a instituição militar e os direitos políticos e civis. Também foi criado o Conselho Superior de Segurança Nacional (CSSN), então presidido pelo presidente da república e composto por ministros do Poder Executivo e chefes do Estado-Maior do Exército (EME) e da Armada. Para além da "manutenção da lei" da Constituição anterior, *a Força Armada passou a ser responsável pela manutenção da ordem no plano interno*. Esse acréscimo seria revelador, pois a separação entre lei e ordem indicava que "a ordem não se molda pela lei, mas pode estar aquém ou além desta, até mesmo da Lei que constitui o próprio Estado" (Mathias e Guzzi, 2010, p. 45).

A nova síntese de poder reconhecia à Força Armada sua *atribuição institucional de garantir a estabilidade da nova ordem instituída* pelos "revolucionários de 1930" – a *ordem da segurança nacional independentemente da Lei*. Não por acaso, tal dispositivo viria a ser evocado como lastro constitucional das intervenções posteriores, retratadas como a própria função constitucional das Forças Armadas. Eis a gênese da segurança nacional: a sobrevivência de uma ordem social e política instituída por elites civis e militares que está acima da ordem constitucional ou da soberania popular.

Essa nova etapa da politização dos militares no Brasil foi acompanhada pela garantia de exercício de cargos políticos sem prejuízos de promoções, assim como do direito ao voto dos militares *praças*, alunos de escolas militares e aspirantes a oficiais, abrindo a Força Armada aos partidos políticos. Além disso, a criação da Justiça Militar estendia a jurisdição especial para os civis em casos específicos e ampliava a autonomia política da organização militar para disciplinar a atuação política de seus quadros no contexto de crescente *divisão ideológica entre os militares.*

AS DIVISÕES IDEOLÓGICAS

Considerando a formação histórica dessa politização, estavam formadas, em termos gerais, duas grandes concepções profissionais entre os militares sobre o papel da instituição na organização nacional, especialmente no Exército. Primeiro, a posição dos *liberais-conservadores neutralistas,* os militares "profissionais", vinculados à missão francesa e ao profissionalismo alemão. Alheios às disputas político-partidárias – função atribuída aos civis e típica dos "políticos", os liberais-conservadores seriam os defensores de uma Força Armada restrita à defesa externa e à preparação para a guerra, seguindo o modelo de "grande mudo" da organização militar, visando assegurar sua coesão e eficiência. Em termos políticos, a "neutralidade" profissional implicava a conservação da ordem vigente pela obediência à legalidade constitucional ou, em última análise, negar à instituição militar o papel de agente da transformação da realidade política.

Em contrapartida, o movimento tenentista levou ao poder político uma geração que defendia o oposto: seria papel da Força Armada intervir na política para transformar a ordem instituída. Essa mentalidade que se tornou hegemônica, incluindo antigos "neutralistas" como Góes Monteiro, compartilhava a interpretação de que uma posição neutra da organização militar serviria para as nações liberais europeias, de ordem burguesa consolidada, mas não para países latino-americanos como o Brasil. Nestes países, a própria preparação para guerra exigiria a intervenção na política nacional. Eis a posição tenentista de uma *intervenção transformadora*, da militarização da política visando o desenvolvimento nacional e a modernização da organização social e política.

Para Carvalho (2006), os neutralistas seriam os militares "profissionais", não interventores, enquanto os tenentistas seriam os intervencionistas, restando como "a grande questão" qual direção ideológica e estratégica dessa intervenção. De outra maneira, Ferreira (2019, p. 532) denomina "Estamento Militar" os militares que "agem de acordo com as leis e regulamentos" e exercem de forma conservadora "autoridade, controle ou influência", diferente do "Partido Fardado" – a organização que reuniria aqueles militares que "se julgam com o direito de interpretar o que sejam a lei e a ordem". Formulação semelhante de Alain Rouquié (1980), pois este denomina de "Partido Militar" a organização interna que disputa o controle das Forças Armadas para atingir objetivos políticos de seus grupos. Embora seja questionável a adaptação do conceito moderno de partido – especialmente porque é precário em suas analogias –, essa classificação promove uma distinção importante entre a instituição e seus comandantes, realçando o uso político instrumental da organização militar a serviço de visões de mundo dissociadas da soberania popular constitucional.

Partindo dessa "divisão das águas", proponho uma categorização complementar, que leve em conta menos a concepção profissional para as Forças Armadas e mais a ideologia em torno do regime de dominação política. Nessa direção, convém se valer da divisão ideológica bipolar que orienta o pensamento da Doutrina de Segurança Nacional, sem perder a variável organizacional. Sendo assim, *podemos identificar cinco correntes militares cingidas em dois blocos*. De um lado, o bloco comunista, liderados por Luís Carlos Prestes – minoritário, ligado ao Partido Comunista Brasileiro e representado pelos militares *marxistas-leninistas* –, se voltava para a revolução de classe social com a formação de um Exército de natureza popular, inspirado nas experiências russa (1917) e chinesa (1927).

De outro, o bloco anticomunista, amplamente majoritário, que agregaria quatro correntes ideológicas entre os militares. A primeira seria dos conhecidos *liberais-conservadores neutralistas*, não intervencionistas, defensores da obediência às autoridades constituídas e à legalidade visando a preservação dos valores organizacionais da hierarquia, da disciplina e da coesão militar. Seriam os "neutralistas", para Carvalho (2006), ou o "Estamento Militar", para Ferreira (2019), porém com o acréscimo ideológico do anticomunismo e do nacionalismo liberal.

Na segunda corrente estariam os *antiliberais-conservadores*, defensores do intervencionismo chauvinista, representado pelo general Olímpio Mourão Filho (1900-1972) e ligados à Ação Integralista brasileira (1932-1937). Além de religiosamente anticomunista, essa corrente estaria orientada pela doutrina social da Igreja Católica e, nas palavras de Jefferson Barbosa, por seu "nacionalismo exacerbado". Esta corrente antiliberal defendia um Estado Integralista com a Força Armada integrada à milícia nacional, inspirada no modelo paramilitar do fascismo europeu. Em última análise, de um nacionalismo autoritário, antiliberal e conservador.

A terceira corrente, anticomunista, ocuparia uma posição intermediária entre os liberais-conservadores neutralistas e os antiliberais-conservadores. Esta corrente, que passo a nominar de *liberal-conservadora intervencionista*, reivindicava o *realismo político* entre objetivos e meios em oposição às posições "utópicas" do neutralismo dos liberais-conservadores e dos intervencionismos do marxismo-leninismo e do antiliberalismo-conservador que, segundo Carvalho (2006, p. 75), canalizando os conflitos políticos "externos" para o interior da organização militar, colocavam em risco "a própria capacidade da organização de manter a posição de poder". Além de isolar a corrente marxista-leninista entre os militares, a transformação-conservadora buscava reunir os militares anticomunistas em uma "aliança dos profissionalizantes com os intervencionistas, aceitando os primeiros a intervenção, e concordando os segundos em mudar os métodos e o conteúdo da intervenção" (Carvalho, 2006, p. 75). Quer dizer, se postava contra o *status quo* vigente, uma vez transformadora do sistema político e social, mas visava conservar a hierarquia entre as classes e a posição política da Força Armada na organização nacional. Como aponta Ferreira (2019, p. 1.131), a coluna Prestes havia demonstrado que a politização dos militares não apenas poderia se colocar contra a ordem estabelecida, mas destruir a própria ordem de classes e essa possibilidade, "se de virtualidade se transformasse em realidade, afetaria toda a organização social em que as Forças Armadas se inseriam". Daí *conservar pela intervenção transformadora:* um Estado "forte", legitimado eleitoralmente pelas elites nacionais para pacificar a relação entre capital-trabalho pela justiça social, desenvolvimento dependente do capitalismo, coesão das instituições de violência e reformas do sistema político.

Nesse "centrão" anticomunista, Bertoldo Klinger (comandante militar das Forças Pacificadoras de 1930), na primeira edição da revista *A Defesa Nacional* (1913), conforme descreve Carvalho (2006, p. 41), já afirmava que o Exército precisava "estar aparelhado para sua função conservadora e estabilizante dos elementos sociais em marcha e preparado para corrigir as perturbações internas, tão comuns na vida tumultuária das sociedades que se formam". Depois da "Revolução de 1930", o próprio Klinger viria a defender, na mesma revista, o direito dos militares de intervir na política e de que "o posto supremo de direção [do país] é problema de Estado-Maior" (Carvalho, 2006, p. 42).

Embora tenha se tornado um opositor, as ideias de Klinger sobre o Exército e a política nacional receberam guarida no pensamento de Góes Monteiro, o grande mentor intelectual militar do primeiro período varguista e da primeira geração de segurança nacional. Em seu livro *A Revolução de 1930 e a finalidade política do Exército*, Góes Monteiro (1934) defendia que somente o Exército e a Marinha deveriam ser instituições nacionais e "só à sombra delas é que, segundo a nossa capacidade de organização, poderão organizar-se as demais forças da nacionalidade", isso porque "sendo o Exército um instrumento essencialmente político, a consciência coletiva deve-se criar no sentido de se fazer a política do Exército e não a política no Exército" (Monteiro apud Carvalho, 2006, p. 42). Eis a primeira formulação sistemática de um pensamento político dos militares, distinguindo a política partidária e a política nacional, esta sim papel dos militares, segundo as ideias preliminares de segurança nacional.

É essa síntese anticomunista da *transformação-conservadora* que virá exercer a hegemonia interna de forma progressiva, unindo os dois polos anticomunistas "politizados", até o novo golpe do Estado Novo, em 1937. Na eleição indireta de 1934, o líder dessa corrente, Góes Monteiro, havia buscado assumir a direção do poder político sem apoio das lideranças civis-militares que o preteriram à Getúlio Vargas. Porém, a tentativa frustrada de tomada de poder, em 1935, por militares ligados à corrente marxista-leninista – a "Revolta Comunista de 1935", oficialmente chamada de Intentona Comunista – foi decisiva para o fortalecimento dos militares da segurança nacional.

O ESTADO NOVO DE SEGURANÇA NACIONAL

Com a ascensão do fascismo na Itália de Mussolini e do nazismo na Alemanha de Hitler, em 1935 foi criada no Brasil a Aliança Nacional Libertadora (ANL), inspirada nas frentes populares que se formavam na Europa contra a escalada nazifascista. Liderada pelo capitão Luís Carlos Prestes, a frente popular reunia os militares da corrente marxista-leninista, comunistas, socialistas, liberais e católicos, se tornando um movimento de alcance popular e se opondo aos integralistas. Rapidamente, a ANL foi proscrita pelo governo de Getúlio Vargas, por iniciativa de Góes Monteiro, sob a justificativa de infringir a "segurança nacional". Ato contínuo, levantes armados sob o comando dos militares vinculados ao Partido Comunista ocorreram em Natal, Recife e Rio Janeiro, em seguida dominados pelo governo, apesar de adesões populares.

Conforme aponta Mauro Teixeira (2014), a derrota da revolta constituiu um definitivo marco da *cultura institucional do anticomunismo no Exército* e, a partir deste evento, sua data foi incorporada anualmente na "ordem do dia" das comemorações militares. Da mesma forma, a ascensão de José Américo nas eleições presidenciais de 1938 também alimentava o espectro revolucionário cultivado entre os militares anticomunistas. Ainda que apoiado pelo governo, Américo exercia liderança popular "da luta democrática" e direcionava sua campanha diretamente às classes populares que, pela primeira vez, escolheriam o presidente depois das reformas eleitorais. Em resumo, o Código de 1932 (Lei n. 21.076/32) e as reformas de 1933 (Decreto n. 22.621/33), de 1934 (nova Constituição) e de 1935 (Lei n. 48/35) asseguraram o direito ao voto feminino e a representação classista no Congresso, instituindo a Justiça Eleitoral, voto secreto e universal, reduzindo a idade mínima de 21 para 18 anos e fortalecendo os partidos. Porém, ainda excluía os analfabetos, então 50% da população nacional (IBGE, 2004). Segundo Carvalho (2006, p. 97), Américo logo passou a ser considerado uma ameaça em uma "situação de alarma geral" entre as elites civis e militares anticomunistas que o acusavam de promover "agitação proletária e das massas inconscientes", se tornando, para essas elites da ordem, um "ambicioso criminal".

Nesse cenário de mobilização crescente das classes sociais excluídas do poder político e de seus mecanismos institucionais de disputa, novamente uma "solução de força" passou a ser defendida, com especial liderança de Góes Monteiro. Para o autogolpe de novembro de 1937 que se antecipou à eleição de janeiro de 1938, cumpriu papel decisivo a corrente integralista dos militares. Assim como em 1889 e 1910, uma nova acusação falsa contra opositores, desta vez elaborada pelo general Olímpio Mourão Filho, diretor do serviço secreto da Ação Integralista Brasileira (AIB), simulava um plano da Internacional Comunista para implementar uma "ditadura judaico-comunista" no Brasil. O Plano Cohen, divulgado pelo próprio governo em 1937, foi o estopim para um novo golpe de Estado que derrubou a recém-criada ordem constitucional de 1934.

Desta vez, os militares anticomunistas, sob a liderança da vertente transformação-conservadora, deixavam de se postar como "a vanguarda do povo" em busca de reformas sociais para firmar como seus "novos" objetivos: o desenvolvimento econômico pela industrialização; a segurança interna e a defesa externa contra o comunismo. A partir da visão conjunta entre desenvolvimento e segurança, o "Estado Novo" se apoiava na premissa de que o Exército corresponderia ao "elemento dinâmico" do Estado-nação, responsável pela "força executiva da vontade estatal", em perfeita integração dos militares na organização nacional. Além disso, a Constituição de 1937, escrita pelo jurista Francisco Campos, institucionalizava o anticomunismo contra a "infiltração comunista" no Estado e na sociedade, exigindo remédios de caráter "radical" e "permanente" (Brasil, 1937).

Uma vez concretizado o golpe, os partidos políticos foram extintos, os órgãos legislativos, dissolvidos e a autonomia estadual, revogada. Assim como em 1930, novas intervenções em estados governados por opositores foram realizadas e diversos militares da transformação-conservadora assumiram o comando do poder político. No "centrão militar", o tenente da Armada Ernani do Amaral Peixoto foi interventor no Rio de Janeiro (1937-1945) e um dos fundadores do Partido Social Democrático (PSD); e o coronel do Exército Renato Onofre Pinto Aleixo, outro fundador do PSD, assumiu a intervenção na Bahia (1943-1945).

Porém, merece destaque a figura de Osvaldo Cordeiro de Farias, tenentista que assumiu o governo do Rio Grande do Sul em 1938 pelo Partido Progressista. Cordeiro de Farias havia sido liderado por Prestes na Revolta Tenentista de 1924 (permanecendo engajado até o fim da coluna em 1927), aderido ao golpe de 1930, comandado a Força Pública de São Paulo entre 1931 e 1933, assim como reprimido o levante de 1935 em São Paulo. Além disso, foi Cordeiro de Farias, então tenente-coronel, o responsável por transmitir a principal medida para a queda do líder das oligarquias do estado, Flores da Cunha, do Partido Republicano Liberal (PRL): a federalização da Brigada Militar e a dissolução de seu quadro de milícias auxiliares, os corpos provisórios, com seus efetivos regulares postos à disposição do Exército. Cordeiro sucedeu o primeiro interventor, o então comandante da 3º Região Militar do Exército, general Manuel de Cerqueira Daltro Filho, falecido poucos meses depois do golpe de 1937, do qual foi um dos principais conspiradores. Quem o sucedeu foi o major Ernesto Dornelles, de 1943-1945, um dos responsáveis pela criação do Partido Social Democrático no estado (Abreu et al. [verbete Osvaldo Cordeiro de Farias], 2010).

No âmbito da segurança interna, a Constituição de 1937 passou a incluir as polícias estaduais na defesa externa, as tornando força-reserva do Exército e visando centralizar a "segurança pública", a "ordem" e a repressão política com base na segurança nacional da Constituição anterior, na Lei de Segurança Nacional (LSN) e no Tribunal de Segurança Nacional de 1936. O caso mais emblemático de aplicação da Lei n. 38 de 1935 foi o julgamento de Olga Benário, alemã e companheira de Luís Carlos Prestes, deportada grávida para o regime nazista e submetida ao campo de concentração, onde veio a ser assassinada. Além disso, o Departamento de Imprensa e Propaganda (DIP) cuidava de difundir as ideias da segurança nacional, assim como censurar a imprensa falada e escrita opositora, conforme o Código de Imprensa editado em 1931. Criado em 1939, o DIP se voltava à dimensão psicossocial e foi resultado de um processo de institucionalização iniciado em 1931 pelo Departamento Oficial de Publicidade; depois, pelo Departamento de

Propaganda e Difusão Cultural (DPDC); e, já em 1938, pelo Departamento Nacional de Propaganda (DNP).

Na concretização do objetivo de centralizar o uso da violência de Estado merece destaque outro tenentista, Filinto Müller (1900-1973). Formado na Escola Militar do Realengo (1919-1922), Müller havia aderido ao levante de 1924, abandonado a Coluna Miguel Costa em 1925, se transferido para Argentina e, de volta ao país, foi preso em 1927. Com o golpe de 1930, foi anistiado e reincorporado, assumiu a inspetoria da Guarda Civil de São Paulo, participou da repressão à oposição em 1932, foi promovido a capitão, se tornou chefe da Delegacia Especial de Segurança Política e Social (DESPS) em 1933 e, poucos meses depois, se tornou chefe de Polícia do Distrito Federal, onde ficou de 1933 até 1942. No desempenho da função policial, desde a promulgação da LSN, o militar tenentista se destacou na extensão do aparato de repressão social à oposição política: fechamento de jornais, infiltrações em organizações políticas (PCB e AIB), prisões arbitrárias e a prática de tortura como meio de obtenção de informações. Além disso, foi o responsável por executar o "Estado de Guerra" de 1937 e participou da repressão ao frustrado Levante Integralista de 1938, que reunia a milícia integralista para derrubar Vargas. O grande saldo da repressão política, na qual Müller se destacava por sua posição na capital, foi a neutralização de lideranças e organizações oposicionistas, especialmente comunistas e integralistas. Com forte influência no Mato Grosso, Filinto Müller havia se candidatado ao governo do estado, em 1934, pelo Partido Evolucionista (PE), mas desistiu de sua candidatura depois de Vargas nomear seu irmão, Fenelon Müller, meses depois substituído por outro interventor ligado a seus opositores. Com essa manobra, se manteve dedicado ao papel de polícia. Somente em 1942 veio a pedir exoneração, depois que o Brasil aderiu aos Aliados na Segunda Guerra Mundial, sendo substituído pelo tenente-coronel Alcides Etchegoyen (Abreu et al. [verbete Filinto Müller], 2010).

Em contrapartida, como descreve Boris Fausto (1995), o Estado Novo de segurança nacional cuidava do desenvolvimento socioeconômico. A aliança entre burocracia civil, militares e a burguesia nacional tinha como objetivo comum "promover a industrialização do país sem grandes abalos sociais" (Fausto, 1995, p. 367). Tratava-se da pacificação entre capital e trabalho pela industrialização com direitos trabalhistas e sociais, visando controlar os crescentes conflitos entre as classes em razão da maior organização social e promover a indústria bélica e a base econômica nacional.

Quanto à organização militar da Força Armada, o novo regime centralizador servia para implementar a hegemonia interna da corrente de transformação-conservadora. Nos termos de Góes Monteiro, era a política *do* Exército para afastar a política *no* Exército, para completar os esforços liderados pelo então ministro da Guerra, general Eurico Gaspar Dutra, de renovação de comandos, aperfeiçoamentos profissionais, reformas de regulamentos, desenvolvimento da indústria bélica e fortalecimento operacional da Força Armada, em especial, o Exército.

Nesse caminho, a Constituição de 1937 havia concentrado o poder no presidente da república e suprimido a obediência discricionária dos militares ao Poder Executivo, introduzida pela Constituição de 1891 – o dispositivo "dentro da lei". Embora tenha representado um recuo da autonomia militar à Constituição imperial de 1824, essa supressão também permitiu um controle vertical das lideranças da corrente de transformação-conservadora para consolidar seu domínio interno. A dupla Góes Monteiro e Gaspar Dutra havia sido promovida por "lealdade política" depois de 1930 e buscava a renovação do quadro de generais em favor de sua hegemonia interna, ocupando postos estratégicos na organização política dos militares, como nas chefias do Estado-Maior do Exército (EME) (1937-1943), do Ministério da Guerra (1934-1935; 1936-1945) e do Clube Militar (1933-1934; 1937). Assim, para Carvalho (2006), a reforma da cúpula permitiu uma relativa "homogeneização da organização, conseguida graças ao expurgo dos oficiais discordantes". Além disso, se proibiu o voto e a candidatura de todos os militares da ativa, visando cortar os laços militares com o "mundo civil" partidário e concretizar o projeto de substituição do "soldado-cidadão" positivista pela "classe militar" centralizada na corporação dirigida pela transformação-conservadora.

A política do Exército de Góes Monteiro e Gaspar Dutra envolvia tanto o fortalecimento da abertura da sociedade ao Exército quanto o isolamento do Exército das pressões e disputas da sociedade, visando sua consolidação como "expressão da nação, não do próprio povo", sem prejuízo da hierarquia, disciplina e eficiência militar. Com isso, a um só tempo, "legitimavam a ação militar sem a comprometer com a representação de interesses concretos da população" (Carvalho, 2006, p. 79). Essa blindagem se formava na porta de entrada da sociedade na organização, com restrições de orientação ideológica (comunistas, anarquistas, socialistas, integralistas), religiosa (não católicos, sobretudo judeus), racial (negros) e de descendência (imigrantes), a serem aplicadas pelos comandantes das escolas, sem necessária justificativa e podendo fazer uso de expedientes secretos de investigação.

Esse cenário do Estado Novo de segurança nacional foi muito influenciado pela deflagração da Segunda Guerra Mundial (1939-1945) por três motivos. Primeiro, pela disputa dos rumos a serem tomados pelo país – manter neutralidade, aderir ao Eixo (Alemanha e Itália) ou aos Aliados (EUA, França e Inglaterra). Embora Getúlio Vargas, Gaspar Dutra e outros integrantes da ordem fossem simpáticos a aspectos do nazifascismo, prevaleceram os incentivos econômicos e as pressões diplomáticas dos EUA impulsionadas pelos ataques marítimos do Eixo contra o Brasil. Declarada, em 1942, a entrada do país na guerra ao lado dos Aliados, somente em 1944 seria enviada a Força Expedicionária Brasileira (FEB), sob o comando dos EUA. O então interventor do Rio Grande do Sul, Cordeiro de Farias, regressou ao Exército a pedido, foi promovido à general de brigada em 1942. Em 1943, viajou aos EUA para realizar estágio na escola de Fort Leavenworth, comandando a principal divisão da FEB em 1944. Segundo, como aponta Carvalho (2006), porque a deflagração da Segunda Guerra Mundial, em 1938, contribuiu para que setores vinculados à ANL e ao Partido Comunista apoiassem o regime de segurança nacional, especialmente por conta de suas políticas nacionalistas de desenvolvimento econômico e direitos trabalhistas. Terceiro, as influências dos EUA e de Góes Monteiro dariam origem à Força Aérea Brasileira (FAB), em 1941, transformando uma arma do Exército criada em 1927 na terceira Força Armada. A estruturação da Aeronáutica, resultando em sua participação na FEB, contou com o comando de Eduardo Gomes, tenentista de 1922 e então brigadeiro, que passou a canalizar as dissidências liberais-conservadoras que passavam a defender a quebra da "neutralidade" e a intervenção dos militares na política.

Com o fim da guerra e a vitória dos Aliados, o Estado Novo de segurança nacional perdia sustentação internacional, a resistência na sociedade à dominação pela força aumentava e os conflitos internos, inclusive nas Forças Armadas, tencionavam para uma abertura política do regime. Por um acordo entre a aliança civil-militar do regime, foi publicado, em fevereiro de 1945, o Ato Adicional n. 9, marcando eleições presidenciais e constituintes para dezembro do mesmo ano. Estava aberta novamente a disputa eleitoral e a organização partidária, os presos políticos eram anistiados e postos em liberdade, inclusive Luís Carlos Prestes, assim como levantada a proscrição do Partido Comunista Brasileiro.

Na disputa eleitoral, os militares anticomunistas se organizavam em duas chapas. Na Oposição Coligada, os liberais-conservadores e outros dissidentes do regime lançavam a candidatura do brigadeiro Eduardo Gomes pela recém-fundada União Democrática Nacional (UDN). Por seu turno, a candidatura do então ministro da Guerra, general Gaspar Dutra, reunia militares da transformação-conservadora e civis ligados ao regime pelo Partido Social Democrático, fundado por Vargas com o perfil "pragmático e realista". Segundo Fausto (1995), com a criação da Consolidação das Leis do Trabalho (CLT), em 1943, Getúlio havia se firmado como um líder popular do trabalhismo e também fundara o Partido Trabalhista Brasileiro (PTB), que reunia sindicalistas ligados ao seu governo, adeptos do "queremismo", isto é, a convocação de uma Assembleia Constituinte dirigida por Vargas, com posterior eleições presidenciais. Além disso, com o estabelecimento das relações diplomáticas com a União Soviética em 1945, Vargas recebia simpatia do PCB e o apoio à sua permanência no poder foi expresso por Prestes ao sair da prisão, apesar de posteriormente o PCB ter lançado a candidatura do engenheiro Iedo Fiúza.

Nesse cenário de disputa eleitoral entre as elites civis-militares, a novidade era a inclusão controlada das organizações dos trabalhadores urbanos e rurais na disputa pelo poder político. Tanto os militares da transformação-conservadora quanto os liberais-conservadores viam Vargas caminhar para o "populismo" de Perón na Argentina por meio de um novo autogolpe, como fizeram juntos em 1937, se antecipando às eleições convocadas. Essa percepção ganhou corpo com as medidas de Vargas durante o processo eleitoral, que expandiam a submissão à soberania popular do Poder Executivo nos estados e Legislativo federal e estadual. A nomeação de Benjamin Vargas, irmão de Vargas, para a chefia de polícia do Distrito Federal serviu de estopim para a Força Armada deflagrar o movimento de sua deposição. Sob a liderança de Góes Monteiro e Cordeiro de Farias, seus antigos aliados no Exército, Vargas estava deposto, assumindo a presidência da república o presidente do Supremo Tribunal Federal (STF) até o resultado eleitoral de dezembro de 1945, novamente restrita apenas ao Poder Executivo federal.

SEGUNDA GERAÇÃO: DEMOCRACIA DE SEGURANÇA NACIONAL

COM A ABERTURA POLÍTICA DO RECÉM-MOLDADO ESTADO DE

Segurança Nacional se inaugurou um novo período republicano, de 1946 até 1964. Profundamente marcado pelos efeitos da teoria de guerra resultante da Segunda Guerra Mundial – com predomínio da chamada Guerra Fria – e das mudanças modernizantes na estrutura socioeconômica nacional, esse período representou a segunda fase do binômio segurança e desenvolvimento no complexo de conflito-cooperação de grande interação entre militares e civis na disputa pelo poder político.

A eleição de 1945, com votação de apenas 13,4% da população, garantiu uma sucessão de continuidade, desta vez diretamente dirigida pelos militares da transformação-conservadora: o general Gaspar Dutra foi eleito, pelo PSD, com o apoio de Vargas e do PTB, levando à presidência o quarto militar do Exército desde a proclamação da república. Apesar da derrota, o segundo lugar do brigadeiro Eduardo Gomes pela UDN consolidava a *dissidência intervencionista dos liberais-conservadores* na oposição militar-civil, tendo o PCB obtido o terceiro lugar na disputa. A UDN, logo no seu início, contava com a corrente chamada Esquerda Democrática, tendo entre suas principais lideranças Domingos Velasco e João Mangabeira, que viria fundar, pouco tempo depois, o Partido Socialista Brasileiro (PSB) (Abreu *et al.* [verbete União Democrática Nacional], 2010). Com amplo predomínio da aliança militar-civil liderada por Gaspar Dutra, a

Constituição de 1946 (Brasil, 1946) foi aprovada sintetizando os novos termos da reabertura controlada do sistema político.

De maneira geral, as Forças Armadas não somente preservaram como ampliaram sua autonomia política na disputa pelo poder. Em termos organizacionais, o serviço militar se tornava obrigatório para os homens, reforçando a abrangência dos militares em todas as classes sociais. Ademais, o Serviço de Assistência Religiosa (SAR) nas Forças Armadas foi institucionalizado e restringido às religiões católica e evangélica (até então inédita), restituindo uma incorporação organizacional do período imperial que havia sido mitigada pela república. As restrições racistas e antissemitas seriam retiradas somente em 1947, mas as demais objeções ideológicas permaneciam na porta de entrada das escolas militares.

No sentido político, as Forças Armadas – a partir de então formadas pelo Exército, a Marinha e a Aeronáutica – recuperaram a posição constitucional de sua *discricionária subordinação ao poder político* pelo regresso da condicionante "dentro da lei". A volta da Emenda Rui Barbosa foi de suma importância, pois serviu de justificativa constitucional para as iniciativas, tanto de militares quanto de civis, de reivindicar a legalidade das intervenções da instituição militar nas disputas políticas, especialmente nos momentos de crises ocorridas no período e que culminariam no golpe de 1964. De um lado, essa força deliberante conferida às Forças Armadas sobre a legalidade do poder político reforçava o *ethos burocrático* de superioridade moral em relação aos políticos civis, uma vez que os conhecimentos da cadeira de Direito Público das escolas militares seriam suficientes, como dizia o jovem turco Juarez Távora, para "ombrear com o bacharelismo dos nossos políticos profissionais" (Carvalho, 2006, p. 40).

De outra ponta, a constitucionalização dessa discricionária obediência garantia a participação soberana dos militares na disputa pelo poder político entre os civis, especialmente pela manutenção de sua finalidade política: única instituição nacional, permanente e responsável, além da defesa externa (a defesa da pátria), por "garantir" os poderes constitucionais, a lei e a ordem. *A segurança interna definitivamente se tornaria missão constitucional da organização militar*, reverberando as Forças Armadas como "garantes materiais da subsistência do Estado e da perfeita realização dos seus fins" (Fagundes, 1947, p. 2), institucionalizando o pensamento que dessa missão dependeria a tranquilidade interna a ser garantida pela estabilidade das instituições.

A *garantia da lei se refere ao avanço do Exército no controle das instituições de violência estaduais* que constitucionalizou as polícias militares como "forças auxiliares, reservas do Exército" instituídas, expressamente, para "a segurança interna e a manutenção da ordem nos Estados, nos Territórios e no Distrito Federal" e abrangidas pelas mesmas vantagens dos militares das Forças Armadas caso fossem mobilizadas "em tempo de guerra externa ou civil" (Constituição Federal de 1946, artigos 108, §1º e 179). Nessa direção, por exemplo, a segurança nacional passa integrar os "órgãos especiais das Forças Armadas" e os tribunais militares, incluindo a Justiça Militar, mantinham sua jurisdição para os civis em casos de crimes contra a segurança nacional. Igualmente, as polícias militares estavam incluídas no capítulo das Forças Armadas (Constituição Federal de 1946, artigos 108, §1º e 179). Já a *garantia dos poderes constitucionais* buscava prevenir outros golpes, como aqueles realizados em 1930 e 1937, desta vez contra a nova ordem constitucional de *segurança nacional, a ordem a ser garantida*. Portanto, se na Constituição de 1934 a Força Armada fazia parte da segurança nacional, a partir de 1946 a situação se inverte, sendo a estabilidade da Ordem de Segurança Nacional a grande missão política das Forças Armadas entre as elites nacionais.

Uma vez estruturada por uma ditadura, essa ordem passaria a ser desenvolvida pela abertura controlada do regime político. Como parte desse processo, os militares foram reintegrados à vida partidária, interrompida pelo "freio de estruturação" de 1937. As eleições de 1945 já haviam permitido aos oficiais da ativa se candidatarem, resultando em diversos militares eleitos constituintes, com destaque no Senado para o general Góes Monteiro e seu irmão, o tenente-coronel Ismar Góes, pelo Partido Social Democrático (PSD) de Alagoas. Outro irmão de Góes Monteiro, Silvestre Péricles, foi eleito deputado federal (PSD/AL), sendo depois eleito governador de Alagoas em 1947; o general Renato Pinto Aleixo (PSD/BA); o tenente-coronel Filinto Müller (PSD/MT); o coronel Joaquim Magalhães Barata, (PSD/PA); o major Ernesto Dornelles, (PSD/RS); e o coronel Maynard Gomes (PSD/SE). Na câmara, foram eleitos o tenente-coronel Afonso de Carvalho (PSD/AL), tenente-coronel Juracy Magalhães (UDN/BA), coronel Euclides de Oliveira Figueiredo (UDN/DF), tenente-coronel Jonas de Moraes Correia Filho (PSD/DF), tenente-coronel Aluísio Pinheiro Ferreira (PSD/RO), tenente-coronel Lino Rodrigues Machado (PR/MA), major Luís Geolás de Moura Carvalho (PSD/PA), capitão-de-corveta Helvécio Coelho Rodrigues (UDN/PI), tenente-coronel Adelmar Soares da Rocha (UDN/PI), oficial da Marinha Ernâni do Amaral Peixoto (PSD/RJ), coronel Osório Tuyuty Fagundes de Oliveira Freitas (UDN/RS). Além disso, o capitão Luís Carlos Prestes foi eleito senador pelo PCB/DF junto a uma bancada comunista de 14 deputados: Carlos Marighella (PCB/BA), João Amazonas (PCB/DF), Maurício Grabois (PCB/DF), Batista Neto (PCB/DF), Gregório Bezerra (PCB/PE), Alcedo Coutinho (PCB/PE), Mario Scott (PCB/SP), Jorge Amado (PCB/SP), Osvaldo Pacheco (PCB/SP), José Maria Crispim (PCB/SP), Abílio Fernandes (PCB/RS), Alcides Sabença (PCB/RJ), Claudino Silva (PCB/RJ), Alcedo Coutinho (PCB/PE), Agostinho Dias de Oliveira (PCB/PE).

Excluídos da Constituinte de 1946, aspirantes a oficial, os suboficiais, os subtenentes, os sargentos e os alunos das escolas militares de ensino superior conquistaram direito ao voto com a promulgação da nova Constituição, mas ainda seguia pendente a elegibilidade, assim como o direito ao voto do restante dos praças. Por um lado, isso canalizou para dentro da nova ordem instituída a energia política das baixas patentes, especialmente dos sargentos e oficiais subalternos, muitas vezes reprimidas pelos tenentistas e de relevância para ascensão política dos militares entre 1889 e 1945, pouco contada na história. De outro, como aponta Carvalho (2006, p. 69), essa integração precária das baixas patentes à vida partidária contribuiu para o aumento da politização nos quartéis, pois os expurgos e a ressocialização da organização militar se mostraram insuficientes para frear a consciência da desigualdade, mantendo o conflito latente e suscetível de "explodir quando surgisse conjuntura favorável".

É nesse cenário que se insere o problema da coesão ideológica no binômio conflito-cooperação das relações civis-militares. No plano interno, tal coesão seria fundamental para manter a hegemonia política da corrente transformadora-conservadora liderada por Góes Monteiro e Gaspar Dutra na direção da organização militar. Apesar dos expurgos e do processo de educação militar, como sugere Carvalho (2006, p. 80), a integração ao sistema político exigia uma unidade institucional no sentido político de sua atuação que, ao mesmo tempo, servisse de "imunidade ideológica" contra doutrinas consideradas "corrosivas tanto da corporação como da nacionalidade".

Tratava-se do *projeto de preparação ideológica do Exército*, conforme explanava um estudo do capitão

Severino Sombra, a pedido de Góes em 1934, por meio do "ensino sociológico nas escolas militares, economia social na de sargentos, promoção de conferências na escola de Estado-Maior e de aulas de moral e cívica para praças, além do uso intensivo do rádio, cinema etc." (Carvalho, 2006, p. 81). Neste ponto, como destacou Stepan (1975, p. 45), com a ascensão ao poder político de direção da sociedade nacional, o grau de unidade ideológica se tornaria relevante porque "quanto menos unificada é uma instituição militar, maior é o potencial de descontinuidade política e mesmo de golpes". Fundamental para a segunda geração de segurança nacional, essa unidade ideológica se fazia obra inacabada, que foi exposta durante as eleições de 1945, com a disputa entre duas chapas militares e a liderança de Prestes ecoando nos quartéis.

No plano do sistema político e social, a ausência dessa coesão ideológica se mostrava mais intensa justamente pela distinção do processo de socialização e, especialmente, entre as elites nacionais anticomunistas que se encontravam em latente conflito. Além disso, como frisa Ângela Gomes (2005), a participação dos trabalhadores, de suas organizações e da liderança de Vargas em torno do nacional-trabalhismo gerava diferentes graus de inconformismo entre os militares anticomunistas. Com a busca de legitimação política do regime na soberania popular, estava aberto um conflito programático que, mesmo após o suicídio de Vargas, em 1954, passou a ser combatido em seus "fantasmas", encarnados em Juscelino Kubitschek e João Goulart.

ESCOLA SUPERIOR DE GUERRA E COESÃO IDEOLÓGICA

Uma vez constatado o "divisionismo ideológico" entre as elites nacionais e suas consequências para o regime de dominação política, impactando inclusive a hegemonia na organização militar, se afirmava a percepção da necessidade em se buscar a coesão ideológica entre setores sociais estratégicos da sociedade nacional. Considerando as mudanças estruturais em curso desde a Revolução de 1930 e o novo contexto internacional pós-guerra, foi a urgência da "interação orgânica de militares e empresários" que orientou, nas palavras de René Dreifuss e Otávio Dulci (2008), a concretização do *projeto da ESG*. É possível apontar três grandes vertentes fundacionais para a organização, via ESG, de uma doutrina de ação política conjunta entre civis e militares liderada pelas Forças Armadas – única instituição do Estado "nacional e permanente".

A primeira remete à *influência do pensamento evolucionista de Alberto Torres* (1865-1917). Um dos expoentes do chamado "pensamento autoritário brasileiro", Torres foi um político civil ligado ao Partido Republicano Fluminense, tendo sido deputado federal (1893-1896), ministro da Justiça de Prudente de Moraes (1896-1897), presidente do Rio de Janeiro (1897-1900) e ministro do STF (1901-1907). Conforme argumentou o almirante Eduardo Bacellar Leal Ferreira, comandante da ESG em 2014, a criação da escola estava intimamente ligada ao pensamento de Torres, reunido em seu livro

A organização nacional, de 1913, especialmente por reconhecer "no Estado forte a solução para as questões nacionais" e a necessidade do país em criar um Instituto de Altos Estudos visando "tratar e equacionar seus problemas", razão pela qual se atribuiria "a Alberto Torres a ideia original da fundação da Escola Superior de Guerra" (Brasil, 2014, p. 13).

Uma segunda origem, como se demonstra marcante até aqui, foi o pensamento político de Góes Monteiro. Conforme menciona Eliézer Oliveira (1976), além da herança da ideologia dominante reminiscente de sua época – o pensamento autoritário brasileiro –, Góes Monteiro foi muito influenciado pelas ideias profissionais alemãs e francesa, especialmente pelo alargamento da noção de defesa nacional para o âmbito socioeconômico e pela metodologia de comando do Estado-Maior. Apontado por Coelho (1976, p. 99) como "o principal inspirador e articulador do Estado Novo e homem forte do regime", Góes Monteiro já havia criado o *Clube 3 de Outubro* visando construir uma coesão ideológica entre as elites da primeira geração de segurança nacional. Nesta organização política reuniam-se os militares e civis "revolucionários" para formular, nas palavras de Carvalho (2006, p. 45), "um vasto programa de reformas, algumas inaceitáveis para os grupos dominantes da época". Enquanto os "tenentistas-militares" eram liderados por Góes Monteiro, dentre os "tenentistas-civis" se destacavam as figuras de Osvaldo Aranha (1894-1960) e Pedro Ernesto Batista (1884-1942). A iniciativa tinha objetivo expresso de sintetizar as ideias reformadoras dessa aliança civil-militar e unificar sua atuação na disputa pelos "rumos da revolução" contra as oligarquias dissidentes que haviam aderido ao golpe de 1930. Em manifesto de 1932, o Clube expunha suas ideias: centralização ditatorial do Estado, intervenção modernizante na economia, reforma do federalismo oligárquico, eliminação dos latifúndios, representação política por território e corporações, nacionalização de atividades estratégicas (transporte, recursos hídricos e minerais, portos) e direitos sociais, em especial trabalhistas e previdenciários. Em razão dos rumos programáticos divergirem durante o primeiro governo (1930-1934), o Clube foi dissolvido em 1935 e Pedro Ernesto Batista, uma de suas lideranças civis, chegou a ser preso por sua adesão à ANL (Abreu et al. [verbete Clube 3 de outubro], 2010).

Portanto, se consideradas as ideias estratégicas de redução do pluralismo ideológico dentro do Exército (expurgos e reformas profissionais) para que a instituição, sob hegemonia de um grupo de militares, pudesse fazer a política do Exército (modernização nacional-trabalhista), assim como a formação de uma coesão ideológica entre as elites civis e militares (as elites nacionais), é sem exagero afirmar que a ESG foi uma espécie de "Goés coletivo", segundo Carvalho (2006). Contudo, a ESG daria outros rumos para a "política do Exército".

A terceira influência, a Segunda Guerra Mundial, talvez seja a mais determinante para sedimentar a convicção sobre a necessidade de uma *Doutrina de Segurança Nacional*. No limiar do conflito mundial, a influência francesa havia levado jovens oficiais a se interessarem pela ESG da França, com destaque para o estágio realizado em 1937 pelos capitães Humberto de Alencar Castelo Branco (1897-1967) e Henrique Teixeira Lott (1894-1984). Além disso, o curso de Alto Comando, criado em 1942 pela nova lei de ensino militar (Decreto-Lei n. 4.130, de 26 de fevereiro de 1942) (Brasil, 1942), foi apontado por Leal Ferreira como a "fase embrionária" da ESG, ainda restrita ao alto escalão de militares, mas já integrando as três armas para o comando político conjunto. Porém, a Força Expedicionária Brasileira foi decisiva para desencadear um processo de substituição da hegemonia do pensamento francês pelo estadunidense entre o alto comando militar.

Desde o estágio de oficiais brasileiros na Escola de Comando e Estado-Maior de Fort Leavenworth (EUA), em 1943, da supervisão durante o emprego da FEB na Segunda Guerra Mundial e depois, da missão estadunidense de 1948 a 1960, uma nova hegemonia militar se formou em favor da corrente liberal-conservadora intervencionista, devido à confluência de seus parâmetros ideológicos e interesses ao projeto de hegemonia dos EUA nos continentes americanos. No entanto, conforme demonstra Martins Filho (2012), a influência francesa permaneceu especialmente pela ênfase da estratégia indireta na teoria de guerra: as doutrinas francesas da *guerra revolucionária*, essencialmente anticomunista, e a *guerra insurrecional*, primordialmente voltada para as lutas anticoloniais, seriam incorporadas pela Doutrina de Segurança Nacional a partir de 1959, por influência do pensamento do coronel Augusto Fragoso. A emergência da *guerra nuclear* com a bomba atômica também havia conduzido a ênfase da teoria da guerra nas estratégias dissuasórias, institucionais, de naturezas psicológicas, diplomáticas e econômicas que vieram a caracterizar a tão conhecida Guerra Fria.

Nesse contexto, segundo Antônio de Arruda, a ESG cumpriu o papel de incorporar a teoria de guerra revolucionária como chave de compreensão para os problemas nacionais, conferindo a ênfase da "segurança coletiva" sobre o desenvolvimento e as questões de defesa nacional:

> Essas modalidades de conflito, até então desconhecidas, procuram o controle progressivo da nação, pelo aniquilamento sistemático de suas instituições, de seus valores e de seu moral. A agressão já não vem apenas de fora, como antes, e para a qual bastaria a Defesa, entregue à responsabilidade das Forças Armadas. Agora, a população é atacada como um todo e para resguardá-la é necessário algo mais completo: daí o conceito novo, o de Segurança, mais abrangente que o tradicional de Defesa. À ESG coube o encargo prioritário de estudar a Segurança à luz dessa nova concepção. (Arruda, 1989, p. 14)

Como vimos, no caso brasileiro todas as correntes militares, à exceção daquela ligada a Prestes, eram anticomunistas. Apesar de estarem em conflito permanente, a "nova" teoria de guerra dos EUA fornecia um caminho de cooperação entre as correntes de transformação-conservadora, da antiliberal-conservadora e a liberal-conservadora sobre a necessidade de aproveitar o período de paz para a preparação da guerra contra o comunismo internacional no ambiente interno.

É nesse quadro de influências que o governo de Gaspar Dutra criou a ESG brasileira. A liderança da fundação foi exercida pelo experiente político-militar Cordeiro de Farias, então general-de-divisão recém-egresso da FEB e tenentista histórico de 1924. Responsável por desenvolver o tema e a organização da escola, Cordeiro de Farias buscava adaptar a experiência estadunidense aos fins políticos na disputa pelo poder em que estavam visceralmente inseridos. Com isso, conforme aponta Stepan (1975), se uniu o que nos EUA se fazia em separado – segurança na War College e desenvolvimento na Industrial College – e incluiu no projeto a integração das elites civis anticomunistas, visando justamente a médio prazo resolver o problema da coesão ideológica pela interação entre civis e militares em torno do binômio desenvolvimento-segurança.

Em relação aos civis, o objetivo era duplo: por um lado, auxiliar na capacitação dos oficiais militares da escola nos assuntos civis, em especial econômicos e administrativos voltados para a direção do poder político nacional, caso fosse necessário. Com efeito, na medida que a "sensação geral de crise" avançava no período, "grande número de oficiais passaram a sentir que dispunham da estratégia mais apropriada e mais realista para desenvolver o país, e dos tecnocratas mais qualificados para pôr em prática esta estratégia" (Stepan, 1975, p. 128). De outra banda, urgia integrar os civis no pensamento de segurança nacional estabelecendo relações de camaradagem.

Essa integração ideológica também correspondia a uma aproximação estratégica dos militares com o setor privado, muito devido à influência da FEB, produzindo um estreitamento "pouco comum no pensamento militar brasileiro e mais ainda no latino-americano" (Stepan, 1975, p. 178). Para Oliveira (1976, p. 12), a exclusão de civis vinculados ao sindicalismo e ao operariado deixava nítida sua posição de classe, alinhada à manutenção da "subordinação política da classe trabalhadora e a firme participação do Brasil na defesa do 'mundo ocidental', sob a hegemonia política dos Estados Unidos". Estava inserida, portanto, em um projeto amplo de hegemonia no contexto internacional – bipolaridade da Guerra Fria – visando tanto a formação ideológica quanto a articulação da ação política civil-militar brasileira.

Mas tal projeto de hegemonia demorou para ser consolidado. No âmbito da organização, a primeira geração de segurança nacional havia neutralizado a corrente comunista, mas deixado o "efeito colateral" do nacional-trabalhismo. Durante o governo Dutra, a "questão do petróleo" havia demarcado bem essa divisão: de um lado, o general-de-brigada Juarez Távora, jovem turco ligado à UDN, alinhado ao governo e às elites civis que desejavam a abertura ao capital privado, nacional e estrangeiro; de outro, o general Júlio Caetano Horta Barbosa, primeiro presidente do Conselho Nacional do Petróleo (CNP), em 1938. Barbosa era uma espécie de "patrono militar" do monopólio estatal na política do petróleo, e integraria a "Sociedade Amigos das Américas", organização civil-militar próxima aos EUA, em 1944, fechada por ordens de Gaspar Dutra - organização essa que reunia lideranças antifascistas liberais e comunistas. Faziam parte desta organização civis, como Afonso Arinos de Melo Franco e Osvaldo Aranha, e militares, como os generais Cândido Rondon e Manuel Rabelo.

A disputa entre as duas correntes penetrou no seio militar, especialmente nas eleições pela direção do Clube Militar. Em 1948, Távora foi derrotado pela chapa de Horta Barbosa, assumindo a presidência do Clube o general-de-divisão Salvador César Obino, que aí liderou a Campanha do Petróleo pela orientação nacional-estatista. Este é um ponto importante de inflexão, pois pode ser considerado um marco de formação do grupo de militares nacional-desenvolvimentista a partir de uma dissidência nacionalista dos liberais-conservadores neutralistas que também aderem ao intervencionismo.

É nesse ambiente de disputa ideológica dentro e fora da organização militar que o projeto de lei de criação da ESG [Lei n. 785, de 20 de agosto de 1949]

(Brasil, 1949) foi elaborado pelo general Obino, então chefe do Estado-Maior das Forças Armadas (EMFA). O EMFA foi criado em 1º de abril de 1946, dentre as primeiras medidas do presidente militar eleito, Gaspar Dutra, como órgão de assessoramento ao "comandante-em-chefe" das Forças Armadas – o presidente da república (Abreu *et al.* [verbete Estado-Maior das Forças Armadas], 2010).

Em contrapartida, a execução de tal empreendimento foi dirigida pelos militares alinhados à Dutra. Cordeiro de Farias (1949-1952) foi o primeiro comandante, posteriormente sucedido por Juarez Távora (1952-1954), ambos já ligados à UDN. Portanto, segundo a própria ESG, a primeira funcionalidade da escola seria promover o debate intelectual entre os militares anticomunistas em disputa capaz de produzir uma síntese voltada para a ação política conjunta de segurança nacional conforme os seguintes "princípios fundamentais" sintetizados pelo tenente-coronel Idálio Sardenberg:

> 1) a segurança nacional é uma função mais do potencial geral da nação do que de seu potencial militar; 2) o Brasil possui os requisitos básicos (área, população, recursos) indispensáveis para se tornar uma grande nação; 3) o desenvolvimento do Brasil tem sido retardado por motivos suscetíveis de remoção; 4) como todo trabalho, a orientação dessa aceleração exige a utilização de uma energia motriz e de um processo de aplicação dessa energia; 5) o impedimento até agora existente contra o surgimento de soluções nacionais para os problemas

brasileiros é devido ao processo de aplicação; 6) urge substituir o método dos pareceres por outro método que permita se chegar a soluções harmônicas e equilibradas; 7) o instrumento a utilizar para a elaboração de novo método a adotar e para a sua difusão consiste na criação de um Instituto de Altos Estudos, funcionando como centro permanente de pesquisas. (Abreu *et al.* [verbete Idálio Sardenberg], 2010, p. 11)

Para Antônio Rocha (2010, p. 362), a ESG também visava promover o debate intelectual com organizações acadêmicas como "a Fundação Getúlio Vargas (FGV), o Instituto Superior de Estudos brasileiros (ISEB) e as universidades públicas", mas também se articular ideologicamente com essa elite civil. Na exposição de motivos de Obino para a criação da ESG, ficavam claros os objetivos de integrar os civis que "devam dirigir a mobilização nacional ou a política exterior" aos preceitos da segurança nacional e de socializar os militares de alto comando selecionados "através do convívio do trabalho em comum" ao ponto de vista desses civis, visando resultar na "compreensão mais perfeita entre esses grupos que se completem e sobre cujos ombros recaem idênticas responsabilidades na defesa da Pátria" (Rocha, 2010, p. 24-25).

Portanto, a finalidade estratégica da ESG era compartilhada entre os militares anticomunistas em disputa. A grande diferença foi a direção tomada pela escola, pendendo para a corrente liberal-conservadora intervencionista, que conduziu suas articulações políticas e acadêmicas de forma discreta, por vezes secreta, restrita a um pequeno grupo da elite civil-militar até o estágio de assumir a direção política do Estado em 1964, quando na segunda fase, conforme descreve Rocha (2010, p. 362), "a escola se transformou em ambiente em que se formavam redes de relacionamento com fácil acesso ao poder". Como observou Oliveira (1976), muito diferentemente da corrente nacional-desenvolvimentista das Forças Armadas, que adotou como estratégia dirigir "sua ação política para fora do Estado, em direção a 'áreas novas, por vezes insuspeitas, da sociedade', em atitude aberta de mobilização da opinião pública" (Oliveira, 1976, p. 21). Em verdade, essa corrente aos poucos foi assumindo contornos do nacional-trabalhismo – que passo a chamar de *militares nacionais-trabalhistas* –, condizente com a mobilização eleitoral e participação da classe trabalhadora do regime em vigor. Já os militares da transformação-conservadora se diluíram entre os militares nacionais-trabalhistas, os liberais-conservadores intervencionistas e os antiliberais-conservadores.

Conformadas dessa maneira, as disputas pelo poder político durante esse período foram fundamentais para a formulação hegemônica de uma "consciência" de segurança nacional nas relações civis militares. Dos diversos episódios do *binômio conflito-cooperação* ocorridos de 1946 a 1964, cabe apenas destacar os de *crises políticas*, pois os considero imprescindíveis para a compreensão do pensamento político dos militares reunido na doutrina de ação política da ESG e sua consequente intervenção nas relações de poder político.

CONFLITOS POLÍTICOS CONTRA A PRIMEIRA ORDEM DE SEGURANÇA NACIONAL

A sucessão de Gaspar Dutra estava marcada pela volta de Getúlio Vargas à direção do poder político. Deposto em 1945 e "exilado" no Rio Grande do Sul, Vargas se manteve integrado à política institucional com o aval de Góes Monteiro que, segundo Ferreira (2019), havia impedido a cassação dos direitos políticos de Vargas por dez anos, viabilizando sua eleição como senador por uma dezena de estados e sua candidatura nas eleições presidenciais de 1950.

Porém, como descreve Motta (2000), a conjuntura havia mudado: Góes Monteiro já não era mais a principal liderança intelectual no Exército, a "frente única" que havia eleito Gaspar Dutra estava desfeita e o anticomunismo se sedimentava nas Forças Armadas e na sociedade, com a cassação de mandatos, nova proscrição do PCB, intervenções em sindicatos, repressão aos direitos de reunião, manifestação política e de greve. Apesar de ser igualmente anticomunista, Vargas se tornara a liderança "populista" do nacional-trabalhismo à frente do PTB, agora visto como a antessala do comunismo pelo grupo de Gaspar Dutra, dos liberais-conservadores ligados à UDN e dos antiliberais-conservadores identificados com a doutrina do integralismo.

Apesar desse cenário, Vargas reunia grande apoio popular, bem como dos militares nacionais-trabalhistas e do então governador de São Paulo, Ademar de Barros, do Partido Republicano Popular (PRP), que indicou Café Filho, do Partido Social Progressista (PSP), como seu vice. Derrotando o militar brigadeiro Eduardo Gomes, da UDN, apoiada pelos integralistas do Partido da Representação Popular (PRP) de Plínio Salgado, e o candidato do governo, Cristiano Moreira, civil do Partido Social Democrático (PSD), Vargas venceria a eleição e faria um governo sob forte oposição civil-militar de seus adversários, desde a contestação do resultado eleitoral até seu suicídio, em 1954.

No âmbito militar, a polarização entre as concepções de desenvolvimento aumentava. Da esfera nacional-trabalhista, foi emblemática a figura do general-de-divisão Newton Estillac Leal (1893-1955). Tenentista histórico, Estillac Leal havia sido eleito presidente do Clube Militar em 1950, em chapa composta por Horta Barbosa e o major Nelson Werneck Sodré (1911-1999), ambos defensores do monopólio estatal do petróleo, da finalidade restrita das Forças Armadas aos temas da defesa externa, soberania nacional e legalidade constitucional, assim como a neutralidade do país na Guerra da Coreia (1950-1953). De outra quadra, o grupo de Góes Monteiro, Juarez Távora e Cordeiro de Farias (este então comandante da ESG) foi derrotado nas eleições para o Clube em 1950, como partidários do alinhamento aos EUA na Segunda Guerra Mundial e da abertura do petróleo ao capital privado. Estillac Leal, que havia se posicionado a favor de Vargas e contra Cordeiro de Farias na deposição de 1945, foi nomeado ministro da Guerra no governo Vargas (1951-1953) e Góes Monteiro, do Partido Social Democrático (PSD), chefe do EMFA (1951-1952).

Ante essa polarização, um terceiro grupo se formaria em torno do general-de-Exército Euclides Zenóbio da Costa (1893-1963), comandante da Zona Militar Leste e defensor da obediência ao resultado das urnas. Em 1951, Zenóbio da Costa criou o "organismo político" interno denominado Cruzada Democrática, voltado a um "nacionalismo racional" que se pusesse em posição "equidistante" da polaridade capitalismo/comunismo. Ao entrarem em franco conflito, Zenóbio das Costa e Estillac Leal foram exonerados de seus cargos por Vargas, com aval do grupo da ESG. Logo em seguida vieram a se confrontar na eleição do Clube Militar, com vitória da Cruzada Democrática, encabeçada por Alcides Etchegoyen – egresso da turma de 1950 do CSG da ESG e apoiada por Cordeiro de Farias. Essa eleição do Clube Militar pode ser considerada um marco do progressivo isolamento interno dos militares identificados com o desenvolvimentismo nacional-trabalhista e do aumento da influência dos militares do grupo da ESG.

Depois da criação da Petrobras, em 1953, a oposição à Vargas cresceu e se agravou com o Manifesto dos Coronéis, documento publicado na imprensa em que tenentes e coronéis manifestavam oposição à proposta de reajuste de 100% do salário-mínimo e à política orçamentária dispensada às Forças Armadas. A iniciativa, de franca natureza política, foi liderada pelo então coronel Amauri Kruel (1901-1996), ex-integrante do Clube 3 de Outubro. Quando participou da FEB, como tenente-coronel, Kruel criou o serviço de contrainformação da FEB. Além disso, Kruel era um anticomunista com larga experiência na segurança interna: havia sido comandante da Polícia Municipal do Rio de Janeiro, em 1937, adjunto do gabinete da Inspetoria Geral de Ensino do Exército (1937-1939) e responsável por um inquérito sobre atividades comunistas no Exército (1949-1953). Em 1957, foi nomeado por Juscelino Kubitschek como chefe do Departamento Federal de Segurança Pública (DFSP), órgão que antecedeu o Departamento de Polícia Federal (DPF) e se empenhou, junto ao coronel Danilo Nunes, então chefe do Departamento de Ordem Política e Social (DOPS), em campanhas "contra a criminalidade", sob a influência da experiência estadunidense.

No entanto, foi o episódio do atentado contra o líder da oposição à Vargas, o civil jornalista Carlos Lacerda (UDN), que resultou na morte do major-aviador Rubem Vaz, subordinado na Aeronáutica ao brigadeiro Eduardo Gomes, opositor de Vargas derrotado nas eleições de 1950. Além da forte repercussão na imprensa, uma investigação paralela da Aeronáutica, por meio de um Inquérito Policial Militar (IPM) – conhecida como a República do Galeão por interrogar e prender testemunhas e suspeitos no aeroporto do Galeão – trazia a público "indícios" de envolvimento do gabinete presidencial no atentado. Posteriormente, soube-se que as informações foram obtidas mediante a suposta tortura de Gregório Fortunato, chefe da guarda pessoal de Vargas. A respeito, o coronel Scaffa – subcomandante da base aérea do Galeão à época – chegou a reconhecer que o interrogatório ocorreu quando não estava no local, tendo sido realizado pelo "detetive Cecil Borer", este responsável por submeter Gregório ao "pau-de-arara" e outras torturas para "delatar" o general Mendes de Morais como autor do atentado (Abreu *et al.* [verbete República do Galeão], 2010). Segundo Ferreira (2019), a "revelação" do interrogatório foi o estopim que levou os ministros das Forças Armadas a pedirem a renúncia do presidente que, depois de uma carta-testamento, cometeu suicídio em 24 de agosto de 1954.

Com o desfecho trágico, a presidência foi assumida por Café Filho, vice-presidente do Partido Republicano Popular (PRP). No entanto, seu gabinete foi composto por diversas lideranças civis e militares ligadas à UDN, da oposição ao nacional-trabalhismo de Vargas, com destaque para o economista liberal Eugênio Gudin (1886-1986) no Ministério da Fazenda, o brigadeiro Eduardo Gomes no Ministério da Aeronáutica e o general-de-divisão Juarez Távora no *Gabinete Militar da presidência da república (GM)*. Este era um aparelho de Estado com origem no "Estado-Maior do Governo Provisório" de 1930 que, desde 1938, se ocupava em atingir o *objetivo de estabilidade da Ordem de*

Segurança Nacional a partir do comando das Forças Armadas no seio do Poder Executivo. Além de indicar ministros ligados às três forças, o gabinete opinava sobre "a gestão da estabilidade política" entre Estado e sociedade, especialmente em situações preventivas de crises políticas ou na gestão delas. Essa é uma conclusão a partir dos episódios de natureza política de ocupantes da pasta, como o próprio Juarez Távora (1954-1955), e outros militares, como Ernesto Geisel (1961; 1964-1967), Amauri Kruel (1961; 1962), João Figueiredo (1969-1974), Rubem Carlos Ludwig (1982-1985) e Rubens Bayma Denis (1985-1990).

No entanto, o Ministério da Guerra foi encarregado ao general Henrique Teixeira Lott (1894-1984). Apesar de ter assinado o Manifesto dos Generais, Lott detinha um histórico de seguir a legalidade constitucional, não fazendo parte do grupo de "revolucionários" de 1930, o que lhe conferiu menores resistências internas para conduzir o Exército durante o governo transitório e até as eleições presidenciais de 1955.

Na disputa eleitoral, Juscelino Kubitschek, então governador de Minas Gerais pelo Partido Social Democrático (PSD), aglutinava o PTB de Vargas e o legado nacional-trabalhista na candidatura à vice-presidência de Goulart, assim como o apoio do clandestino PCB; do lado oposto, o general Juarez Távora, pela coligação liderada pela UDN, tendo como candidato à vice-presidência o civil jurista Milton Campos, ex-governador de Minas Gerais e adversário de Kubitschek. Nessa disputa sucessória, havia um conflito de gerações da segurança nacional entre os militares liberais-conservadores. Como aponta Ferreira (2019), militares próximos de Góes Monteiro visavam resgatar uma imagem do Exército "independente" que não se colocasse a serviço das oligarquias ou de governos. Por sua vez, os "neutralistas" passaram a se organizar politicamente em torno do chamado Movimento Militar Constitucionalista (MMC), sob a liderança do coronel do Exército José Alberto Bittencourt, considerado conservador, mas do grupo legalista de Teixeira Lott. Esse movimento, apoiado pelos militares nacionais-trabalhistas, visava garantir a realização das eleições presidenciais de 1955 e a própria posse dos eleitos, ameaçadas pelos militares liberais-conservadores da ESG – Cordeiro de Farias, Juarez Távora (então comandante da ESG), Alcides Etchegoyen e Jurandir de Bizarria Mamede – egressos da turma de 1950 do Curso Superior de Guerra (CSG) da ESG; e de Eduardo Gomes, ministro da Aeronáutica e egresso da turma de 1951 do CSG/ESG. Em suma: todos ligados à ESG.

Com a vitória de Kubitschek e Goulart com menos de 50% dos votos válidos, o grupo de Távora e da ESG contestava abertamente a legitimidade eleitoral dos vencedores alegando fraude eleitoral e buscava, com a tese da "maioria absoluta" de Afonso Arinos, uma eleição indireta que revertesse a perda do poder político. Foi assim que, segundo Ferreira (2019), o MMC deflagrou a "novembrada", um golpe de Estado "preventivo" por apoio majoritário de partidos políticos que, por meio do estado de sítio, garantiu a posse dos eleitos e a "volta aos quadros constitucionais vigentes".

Com a posse da chapa eleita, Teixeira Lott reassumiu o Ministério da Guerra e o governo de Kubitschek buscou uma conciliação entre as elites civis e militares de oposição, pondo fim ao estado de sítio, aprovando anistia aos punidos na "novembrada" e nomeando o general-de-brigada Nelson de Melo, egresso da turma de 1952 do CSG da ESG, para o comando do GM – aparelho responsável por cuidar da estabilidade da Ordem de Segurança Nacional. Além disso, como menciona Dreifuss (1981, p. 75-6), o Plano de Metas de Kubitschek havia recebido forte influência e adotado as diretrizes "dos *think-tanks* mistos do Banco Nacional de Desenvolvimento Econômico, da Comissão Econômica para a América Latina e o Caribe (BNDE-Cepal) e da Escola Superior de Guerra de 1953-1954". Pela cooperação entre oficiais militares ligados à ESG e tecnoempresários, se constituía de forma discreta "um grupo modernizante-conservador dentro do processo de desenvolvimento" (Dreifuss, 1981, p. 77-78). Havia tanto uma mobilização de congruência ideológica, pelo compartilhamento dos interesses multinacionais e associados e da urgência em acelerar o processo de industrialização capitalista da sociedade, quanto a integração dos militares na empresa privada.

Por seu turno, o Instituto Superior de Estudos Brasileiros (Iseb), criado em 1955, emprestava apoio técnico à política desenvolvimentista de Kubitschek, com sua orientação favorável à participação do Estado no planejamento econômico e na indução da indústria nacional em contraponto à política econômica de Eugênio Gudin, que priorizava o capital estrangeiro e a importação de produtos industrializados. O Iseb passou a produzir conhecimento para o desenvolvimento do capitalismo brasileiro com bases nacionais, visando formar as elites nacionais, civis e militares para a soberania econômica do país. Dessa maneira, apresentava um projeto alternativo ao modelo de desenvolvimento econômico produzido e defendido pela ESG. Em outros termos, o Iseb se voltava para o modelo de desenvolvimento econômico da primeira geração de segurança nacional no contexto de abertura política; nas palavras de Stepan (1975), o Iseb se destinava a produzir uma ideologia nacional para o desenvolvimento.

Como é possível perceber, entre a heterogeneidade anticomunista havia dois campos ideológicos que demarcavam as fronteiras do conflito civil-militar pela disputa de hegemonia do Estado e da sociedade. Como parte dessa disputa, o general Teixeira Lott passou a ser cortejado pela Frente de Novembro, grupo de civis e militares nacional-trabalhistas que reivindicavam a memória do golpe de 1955. Novamente, tal movimento antagonizava com o Clube da Lanterna, ligado à UDN e aos militares liberais-conservadores. De firme convicção anticomunista, Teixeira Lott também se manifestava sobre os assuntos econômicos, sendo favorável ao capital estrangeiro para impulsionar o desenvolvimento defendido pelo governo

Kubitschek, mas crítico do ministro da economia, José Maria Alkmin. Ademais, expressava sua aprovação ao voto dos analfabetos, que representavam, naquela época, 50% da população, ainda excluída do direito ao voto – e por essa defesa, sendo acusado de "populista" pela oposição. Tal atuação política durante o comando do Ministério da Guerra gerou diversos episódios de tensões entre os militares, que passavam a associar os "novembristas" ao comunismo. Com a escalada de conflitos, Kubitschek decretou a proibição de manifestações políticas de militares, da ativa e da reserva, e foi prontamente desobedecido pelo general Juarez Távora, líder da ESG e candidato derrotado em 1955. A celeuma foi contornada pelo fechamento dos dois clubes rivais – novembristas e lanternistas –, mas a politização dos militares mantinha permanente o estado de tensão nas Forças Armadas.

Nesse cenário de disputa envolvendo civis e militares, a aliança entre PSD e PTB havia se enfraquecido durante o governo de Kubitschek. No entanto, o nacional-trabalhismo do PTB de Goulart e da Frente Parlamentar Nacionalista (FPN) definitivamente se aproximou do grupo militar de Teixeira Lott, já na reserva e afastado do Ministério da Guerra. Apesar da resistência da nova liderança do PTB – exercida por Leonel de Moura Brizola, então governador do Rio Grande do Sul –, nas eleições de 1960 foi lançada a chapa Henrique Lott para presidente, pelo PSD, e Goulart para vice-presidente, pelo PTB. Em sentido oposto, os militares liberais-conservadores da ESG se aliavam a Jânio Quadros, então governador de São Paulo e candidato pelo pequeno Partido Trabalhista Nacional (PTN), com apoio de outras agremiações diminutas, depois da adesão da UDN à candidatura pautada na "moralização administrativa" e dissociada dos "partidos políticos".

Um ponto interessante é que, nessa disputa, tanto João Goulart quanto Jânio Quadros eram apontados como "populistas" por seus adversários, pois contavam com apelo popular, por diferentes razões e sentidos, mas que se mostravam potencializados na campanha pelo advento da televisão e as transformações sociais do desenvolvimento. Enquanto João Goulart se voltava aos direitos sociais e trabalhistas e à soberania nacional, Jânio Quadros se focava no "combate à corrupção" com forte apelo à recente "classe média" urbana. Depois de ser governador de São Paulo (1955-1959), Quadros se elegeu pelo PTB do Paraná como deputado federal nas eleições de 1958. Em São Paulo, antagonizava com Ademar de Barros, prefeito de São Paulo e ex-governador do estado, do Partido Social Progressista (PSP), terceiro candidato à presidente nas eleições de 1960. Ao final da disputa entre "populistas", a chapa civil-militar de Quadros venceu as eleições (48%), com boa vantagem de Teixeira Lott, do PSD (32%), e de Ademar de Barros, do PSP (20%). Contudo, a vice-presidência foi vencida por Goulart, do PTB, confirmando o crescimento do nacional-trabalhismo e concretizando nas urnas o desacreditado "Movimento Jan-Jan".

A vitória eleitoral de Quadros colocava fim ao predomínio na presidência da aliança civil-militar liderada pelo PSD, exercido desde as eleições de 1945. Por sua vez, a aliança civil-militar liderada pela UDN chegava à direção do poder político pela via eleitoral, depois da curta ocupação no governo Café Filho ter sido frustrada pela "novembrada". Nesse sentido, há de se destacar na composição do governo as lideranças militares vinculadas à ESG do general Cordeiro de Farias, que havia exercido mandato de governador de Pernambuco pelo PSD (1956-1958), na chefia do EMFA; do brigadeiro Gabriel Grün Moss – egresso da turma de 1958 do CSG da ESG e ligado a Eduardo Gomes – para o Ministério da Aeronáutica; do general Pedro Geraldo Almeida, ligado à ESG, para o GM; e do coronel Golbery de Couto e Silva, na chefia de Gabinete da Secretaria do Conselho de Segurança Nacional (CSN).

Além dos generais Juarez Távora e Cordeiro de Farias, Golbery despontava como liderança entre os jovens oficiais com estreitas relações junto aos empresários nacionais associados ao projeto das multinacionais. Mais do que isso, Golbery se tornou a referência intelectual da ESG. Egresso da turma de 1952 do CSG da ESG, o então tenente-coronel Golbery integrou o corpo permanente de pesquisa da escola até 1955, quando elaborou um projeto de doutrina de ação política para a segurança nacional, publicado pela Biblioteca do Exército no mesmo ano, sob o título Planejamento estratégico (Couto e Silva, 1955):

- Estrutura básica: a finalidade da ação política se concentra na fixação de *objetivos nacionais* de caráter permanente e conjunturais; os meios de efetivação desses objetivos dependem do *poder nacional* traçado por fatores políticos, econômicos, psicossociais e militares; a *política nacional* visaria 'fortalecer' e desenvolver o 'potencial nacional' desse poder visando os objetivos nacionais; e a melhor forma de combinar fins e meios, por uma *estratégia nacional* que produzisse *diretrizes governamentais* a serem administradas;
- O método de aproximações sucessivas: a partir do monitoramento permanente da conjuntura das relações de poder e do acompanhamento contínuo das diretrizes governamentais, manter e atualizar as *hipóteses de guerra*, responsáveis por identificar e projetar as 'pressões antagônicas' contra os objetivos nacionais e orientar a tomada de decisão política, planejando assim a guerra, de forma permanente, em tempos de paz [...].

Além de fornecer um esquema para o esforço estratégico da ESG, Golbery oferecia uma interpretação a partir desse esquema sobre quais seriam os objetivos nacionais, suas principais ameaças e qual a melhor estratégia a ser tomada. Escrita entre 1952 e 1955, posteriormente publicada em 1967 no livro intitulado *Geopolítica do Brasil*, boa parte da interpretação de Golbery apontava para uma grave crise mundial, "radical e repentina, de todos os valores e conceitos tradicionais", assim como para uma crise das democracias liberais devido ao cansaço das sociedades com o "liberalismo fisiocrático de eras passadas" (Couto e Silva, 1967, p. 19). Tais crises fundamentais teriam como principal inimigo o pensamento do "filho espúrio hegeliano", Karl Marx, que teria conservado "a dinâmica do processo dialético como arma revolucionária de transformação do mundo para ao cabo sufocá-la na inércia paradoxal de um milênio paradisiacamente estático – a sociedade sem classes e sem contradições, dialeticamente morta" (Couto e Silva, 1967, p. 21). Em verdade, o intelectual da segurança nacional assentia com o materialismo dialético de Marx, conforme apresentados por Roy Edgley (2012), mas discordava do que ele considerava sua direção evolucionista:

> Nessa flutuação de correntes e contracorrentes em que oscilam, ameaçados, os quadros estruturais das sociedades modernas, todos os limites antes bem definidos entre os conceitos fundamentais e entre categorias jurídicas e sociais se esbatem e se indeterminam em faixas difusas de marginalidade; as contradições, ao revés, antes difusas e apagadas, aos poucos se individualizam melhor e acabam por polarizar-se, tal como os cromossomos na mitose celular, gerando tensões internas que mais e mais se avolumam até que, por um impulso dialético, se produza afinal a síntese libertadora que inaugurará novo ciclo de evolução. (Couto e Silva, 1967, p. 21)

Nessa radical defesa organicista da sociedade de classes, Golbery fazia empréstimo teológico no cristianismo para dogmatizar o ocidente como "filho, rebento, criação singular da Igreja Católica" e fixar na base ideológica dos objetivos a serem encarnados como nacionais "a Ciência, como instrumento de ação; a Democracia, como fórmula de organização política; o Cristianismo, como supremo padrão ético de convivência social". A grande chave da organização política capitalista seria o instrumento sistêmico da integração, o "símbolo de nossa era", porque a integração constituiria um "processo solucionador por excelência de todos os antagonismos". Por fim, um profundo alinhamento aos "irmãos maiores do Norte", no intuito de reproduzir a política colonial da Inglaterra com os EUA, desta vez sendo o Brasil beneficiário de uma política de "mãos livres" no continente ocidental, à sombra protetora estadunidense (Couto e Silva, 1967, p. 226-232).

Essa concepção colonial de soberania de Golbery se contrapunha ao nacional-desenvolvimentismo do trabalhismo, reivindicando o *nacionalismo sadio* da "cruzada democrática" dos militares liberais-conservadores como o "nível superior de um nacionalismo já amadurecido, nacionalismo realista e crítico e, por assim dizer, asséptico" (Golbery, 1967, p. 104). Ademais, estava intrinsecamente relacionada à concepção de desenvolvimento associada à teoria da guerra revolucionária, que via nesse nacional-desenvolvimentismo a expressão brasileira do Movimento Comunista Internacional.

Assim, os militares ligados à ESG que assumiram postos estratégicos no governo de Quadros já difundiam uma doutrina de ação política entre civis e militares anticomunistas, especialmente entre aqueles ligados ao pensamento liberal-conservador alinhado aos EUA, que fazia oposição ao modelo de desenvolvimento nacional-trabalhista. Além disso, a Revolução Cubana de 1959 havia ampliado o *temor revolucionário* nas Américas e alimentado definitivamente a "segunda onda" anticomunista no país. Portanto, entre esses militares, já se fazia uso dos postulados da guerra revolucionária.

Nesse cenário, os militares do governo Quadros seriam aliados, mas não protagonistas. Tal situação ficou evidenciada por divergências na condução da política externa do governo. Recusando o alinhamento aos EUA, Jânio imprimiu uma política independente orientada pela "autodeterminação e soberania dos povos" que buscava estabelecer relações diplomáticas com países considerados "inimigos" por esse grupo de militares, como URSS e China, assim como repudiava a manutenção de colônias na África e a invasão de Cuba pelos Estados Unidos. Nesse ponto, recebeu a visita de agradecimento do ministro da economia de Cuba, Ernesto Che Guevara, pela posição brasileira contrária ao projeto da Aliança para o Progresso durante a Conferência de Punta del Este, em 1961, que visava propagar o anticomunismo. Em agradecimento à visita, Jânio condecorou Guevara com a medalha Ordem Nacional do Cruzeiro do Sul. Tal gesto recebeu forte oposição de militares ligados à ESG, ao grupo integralista e aos civis da UDN, em especial, Carlos

Lacerda. Além disso, as posições econômicas do governo haviam promovido diversos cortes orçamentários, inclusive nas Forças Armadas e em suas representações no exterior. Com a crise econômica, Quadros buscou aprovar uma Lei da Remessa de Lucros para taxar a renda de multinacionais e se aproximou de economistas da escola nacional-desenvolvimentista por cogitar a ampliação de investimentos públicos e o prosseguimento da política de industrialização.

No entanto, o episódio usado como estopim por Quadros para sua renúncia, foi as acusações de Carlos Lacerda de que estaria tramando um golpe de Estado para promover "reformas institucionais" que aumentassem os poderes do Executivo, somente possível por um "estado de exceção" em razão da resistência da maioria do Congresso. Com a repercussão na imprensa, Quadros negou as acusações, apresentando uma inesperada renúncia, enquanto o vice-presidente eleito Goulart (PTB), sucessor constitucional, fazia viagem oficial à China. Logo, os três ministros militares reuniram-se para traçar um "veto" militar à posse do líder nacional-trabalhista. Além de Grün Moss, ministro da Aeronáutica, participaram da tentativa de golpe o ministro da Guerra, general Odílio Denis, tenentista histórico com larga experiência na segurança interna, mas até então considerado um legalista sem ligações com o grupo de Teixeira Lott; e o ministro da Marinha, vice-almirante Sílvio Heck, um antigetulista ligado a Lacerda que havia conspirado pela prisão do presidente Kubitschek. Vale lembrar que Odílio Denis foi um destacado "jovem turco" da década de 1910, da "Revolução" de 1930, da repressão contra a Revolta Constitucionalista de 1932, e que havia aderido às recoltas de 1922 e 1924. No comando da Polícia Militar do Distrito Federal (1940-1946), já na condição de general-de-brigada, foi leal à Vargas e não assinou o Manifesto dos Generais (Abreu *et al.* [verbete Denis Odílio], 2010). É preciso destacar, ainda, que Heck também era ligado ao general Mourão Filho, participando da Conspiração de 1964 e depois da tentativa de deposição de Castelo Branco, em 1965, liderada pelo general Afonso de Albuquerque Lima, chefe do Estado-Maior do I Exército (Abreu *et al.* [verbete Sílvio de Azevedo Heck], 2010).

Depois da repercussão do "veto militar", os três ministros apresentaram um pronunciamento oficial com suas razões, acusando Goulart, por suas "tendências ideológicas", de promover "infiltrações comunistas" e de "elementos esquerdistas" no Estado brasileiro, animando e apoiando "movimentações grevistas promovidas por conhecidos agitadores" de simpatia inegável às "comunas populares" da URSS e da China, sendo parte dos "agentes da desordem, da desunião e da anarquia" e da "comprovada intervenção do comunismo internacional na vida das nações democráticas e, sobretudo, nas mais fracas" que levaria, inclusive, a transformação das Forças Armadas "em simples milícias comunistas" (Andrade, 1985, p. 67).

Nesse apanhado de razões ideológicas com as digitais da doutrina de ação política gestada na ESG, descritas nas memórias de Auro de Andrade (1985, p. 66-68), o pronunciamento reivindicava a posição política da instituição militar na organização política como a responsável constitucional pela "manutenção da ordem, da lei e das próprias instituições democráticas" seriamente ameaçadas por um "período inquietador de agitações sobre agitações, de tumultos e mesmo choques sangrentos nas cidades e nos campos" que justificariam a tentativa de golpe pelo "povo cristão, ordeiro e patriota do Brasil".

A resistência à tentativa de golpe de Estado foi liderada pelo governador do Rio Grande do Sul, Leonel Brizola, também do PTB de Goulart, e contou com apoio dos setores militares do estado, como do coronel Diomário Moojen, comandante da Brigada Militar; do general Peri Constant Bevilacqua, comandante da 3ª Divisão de Infantaria de Santa Maria (RS) e egresso do Clube 3 de Outubro; e do general José Machado Lopes, comandante do III Exército de histórico legalista desde a Revolta Tenentista de 1922. Bevilacqua foi oficial-de-gabinete da Junta Militar Pacificadora que assumiu o poder após a derrubada de Washington Luís, em 1930. Apesar dessa adesão intervencionista, fazia parte dos militares liberais-conservadores nacionalistas, vindo a consentir com o golpe de 1964, mas, sem aderir ao "governo revolucionário", foi para o STM (Superior Tribunal Militar) e se postou contrário às medidas desnacionalizantes e repressivas da oposição (Abreu *et al.* [verbete Peri Constant Bevilacqua], 2010).

Esses apoios haviam cingido as Forças Armadas e ampliado o apoio do movimento legalista conhecido como a Campanha da Legalidade, já nacionalizado e com adesão de outros governadores, manifestações populares e organizações sindicais. No auge dessa divisão interna, o general Odílio Denis chegou a recomendar o bombardeio do Piratini e o envio de Cordeiro de Farias para assumir o III Exército, mas Machado Lopes recorreu à Emenda Rui Barbosa para assegurar que somente cumpriria ordens "dentro da lei" e, por isso, Cordeiro de Farias seria preso caso viesse e contingentes seriam reprimidos. Apesar do histórico legalista, Machado Lopes chegou a exercer a função política de interventor no estado do Ceará, de outubro de 1946 a janeiro de 1947, por nomeação de Gaspar Dutra (Abreu et al. [verbete José Lopes Machado], 2010).

Da resistência civil-militar sobreveio um acordo costurado pelas elites políticas: o golpe de Estado do parlamentarismo foi aprovado por uma emenda constitucional no Congresso, com a consequente redução considerável dos poderes constitucionais da presidência assumida por Goulart. No acordo estava a previsão de um plebiscito sobre a permanência do regime parlamentarista ou a volta do presidencialismo durante as eleições presidenciais marcadas para 1965. Como primeiro-ministro, foi eleito Tancredo Neves, político do PSD (Partido Social Democrático) de Minas Gerais e egresso da turma de 1957 do CSG da ESG, que havia apoiado a candidatura de Teixeira Lott em 1960. A composição do governo foi uma ampla aliança, envolvendo ministros do PTB à UDN, em meio à constante crise econômica.

Nesse cenário, o projeto da ESG de coesão ideológica entre civis e militares foi crucial. Com a posse de Goulart no esquema parlamentarista, o coronel Couto e Silva requereu sua ida para a reserva, deixando a secretaria-geral do CSN no posto de general-de-divisão. Ato contínuo, conforme descreve Dreifuss (1981), em novembro de 1961 assumiu a direção executiva do Instituto de Pesquisas e Estudos Sociais (Ipes), organização social que reunia civis e militares liberais-conservadores ligados à ESG e outras lideranças anticomunistas dispostas a depor o governo nacional-trabalhista, cada vez mais popular. Nesta organização, diversos civis e militares se reuniam com discrição para avaliar a conjuntura, levantar informações e articular sua ação política. Atuando principalmente no Rio de Janeiro e São Paulo, Couto e Silva criou, por meio do Ipes, uma série de aparelhos que ligavam civis a setores das Forças Armadas e de Informações, tais como o Grupo de Levantamento de Conjuntura, Unidade de Planejamento, Operações Militares e de Informação, Grupos de Estudos e Grupos de Doutrina. Em resumo, Couto e Silva passou a aplicar, de forma precária, sua doutrina de ação política para a segurança nacional, sendo o responsável "pelo planejamento estratégico e informações e por preparar a elite orgânica para a ação" e fixando objetivos de curto e longo alcance, subsidiado por trabalhos táticos e estratégicos, diretrizes governamentais, doutrinas e projetos, perícias de informações e atividades de contrainformação (Dreifuss, 1981, p. 186). Ele também contava com a ligação com membros do alto escalão militar articulados pela ESG em torno do projeto de tomada do poder político.

Por sua vez, o general Cordeiro de Farias havia deixado a chefia do EMFA com a posse de João Goulart e se posto "em disponibilidade", sem assumir qualquer cargo. Nesta condição, passou a dedicar-se amplamente ao planejamento estratégico. Centralizado em São Paulo e com amplo apoio do então governador Ademar de Barros e dos empresários do Ipes liderados por Júlio de Mesquita Filho, diretor do jornal *O Estado de S. Paulo*, chegou a comandar clandestinamente a Força Pública do estado, visando capacitá-la em caso de eventual confronto armado durante a deposição. Além disso, organizou o sistema de informações para monitorar autoridades federais em São Paulo e articulou, junto a grupos de mulheres conservadoras, a Marcha da Família com Deus pela Liberdade, realizada na capital paulista em março de 1964, com significativa participação popular.

Portanto, essa organização civil e militar estava inserida no contexto de disputa pelo poder político em torno da Ordem de Segurança Nacional. Depois de ser estruturada por uma declarada ditadura de tendências nacional-trabalhistas (1930-1945), a segunda geração de segurança nacional desenvolvida em ambiente de controlada abertura política se encontrava em franca crise de hegemonia. O agravamento desse conflito foi marcado por alguns eventos decisivos, dentre os quais destaco aqueles que considero de alta relevância para o processo de politização dos militares.

Desde a retomada do processo eleitoral em 1945, a eleição de oficiais militares para o Legislativo federal havia diminuído. Em 1945, foram 11 deputados federais e oito senadores ligados às Forças Armadas; em 1962, foram apenas sete deputados e quatro senadores. Nessa conta, se excluem os militares estaduais, ligados às polícias militares.

No entanto, a organização política na disputa pelo poder também passou a contar com maior protagonismo dos praças – cabos, sargentos e oficiais subalternos –, ainda alijados dos mesmos direitos políticos dos oficiais. Além da busca pela cidadania política, muitos militares de baixa patente foram responsáveis pela resistência militar contra o golpe de 1961 e passaram a apoiar as reformas de base do nacional-trabalhismo. Nas eleições legislativas de 1962, diversos sargentos desse grupo se candidataram com o lema "sargento também é povo" e, em disputas judiciais, alguns conseguiram serem eleitos, sem lograr a posse. No entanto, o sargento do Exército Antônio Garcia Filho foi eleito pelo PTB, e assumiu o cargo em meio a um embate judicial. Em 1963, sobreveio decisão do STF confirmando a vedação imposta pelo Judiciário eleitoral, fato que resultou na Revolta dos Sargentos – um levante de praças da Aeronáutica e da Marinha que ocupou prédios públicos em Brasília.

Esse evento foi o ponto alto da reivindicação da "cidadania militar" das baixas patentes que os aproximavam dos sindicalistas e servia, por seu turno, como "grande motivação" organizacional para o convencimento das altas patentes militares em aderir ao golpe de 1964. Se a integração entre oficiais militares e o empresariado havia se tornado uma política estratégica das Forças Armadas, liderada pela ESG, o mesmo não se poderia dizer da integração entre trabalhadores e as baixas patentes. Não se tratava apenas de uma ameaça à hierarquia e à disciplina militar – algo bastante recorrente até então na disputa entre as correntes de oficiais, mas da organização social da sociedade estratificada em classes. De modo que outros eventos ocorridos em março de 1964 no Rio de Janeiro, que intensificaram essa relação indesejada – como o Levante dos Marinheiros no Sindicato dos Metalúrgicos e as manifestações de apoio dos sargentos ao presidente da República, no Automóvel Clube –, serviram de "estopim" para a conspiração do golpe ser empregada. Uma das lideranças desse levante na Marinha foi o conhecido cabo Anselmo, militar que atuou na contrainformação para insuflar as baixas patentes contra a hierarquia.

Nesse sentido, desde 1963 manifestos de oposição ao governo se faziam frequentes e, em 20 de março de 1964, uma Circular Reservada expedida pelo então chefe do Estado-Maior do Exército, general Castelo Branco, recomendava expressamente "a preparação de um esquema para enfrentar um golpe de Estado" (Brasil, 2014e, p. 24). Na conspiração contra o princípio da autoridade, cabe destacar o pouco lembrado GM: Goulart teve seis ocupantes, o maior número desde quando esse dispositivo militar no seio do Executivo deixou de ser Estado-Maior do Governo (1938). Além do general Ernesto Geisel, merece destaque o general Amauri Kruel, já citado. Titular por dez dias, em 1961, e por três meses, em 1962, Kruel produziu uma relação de amizade com Goulart, mas mantinha firme convicção anticomunista e, depois de sua saída do Ministério da Guerra em 1963, assumiu o II Exército em São Paulo e consentiu com o golpe, mantendo-o em sigilo. Após o golpe de 1964, participou da sessão do Congresso que "elegeu" Castelo Branco e seguiu no comando do II Exército até sua ida para a reserva, em 1966, ocasião na qual teceu críticas públicas aos rumos "da revolução" e foi eleito suplente de deputado federal pelo MDB, exercendo mandato de 1967 a 1971. Também ocuparam esse posto estratégico o general Aurélio de Lira Tavares (por dois períodos), posteriormente comandante da ESG de 1966 a 1967; Albino Silva, egresso da turma de 1961 do CSG da ESG; e, finalmente, o general Argemiro de Assis Brasil, personagem central do "dispositivo militar" de proteção contra o golpe de 1964, dispositivo esse que jamais se confirmou. Segundo Ferreira (2019), a secretaria-geral do Conselho de Segurança Nacional, órgão também comandado por Assis Brasil, detinha nomes, teor das conversas, datas, registros e auxiliava nas ações de contrainformação – como a infiltração do cabo Anselmo na revolta dos marinheiros – responsáveis por corroborar a operação "preventiva" do golpe de 1964.

O franco conflito político que tencionava o comando da organização militar e suas balizas profissionais também se observava na sociedade em torno da disputa pelo poder político. No processo eleitoral de 1962, em plena vigência do primeiro e único regime parlamentarista envolto em constantes crises, a oposição civil-militar se mobilizou em torno do Instituto Brasileiro de Ação Democrática (Ibad). O gabinete pluripartidário montado pelo primeiro-ministro, Tancredo Neves, em poucos meses se desmanchou em razão das tensões pela volta do presidencialismo que levaram à antecipação do plebiscito de 1965, conforme os termos do golpe de 1961 (Abreu *et al.* [verbete Tancredo de Almeida Neves], 2010).

Diretamente ligado à ESG e ao Ipes, o Ibad foi criado por Golbery como parte da doutrina de ação política de segurança nacional, visando a preparação das expressões do poder nacional no bojo da guerra revolucionária que, para os liberais-conservadores da ESG, chegava a seu auge com Goulart. Financiada pela Agência Central de Inteligência dos EUA (CIA) e por empresários do círculo de influência do Ipes, o Ibad abasteceu campanhas eleitorais em 1962 e cumpria o papel de mobilização e preparação das expressões do poder nacional que promovesse, de forma concomitante, o fortalecimento das "forças democráticas" e a neutralização/desmoralização do nacional-trabalhismo no Estado e na sociedade. Conforme descreveu

Dreifuss (1981), isso incluía oficiais de fora do núcleo ESG/Ipes, ocupantes de cargos estratégicos no Executivo e no comando de tropas do Exército, possibilitando uma organizada rede de informações políticas em que circulavam relatórios sobre o "desenvolvimento político" do país sob a ótica da guerra revolucionária. Além disso, conforme apontou Stepan (1975), desde 1951 a Associação de Ex-Estagiários da ESG (Adesg) reunia civis e militares que haviam passado pela escola, no intuito de mantê-los engajados na difusão da doutrina nos estados e municípios por meio de suas delegacias regionais, com a realização de ciclos de estudos, palestras, seminários e reuniões de confraternização. É dessa maneira que, como demonstra Dreifuss (1981, p. 361-362), o golpe "ocorreu como a culminância de um movimento civil-militar e não como um golpe das Forças Armadas contra João Goulart". Nada "espontâneo", mas estrategicamente fomentado por um planejamento de segurança nacional.

Por fim, cabe apontar mais dois fatores do conflito político. Primeiro, o aumento da mobilização popular por maior participação no poder político estava ligado às reformas de base do nacional-desenvolvimentismo formulado no Iseb. Depois de três décadas de desenvolvimento, crescia a organização dos movimentos populares em torno dos sindicatos e das Ligas Camponesas defensoras das reformas de base – constitucional, agrária, urbana, bancária e tributária –, com apoio dos militares nacional-trabalhistas e forte oposição dos militares liberais-conservadores da ESG, dos militares antiliberais-conservadores e das elites civis lideradas pela UDN. Por sua vez, o Exército seguia ocupado institucionalmente com a manutenção da ordem estabelecida, objeto das reformas de base pelo emprego militar na repressão política – da qual se destaca a proibição de reuniões públicas contra o assassinato político do presidente da Liga Camponesa de Sapé (PB), João Pedro Teixeira, em 1962, assegurada então pelo comandante do IV Exército, general Artur da Costa e Silva.

É nessa disputa estrutural da ordem estabelecida que a volta do presidencialismo – ou seja, a derrota do golpe de 1961 – estava em questão. Apesar do apoio dos ministros militares do governo, a proposta de antecipação do plebiscito derrubou os primeiros-ministros Tancredo Neves (PSD) e Brochado da Rocha (PSD), até ser aprovada em 14 de setembro de 1962, depois de intensas pressões populares – especialmente de sindicados e de organizações do campo, como a Liga Camponesa –, que promoveram greves e protestos por todo o país. Com a votação ocorrida em janeiro de 1963, o presidencialismo foi aprovado por 82% dos eleitores. Amparado por esse amplo apoio popular, o governo nacional-trabalhista passou a tomar uma série de iniciativas na direção das reformas de base e do direito ao voto dos analfabetos, que representavam 50% da população e, assim como os praças militares, permaneciam sem cidadania política. Como sugere Caio Toledo (2004), todas essas iniciativas esbarravam na falta de maioria no Congresso que, por sua vez, sofria intensa pressão popular promovida por organizações de trabalhadores sindicais e rurais, com multidões em protestos e greves.

Já a ampla maioria dos empresários da imprensa do país estava mobilizada em torno da doutrina de ação política posta em prática pelo complexo ESG/Ipes/Ibad. Segundo Stepan (1975), na preparação psicossocial do poder nacional, empresas como o *Jornal do Brasil*, *O Globo* e *Diário de Notícias* questionavam a autoridade presidencial e a legalidade de seus atos, enquanto *O Estado de S. Paulo*, *O Jornal* e *Tribuna da Imprensa* defendiam abertamente a deposição do presidente constitucional. Todas essas empresas de mídia defendiam, ainda, a desobediência das Forças Armadas ao seu comandante civil em caso deste representar "ameaça à segurança e à ordem do país". A única exceção se verificava no jornal *A Última Hora*, do empresário Samuel Wainer, que recebia boicotes de empresários engajados na doutrina da ESG.

Dessa maneira, se forjava um discurso consensual na imprensa que visava legitimar o golpe de Estado liderado pelos militares e apoiado pelos civis desse complexo. Para Stepan (1975, p. 135), o trabalho de mobilização psicossocial da ESG havia difundido "uma sensação crescente de que o presidente Goulart estava tolerando e implicitamente estimulando a anarquia e a subversão e de que o Brasil necessitava de uma política basicamente nova de desenvolvimento e segurança". Nas palavras do próprio Golbery, em entrevista a Stepan (1975, p. 136), como a ESG estava organizada "para analisar os problemas do país e encontrar soluções", seria "muito natural que, se um governo for fraco, a ESG se oporá a ele", razão pela qual "nunca assumimos uma posição contra Jânio Quadros". Casualmente, a única exceção durante a democracia de segurança nacional seria justamente a do governo do qual faziam parte.

Foi essa crença disseminada que foi capaz de unir as elites nacionais de oposição em torno dos militares liberais-conservadores da ESG. Embora o governo não detivesse maioria constitucional para aprovar as reformas de base, para Ferreira, a oposição tampouco detinha essa maioria para aprovar a deposição pelo parlamento. No bojo das operações psicológicas para a deposição, a volta do presidencialismo – restauradora da ordem constitucional anterior ao golpe do parlamentarismo – foi usada como "evidência" do plano governista de implementar uma "república sindicalista" com a supressão da independência do Legislativo e autonomia dos partidos. A partir dessa "justificativa", o consenso forjado contou com a adesão de governadores de estados estratégicos e de importantes organizações da elite civil, como a Conferência Nacional dos Bispos do Brasil (CNBB), a Ordem dos Advogados do Brasil (OAB) e a Associação Brasileira de Imprensa (ABI). Ademais, conforme demonstrou a Comissão Nacional da Verdade (CNV), os chefes dos poderes Legislativo e Judiciário participaram abertamente no respaldo institucional do golpe de Estado a partir da ação militar (Comissão Nacional da Verdade, 2014):

- Senado Federal, por seu presidente Auro de Moura Andrade (PSD/SP), declarou a vacância da presidência da república alegando falsamente que o presidente constitucional "estava fora do país";
- Supremo Tribunal Federal (STF), comandado por Álvaro Moutinho Ribeiro da Costa – egresso da turma de 1957 do CSG da ESG e filho do general Alfredo Ribeiro da Costa filho –, reconheceu a falsa vacância e nomeou o presidente da Câmara no comando do Poder Executivo;
- Câmara dos Deputados, por seu presidente Paschoal Ranieri Mazzilli (PSD/SP) – egresso da turma de 1953 do CSG da ESG –, assumiu a presidência.

Assim se deu o desfecho do golpe deflagrado na noite de 31 de março e madrugada de 1 de abril de 1964, parte de uma operação de guerra revolucionária no escopo do "planejamento estratégico" de segurança nacional da ESG. Se é bem verdade, como enfatizou Wanderley Guilherme dos Santos (1962, p. 4), que todo golpe de Estado "é sempre um fenômeno social e, em consequência, são suas causas sociais que devem ser buscadas", o conflito entre classes sociais e suas organizações políticas havia levado a uma crise da ordem estabelecida, a ser revolvida por um novo "Estado forte", capaz de implementar o projeto de desenvolvimento capitalista com ênfase na segurança.

TERCEIRA GERAÇÃO: DITADURA MILITAR-CIVIL DE SEGURANÇA NACIONAL

A TOMADA VIOLENTA DO PODER POLÍTICO PELA ALIANÇA MILITAR-civil de 1964 inaugurou um longo período nacional marcado pela disputa de interpretações. De um lado, há uma perene defesa profissional do legado "revolucionário" de 1964 pelas organizações militares acompanhadas pelas elites nacionais e fragmentos estratégicos da sociedade nacional. De outro, uma posição majoritária entre as elites políticas de interpretação do período como uma ditadura – que cerceou direitos civis e políticos a base de sistemáticas e graves violações aos direitos humanos – e um largo dissenso a respeito da aplicação de políticas justransicionais no país sobre o período.

Duas grandes controvérsias são exemplares. A primeira diz respeito às classificações desse regime: para as Forças Armadas, conforme a ordem do dia alusiva à data publicada pelo ministro da Defesa em 2020, o "movimento de 1964" teria sido um "marco para a democracia brasileira" contra a ameaça de "regimes totalitários" que levou "a sociedade brasileira, os empresários e a imprensa" a se aliarem e reagirem. Já a literatura acadêmica sobre o período o interpreta claramente como um regime autoritário conforme variados enfoques: para Guilhermo O'Donnell (1990), regime "burocrático autoritário"; para Carlos Fico (2004), uma "ditadura militar"; para críticos da justiça de transição, uma "ditadura civil-militar", ou ainda, uma "ditadura civil-militar de segurança nacional", como define Enrique Padrós (2012). A segunda controvérsia é quanto ao término desse regime: a primeira eleição de um civil para o Poder Executivo, em 1985, embora indireta e sob a Constituição de 1967; a promulgação da nova Constituição Federal, em 1988; ou a restauração da soberania popular pelo voto direto para presidente da república, em 1989.

Essas questões estão relacionadas ao conceito de democracia – e, portanto, às suas bordas – e à leitura sobre as relações civis e militares desse período que permanecem em disputa na sociedade. Para o objetivo de reinterpretar a politização dos militares no Brasil, este capítulo objetiva apresentar o período como a *terceira geração de segurança nacional*, a partir do binômio conflito-cooperação entre civis e militares transcorrido entre a quebra e a retomada da soberania popular exercida de forma direta. É neste período, de 1964 a 1989, que busco interpretar os militares na política como parcela fundamental da disputa pelo poder político e pelas bases do regime de dominação vigente: a Ordem de Segurança Nacional.

Em cada governo, se formou um ciclo de *alianças militares-civis* que, apesar de comungar nos termos gerais do anticomunismo, divergia sobre a leitura da conjuntura política e na escolha de estratégias e ações políticas, assim como nutria seus próprios interesses organizacionais, de classe social e individuais. Apesar dessa complexidade, entendo ser possível extrair os seguintes "objetivos revolucionários" das diferentes conformações da aliança militar-civil do período:

1) consolidar estruturalmente a hegemonia do grupo da ESG na organização militar e garantir a coesão ideológica das instituições militares federais e estaduais;
2) reorganizar o sistema político e implementar o sistema de informações para a segurança nacional;
3) neutralizar a organização política do nacional-trabalhismo e eliminar os movimentos revolucionários e as resistências armadas;
4) realizar reformas no Estado e no sistema econômico para impulsionar uma concepção de desenvolvimento nacional;
5) preparar bases institucionais seguras para o retorno controlado da democracia eleitoral direta.

Tais objetivos seriam obtidos pela liderança das Forças Armadas e a coadjuvância dos aliados civis nos termos da Doutrina de Segurança Nacional que combinavam políticas de desenvolvimento capitalista e estratégias de violência política até atingir seu esgotamento conjuntural. Por isso, defino esse período como uma *ditadura militar-civil de segurança nacional*. A configuração geral dessa disputada aliança dirigente do Estado nacional pode ser conferida pela formação dos governos do período, das disputas políticas pela legitimação de cada aliança, da violência política estatal e das mudanças estratégicas nas relações de poder político.

REORGANIZAÇÃO NACIONAL DA DOMINAÇÃO POLÍTICA

Com o golpe de Estado, o complexo ESG/Ipes/Ibad – com ampla colaboração dos EUA – instalava o "Comando Supremo da Revolução", em 2 de abril de 1964, nomeando para o comando do Poder Executivo os seguintes "comandantes-em-chefe": do Exército, general Arthur da Costa e Silva; da Marinha, o vice-almirante Augusto Hamann Rademaker Grünewald; e da Aeronáutica, o tenente-brigadeiro Francisco de Assis Correia de Mello. Destes, apenas Mello havia passado pela ESG – egresso da turma de 1957 do CSG. Além de ter sido ministro da Aeronáutica no governo de Kubitschek (1957-1960), Mello foi presidente da Comissão Militar Mista Brasil-Estados Unidos (1965) e, posteriormente, ministro do STM (1965-1971).

Além da violência política nos primeiros dias após o golpe, a primeira aliança militar-civil publicava no dia 9 de abril de 1964 o primeiro dos 17 Atos Institucionais (AI), seguidos de 104 Atos Complementares (AC), editados até 1969 e que marcaram a institucionalização da Doutrina de Segurança Nacional da ESG no Estado brasileiro. Esse aparato de *atos ditatoriais* recebeu contribuição autoral de diversos juristas "revolucionários" – notáveis, em sua maioria ligados à UDN de Minas Gerais e São Paulo –, como Francisco Campos, Luís Antônio da Gama e Silva, Afonso Arinos de Melo Franco e Carlos Medeiros Silva. Havia uma teorização no seio jurídico da legitimidade das "duas ordens" – a constitucional e a "institucional", defendida pelo então advogado e professor de direito Carlos Ayres Britto em 1977, uma vez que as regras legislativas e judiciais "derivam do Ato Institucional n. 5 e modelos operacionais similares, legitimando-se como expressão jurídica da Revolução de 31 de Março de 1964, ainda em marcha" (Britto, 1977, p. 2).

Portanto, visando a legitimação política da ditadura pela via jurídica, a tese central desses atos reconhecia abertamente que "os processos constitucionais não funcionaram para destituir o governo", e se apoiava na *idealização autoritária da soberania popular*: a "autêntica" vontade do povo brasileiro seria representada pelas Forças Armadas e pela "nação", agora o "poder constituinte originário", acima da então Constituição em vigor, de todas as leis, instituições e dos resultados eleitorais. As insuperáveis contradições dessa idealização autoritária foram tributárias da permanente crise de legitimidade do regime de dominação política e do "Estado de Segurança Nacional" que marcaram o binômio conflito-cooperação entre as elites nacionais.

No ato ditatorial inaugural (AI-1) (Brasil, 1964a), além de revelar o caráter contrarrevolucionário do regime instaurado, a primeira aliança mantinha a Constituição de 1946 e estabelecia os poderes autoritários conferidos ao chefe do Executivo – o *ditador de segurança nacional*: centralização de poder na presidência da república, criação do colégio eleitoral, com eleição indireta do presidente e vice-presidente, suspensão de direitos políticos, de liberdades individuais e das garantias de vitaliciedade e da estabilidade do serviço público, redução do controle judicial dos atos executivos e instauração de procedimentos sumários, inquéritos e processos por atos de "guerra revolucionária". No dia seguinte, foi publicada uma lista com a cassação de 41 deputados federais e a suspensão dos direitos políticos destes e de mais 61 lideranças civis, por dez anos, além da expulsão de 122 oficiais das Forças Armadas. Dentre as lideranças políticas de oposição, estavam o presidente deposto, João Goulart; o ex-presidente Jânio Quadros; o secretário-geral do proscrito PCB, Luís Carlos Prestes; Miguel Arrais, governador deposto de Pernambuco; o deputado federal e ex-governador do Rio Grande do Sul Leonel Brizola; o desembargador Osni Duarte Pereira; o economista Celso Furtado; o embaixador Josué de Castro; o ministro deposto Abelardo Jurema, da Justiça; os ex-ministros Almino Afonso, do Trabalho, e Paulo de Tarso, da Educação; o presidente deposto da Superintendência da Política Agrária (Supra), João Pinheiro Neto; o reitor deposto da Universidade de Brasília, Darcy Ribeiro; o assessor de imprensa de Goulart, Raul Ryff; o jornalista Samuel Wainer e o presidente deposto da Petrobras, marechal Osvino Ferreira Alves; o presidente do então extinto Comando Geral dos Trabalhadores (CGT), Clodesmidt Riani, além de Hércules Correia, Dante Pelacani, Osvaldo Pacheco da Silva e Roberto Morena (Abreu *et al.* [verbete Atos institucionais], 2010).

Uma vez consumado o golpe de Estado e afastados os adversários políticos imediatos, restava pendente a instauração do novo governo, com o consentimento majoritário das elites nacionais. A escolha pelo chefe do EME para a presidência, general Castelo Branco, e do civil-jurista José Maria Alkmin (PSD-Arena/MG) para a vice-presidência foi resultado de uma concertação política que expressava um mosaico anticomunista com diferentes objetivos, grupos, lideranças e conjuntos de interesses.

No âmbito militar, Castelo Branco detinha uma longa trajetória de atuação política discreta e intelectual. Influenciado pelo pensamento francês e preso por manifestar suas opiniões na Revolta de 1924, Castelo Branco chegou a publicar artigos na *Gazeta do Rio* com o codinome "Coronel Y", durante a Constituinte de 1934, para defender suas ideias nos assuntos militares e de defesa nacional, incluindo o afastamento dos militares da vida partidária. No entanto, assim como diversos liberais-conservadores "neutralistas" após a Segunda Guerra Mundial, se aproximou do grupo de Cordeiros de Farias, integrando a chapa derrotada no Clube Militar em 1950 e da "cruzada democrática" que venceu as eleições de 1952. Aderindo à conspiração do golpe contra Vargas em 1954, quando exercia a subchefia do EME, logo após o suicídio do presidente, assumiu a Escola de Estado-Maior do Exército e a transformou na equivalente francesa – Escola de Comando e Estado-Maior do Exército (ECEME). Igualmente, aderiu ao golpe "preventivo" de 1955, mas recusou punir por indisciplina seus alunos que conspiravam contra o resultado eleitoral e, por essa grave violação à disciplina, perdeu apenas o posto, o que revelou sua força política. Foi então que, em 1956, passou a dirigir o departamento de estudos da ESG (1956-1958) e chegou a liderar a "cruzada democrática" para a presidência do Clube Militar em 1958, contra a chapa apoiada por Lott – vencida sob a liderança do general Justino Alves Bastos.

A partir de 1960, Castelo Branco incorporou a Doutrina de Segurança Nacional na direção de ensino e formação do Exército (1960-1962) e no comando direto de tropas no II Exército (1962-1963) e na chefia do EME, que deixou para assumir o posto de ditador de segurança nacional. Cumprindo a função de totem a que se referiu Ferreira (2019), o perfil de intelectual da "doutrina militar" de Castelo Branco e o posto que ocupava foram decisivos para garantir a coesão entre os militares anticomunistas e "arrastar" os indecisos em torno da teoria de guerra revolucionária da doutrina de ação política da ESG. Nessa condição, havia apresentado em outubro de 1963 ao ministro da Guerra, general Jair Dantas Ribeiro, um diagnóstico sobre a conjuntura política que ameaçava a ordem instituída e um conjunto de medidas para garantir a coesão da organização militar, banimento de greves "políticas", saneamento profissional das polícias militares estaduais (PMs) para a segurança interna que evitasse o emprego das Forças Armadas e a reforma da doutrina militar no Brasil para incorporar a Doutrina de Segurança Nacional. Na circular de 20 de março, Castelo Branco alertava sobre a presença de duas ameaças concretas à Ordem de Segurança Nacional: uma constituinte para viabilizar as reformas de base e o crescimento progressivo de mobilizações dos trabalhadores pelo Comando Geral dos Trabalhadores. Como desde o nascimento da república, evocavam-se as prerrogativas de única instituição "nacional e permanente" para empregar a violência de Estado e assumir a direção do poder político da sociedade nacional.

Da parte civil da primeira aliança, grande parcela de opositores ao nacional-trabalhismo praticava mais uma solução de força para suprir a falta de respaldo eleitoral. Foi o caso do governador da Guanabara (GB), Carlos Lacerda (UDN), jornalista e fundador do jornal *A Tribuna da Imprensa* (1949), que exercia oposição virulenta contra seus adversários. Desde 1953, Lacerda passou a conspirar contra o nacional-trabalhismo, sendo propagador da teoria conspiratória da "república sindicalista" – um suposto plano do presidente argentino da época, Juan Domingos Peron, com adesão de Goulart e dos "comunistas", para implementar regimes semelhantes nos países da América Latina por meio de golpes de Estado. No entanto, havia civis com relação mais orgânica, como o civil-banqueiro José de Magalhães Pinto (UDN-Arena/MG), que exerceu maior influência civil na primeira aliança. Um dos grandes conspiradores do golpe de 1964, Pinto havia presidido a Federação de Comércio de Minas Gerais (1938-1939) e fundado o Banco Nacional de Minas (1944), assim como organizado a UDN no estado. Eleito deputado constituinte, deputado federal e governador de Minas

Gerais (1960-1966), Pinto havia liderado os civis no golpe de 1961 e tentado assumir o comando da "revolução", se antecipando ao golpe de 1964, com as tropas comandadas por Mourão Filho, mas sem sucesso.

A escolha do civil José Maria Alkmin para a vice-presidência foi selada em reunião entre o "Comando Supremo" e os governadores de Minas Gerais e da Guanabara, ambos da UDN; de São Paulo, o civil-médico Ademar de Barros (PRP); do Rio Grande do Sul, o civil-empresário Ildo Meneghetti (PSD) – adversário de Brizola; e de Goiás, o tenente-coronel Mauro Borges Teixeira (PSD). Apesar de ter integrado o grupo de Kubitschek, Alkmin havia se postado desde 1963 na oposição às reformas de base de Goulart e se unido à UDN de Magalhães na conspiração. No colégio eleitoral "saneado", a chapa única recebeu apoio de nove partidos – incluindo parcela do próprio PTB de Goulart (PSD, UDN, Partido Social Progressista, Partido Democrata Cristão, Partido Republicano, Partido Libertador, Partido Trabalhista Nacional, Partido da Representação Popular e Movimento Trabalhista Renovador). Essa chapa foi eleita para um mandato com término previsto para 31 de janeiro de 1966, conforme acordado no AI-1 (Brasil, 1964a) entre a aliança militar-civil. Foram 361 votos a favor (entre os quais 123 do PSD, 105 da UDN e 53 do PTB), 72 abstenções (em sua maioria, do PTB de Goulart) e 37 ausências. Na composição do gabinete ditatorial (1964-1967), ministérios e órgãos ligados à "presidência" da república, o único órgão suprimido foi a Consultoria-Geral da República, atual Advocacia Geral da República (AGU), pois se tratava se um cargo preponderantemente técnico e sem relevância na composição política na direção do Poder Executivo. Conforme dados disponíveis na biblioteca da presidência, dos 39 ocupantes no período, 20 foram civis. Quanto aos ocupantes, foi considerado apenas aqueles com seis meses ou mais no cargo, interinos ou não. Foi computado o vínculo do ocupante (militar ou civil), e não o número de pessoas, pois em poucos casos o mesmo integrante ocupou dois ou mais cargos.

Destes, apenas quatro haviam passado pelo CSG da ESG: Vasco Leitão da Cunha, egresso da turma de 1953; Raimundo Muniz de Aragão (UDN), egresso da turma de 1962; Severo Gomes (UDN), egresso da turma de 1965; e Mauro Thibau (PDS), egresso da turma de 1967. Em sua maioria (12), estavam vinculados a partidos políticos, sendo a UDN com nove, o PDS com dois e o PL com um: Luís Viana Filho (UDN/BA), Luiz Augusto Fraga Navarro de Brito (UDN/BA), Severo Gomes (UDN/SP), Otávio Gouveia de Bulhões (UDN), Daniel Faraco (PDS/RS), Paulo Egydio Martins (UDN/SP), Mem de Sá (PL/RS), Mílton Soares Campos (UDN/MG), Raimundo de Moura Britto (UDN/GB), Pedro Aleixo (UDN/MG), Raimundo Muniz de Aragão (UDN), Mauro Thibau (PDS/MG). Portanto, em termos gerais, essa foi a primeira grande composição política da ditadura militar-civil de segurança nacional. Conforme o poder foi sendo exercido, os conflitos internos se avolumaram, defecções ocorreram e adaptações conjunturais – em muito pela força da resistência política – foram engendradas para manter a coesão militar-civil em torno de seus objetivos políticos fundacionais.

Quanto aos militares, depois do primeiro expurgo dos nacionais-trabalhistas, a ditadura de Castelo Branco buscava administrar a tensão entre os liberais-conservadores – dos quais fazia parte – e os antiliberais-conservadores. Como aponta Luis Felipe Miguel (2002), essa disputa interna, que permeou todo o período de protagonismo militar na aliança (1964-1985), se referia a divergências menos de objetivos e mais de estratégias para atingi-los. Embora analistas retratem essa fricção como um conflito entre "duros" e "brandos" ou entre "partidos e programas", como se verá a seguir, as duas correntes estavam inseridas no programa político da Doutrina de Segurança Nacional da ESG.

Nesse sentido, dos 18 ocupantes no gabinete da ditadura de Castelo Branco, 14 tinham vínculos com a ESG. A rigor, no gabinete de Castelo Branco apenas quatro militares não possuíam vínculos com a ESG: major Ney Braga, ex-governador do Paraná (PDC-Arena/PR); almirante Paulo Bosísio, presidente da Comissão Geral de Investigações (CGI), julgando mais 1.100 processos; general Costa e Silva; e o coronel da Brigada Militar Peracchi Barcelos (PDS/RS). Eis os ocupantes do gabinete: almirante Luiz Teixeira Martini (ex-comandante da ESG de 1961 a 1963), brigadeiro Nélson Freire Lavenère Wanderley (egresso da turma de 1957 do CSG/ESG), general Ernesto Geisel (egresso da turma de 1953 do CSG/ESG), brigadeiro Eduardo Gomes (da turma de 1951 do CSG/ESG), general Juracy Magalhães (da turma de 1955 do CSG/ESG), almirante Ernesto de Mello Baptista (da turma de 1963 do CSG/ESG), almirante Zilmar Campos de Araripe (da turma de 1957 do CSG/ESG), Juarez Távora (ex-comandante da ESG de 1952 a 1954), general Cordeiro de Farias (ex-comandante da ESG de 1952 a 1954) e general Golbery de Couto e Silva (da turma de 1952 do CSG da ESG).

Destes, se destacam militares considerados nacionalistas, como os generais Peri Constant Bevilacqua (egresso da turma de 1956 do CSG/ESG) e Ademar de Queiroz (da turma de 1959 do CSG/ESG). Ainda, uma das grandes lideranças dos antiliberais-conservadores, general Afonso Albuquerque Lima, foi um importante quadro da ESG. Egresso da turma de 1963 do CSG da ESG e chefe da Divisão de Assuntos Econômicos da ESG, Lima foi um dos responsáveis pela adesão desta divisão ao golpe de 1964. Com um histórico pregresso de intensa participação política, liderou a Liga Democrática Radical (Lider), organização criada em 1965 – e extinta no mesmo ano – que pregava o restabelecimento do Comando Revolucionário e o fechamento do Congresso Nacional, formada em sua maioria pelo grupo de antiliberais-conservadores e de oficiais que chefiavam a execução da violência política estatal. Na disputa pelo comando "da revolução", esse grupo, liderado por Lima, contava com a adesão de lideranças da Marinha, como dos almirantes Rademaker Grünewald e Sílvio Heck, e chegou a tramar a deposição de Castelo Branco em 1965. Na disputa pela sucessão de Costa Silva em 1969, Lima recebeu considerável apoio de integrantes da ESG durante consultas informais no interior das Forças Armadas para a definição de uma "lista tríplice" de candidatos a ditadores de segurança nacional.

Desse modo, a disputa entre liberais-conservadores e antiliberais-conservadores ocorria dentro do programa ideológico da doutrina da ESG. As divergências permeavam a leitura da conjuntura política, as decorrentes ações estratégicas a serem tomadas e os níveis de violência a serem empregados contra a oposição política para atingir os mesmos objetivos. Aqui se cuida da coesão ideológica das Forças Armadas reivindicada pelas gerações anteriores de segurança nacional, que ao final é implantada pelos meios ditatoriais. Conforme apontam Dreifuss e Dulci (2008), tal virada *representava um avanço significativo na autonomia da organização militar em relação às elites políticas*, pois possibilitava que a organização militar institucionalizasse uma doutrina de ação política que integrasse as disputas internas para uma ação e um comando conjunto nas relações de poder político. É nesse sentido que a coesão promoveria a integração dos militares políticos – sejam chamados de intervencionistas (Carvalho, 2019), de Partido Militar (Rouquié, 1980) ou de Partido Fardado (Ferreira, 2019).

Dos liberais-conservadores, o general Ernesto Geisel exercia a função de "Estado-Maior" do governo na chefia do GM. Com trajetória pregressa na política, Geisel foi secretário-geral do governo estadual e chefe do Departamento de Segurança Pública durante a intervenção na Paraíba (1931), reprimiu a Revolta Constitucionalista de 1932, além ter exercido o posto de secretário da Fazenda e Obras Públicas da Paraíba (1934-1935) (Abreu *et al.* [verbete Ernesto Geisel], 2010). Geisel havia integrado o corpo permanente de oficiais da ESG durante da gestão de Juarez Távora (1952-1954) – de quem foi assessor no GM de Café Filho (1955), realizando o CSG/ESG em 1953 e chefiando a Seção de Informações do EME (1957), bem como representando o Exército no Conselho Nacional do Petróleo (1957-1961). Na Aeronáutica, o major-brigadeiro Nélson Freire Lavenère Wanderley (1964) era egresso da turma de 1957 do CSG da ESG e um dos organizadores da Aeronáutica, além de autor da Doutrina Básica da FAB (1958). Depois de uma crise organizacional gerada pela disputa do porta-aviões Minas Gerais da Aeronáutica, entregue à Marinha por Castelo Branco, foi sucedido pelo brigadeiro da UDN/GB, Eduardo Gomes (1965-1967). E a Marinha esteve a cargo do almirante Zilmar Campos de Araripe Macedo, egresso da turma de 1957 do CSG/ESG e com passagem pelo corpo permanente da ESG Divisão de Assuntos Psicossociais (1957).

Para além desses cargos tipicamente militares foi criado, em junho de 1964, um quarto aparelho de alto escalão executivo de relevância estratégica: o Serviço Nacional de Informações (SNI). Como aponta Aloysio de Carvalho (2019), as origens desse aparelho remontam ao Serviço Federal de Informações e Contrainformações (SFICI), criado em 1946 pelo governo militar-civil de Gaspar Dutra. Durante a democracia de segurança nacional, o SFICI estava diretamente ligado ao Conselho de Segurança Nacional (CSN) visando assessorar a presidência e concorria com os demais serviços de informações das Forças Armadas destinados aos ministros militares, especialmente sobre os assuntos de segurança interna.

No governo Kubitschek, o SFICI foi reestruturado pelo coronel Humberto de Souza Mello que em 1956, com outros oficiais militares, realizou estágio nos EUA – visitando o Departamento de Estado, a Agência Central de Inteligência (CIA, na sigla em inglês) e o Departamento Federal de Investigações (FBI, em tradução livre). Em 1959, durante o Curso de Informações (CI) da ESG, Souza Mello apresentou o trabalho "Organização de um Serviço Nacional de Informação", em que prescrevia uma adaptação do modelo dos EUA para criar o Sistema Nacional de Informações brasileiro, focado na segurança interna e destinado a produzir conhecimento sobre vulnerabilidades nacionais, avaliações estratégicas da conjuntura, formulação de um "Conceito Estratégico Nacional", assim como a execução e o planejamento de políticas governamentais. A grande referência teórica estava na obra do cientista político estadunidense Harry Howe Ransom, intitulada *Central intelligence and national security* e publicada originalmente em 1958, responsável pela incorporação do conceito de "comunidade de informações". Nesta obra (Ransom, 1972), o autor explicaria de forma transparente o funcionamento da CIA, com as distinções sobre os tipos de informações – estratégicas, operacional tática e contrainformação –, as fontes de obtenção – operações clandestinas, agentes secretos, imprensa, relatórios de rotina, adidos militares –, e os métodos de atuação (Carvalho, 2018).

Com o golpe de 1964, coube ao general Couto e Silva transformar o SFICI no SNI, com base no projeto de Souza Mello e aproveitando sua experiência-piloto no Ipes, entre 1961 e 1964. A finalidade do SNI consistia na produção de conhecimento sobre o poder da oposição política – tanto real quanto potencial – presente na burocracia estatal, nas entidades públicas e privadas, na opinião pública e os impactos de acontecimentos políticos para identificar tendências, evitar surpresas e planejar a ação política na disputa pelo poder. Da mesma forma, seu objetivo incluía produzir conhecimento sobre os poderes da Ordem de Segurança Nacional, visando o planejamento realista da ação política.

Seguindo esses propósitos estratégicos, o SNI integrava uma complexa "comunidade de informações" – termo cunhado por Hansom (1972): as Divisões de Segurança e Informação (DSI), o Sistema Nacional de Informações (SISNI), o Sistema de Segurança Interna (SISSEGIN) e as Comunidades Setoriais de Informações (CSI). Essa estrutura se abastecia de uma ampla gama de informações, em sua maioria pública, estatal ou por meios legais, e também de informações produzidas mediante a prática de tortura – método herdado desde o regulamento do conde de Lippes e presente na segurança pública –, que foi profissionalizada durante o período. Além da fundação e organização, a ESG também influiu na formação profissional dos quadros do SNI, por meio da oficialização do Curso Superior de Informações, em 1965. Inicialmente criado "em caráter experimental" em 1958, este curso formou "mais de 100 analistas civis e militares" até 1972, quando passou a ser incorporado à recém-criada Escola Nacional de Informações (EsNI).

Nos assuntos considerados civis, também merece destaque a criação, em junho de 1964, do Ministério Extraordinário para a Coordenação dos Organismos Regionais, posteriormente transformado no Ministério do Interior (1967). Tendo o general Cordeiro de Farias como responsável por sua estruturação, essa nova burocracia visava institucionalizar políticas de Estado para reduzir as desigualdades regionais em prol do objetivo nacional permanente da integração nacional. Na mesma direção se destaca o general Juarez Távora no Ministério da Aviação – responsável pelas obras de integração nacional por rodovias e ferroviais –, e o general Juraci Magalhães, militar-político da UDN/BA para o comando do Ministério do Exterior (1966-1967).

Conformada dessa maneira, a aliança militar-civil empregou progressiva violência política contra dissidências, adversários e inimigos comuns com base na idealização autoritária da "ordem institucional" e acordadas entre militares e civis da aliança. Um dos primeiros casos foi a deposição do governador do Goiás,

Mauro Borges (PSD), em novembro de 1964, que foi acordada entre o general Costa e Silva, oficiais da Escola de Aperfeiçoamento de Oficiais (EsAO) do estado e os civis Milton Campos, Pedro Aleixo e Daniel Krieger, resultando na nomeação do interventor coronel do Exército Carlos Meira Matos (Abreu *et al.* [verbete Mauro Ludovico Borges Teixeira], 2010). Dessa forma, a primeira dimensão da repressão se localizava na disputa institucional durante a ditadura, destinada ao sistema e aos direitos políticos, e a segunda dimensão, mais diretamente violenta, se referia aos direitos civis como um todo. Uma terceira dimensão, como descreve Padrós (2012, p. 508; 517), refletia um sistema de governo apoiado pelas classes dominantes que impõe "a subordinação de tudo à defesa da ordem e da segurança da Nação" através de uma política repressiva estruturada no terror. Trata-se do *terrorismo de Estado*, típico das ditaduras de segurança nacional do Cone Sul, um modelo de dominação política alicerçado na generalização do medo pelo controle absoluto do governo, do aparato repressivo do Estado, da desarticulação da sociedade política e civil e de uma metodologia criminal de graves violações de direitos humanos – execuções sumárias, desaparecimentos forçados, torturas, prisões arbitrárias e ocultamento de cadáveres.

Seguindo o método de "aproximações sucessivas", essas dimensões de repressão expandiam seu alcance conforme o poder ditatorial era exercido, e os conflitos internos na aliança e a resistência política aumentavam. Na sucessão da presidência na Câmara dos Deputados, organizou-se um bloco parlamentar revolucionário contra a permanência de Mazzilli (PSD/SP), outro antigo aliado. Além disso, havia uma disputa interna sobre as eleições para estaduais de outubro de 1965, ainda com voto direto: Magalhães Pinto e Carlos Lacerda conspiravam a prorrogação de mandatos e o cancelamento das eleições.

Com a decisão em manter o pleito, o temor de derrotas eleitorais se confirmou e, conjugada com a insatisfação com a política econômica, os líderes civis da aliança Magalhães Pinto, Lacerda e Ademar de Barros romperam com a ditadura de Castelo Branco. Por sua vez, com as vitórias eleitorais da oposição, Kubitschek havia regressado de seu autoexílio e seu antigo aliado, Álvaro Ribeiro da Costa, presidente do STF que passou a se afastar do governo, foi reeleito por unanimidade para a presidência do tribunal. Do lado dos militares, chegou a ocorrer uma tentativa de golpe organizada pelos antiliberais-conservadores, liderados por Albuquerque Lima e dissuadida pelo então ministro da Guerra, general Costa e Silva.

A crise política promovia a primeira cisão significativa, que deixava exposta na aliança a intenção dos militares de permanecer na direção do poder político até atingirem seus objetivos, enquanto diversas lideranças civis percebiam que o protagonismo militar temporário do pacto havia ruído. Conforme recorda Ferreira (2019), apenas o civil jornalista Assis Chateaubriand, proprietário da rede de jornais *Diários Associados* e um dos conspiradores de 1964, indicava, nos primeiros dias após o golpe, que as Forças Armadas tinham vindo "para ficar 20 anos no poder" (Ferreira, 2019, p. 1483). Contrariados, conspiradores civis da ditadura como Lacerda passaram a defender o afastamento dos militares da política, reeditando a frustração de Rui Barbosa com seu apoio à politização militar na fundação da república como forma de ascender ao poder.

Nesse cenário, uma *segunda aliança militar-civil* promoveu, com a imposição do AI-2 em 27 de outubro de 1965 (Brasil, 1965a), um conjunto mais violento de medidas para se manter no poder, reprimir as dissidências e a resistência política, e intensificar os meios ditatoriais do Executivo para implementar os "objetivos revolucionários". No sistema político, se destacam a extinção dos partidos políticos, a fixação de eleições indiretas para a presidência com vedação de reeleição, a proibição de remuneração para os vereadores, a possibilidade de decretação de estado de sítio por 180 dias, anuência legislativa de intervenção federal nos estados, de recesso do Congresso, de demissão sumária de funcionários públicos (civis e militares) e poderes para legislar exclusivamente sobre "assuntos de segurança nacional", funcionalismo público e Forças Armadas. No sistema judicial, foram acrescidos cinco ministros no STF, a Justiça Federal de primeira instância foi recriada – com juízes nomeados pelo Executivo via lista quíntupla do STF, a ampliação do número de juízes do Tribunal Federal de Recursos (TFR), a suspensão das garantias da vitaliciedade e inamovibilidade de juízes, a reformulação da composição do STM e a ampliação de sua competência para julgar governadores e secretários estaduais, a ampliação da competência da Justiça Militar para julgar civis nos crimes de segurança nacional e a exclusão de apreciação judicial dos "atos revolucionários". Previa, ainda, a proibição de propaganda "de guerra e de subversão da ordem política e social ou de preconceitos de raça e classe" e novos poderes para cassar mandatos e direitos políticos por dez anos com eventuais "medidas de segurança".

A partir daí, a dissidência civil da aliança foi reprimida, como a cassação do governador de São Paulo, Ademar de Barros, engendrada pelo civil-jurista João Leitão de Abreu (chefe de gabinete do ministro da Justiça, Mem de Sá). Nos estados, outras medidas foram editadas para controlar a influência na segurança interna dos governadores eleitos indiretamente ou nomeados interventores. Com isso, as nomeações para o comando das polícias militares estaduais e das secretarias de segurança passariam a ser definidas "em comum acordo" com o ministro da Guerra, favorecendo o controle da violência de Estado pelo Exército.

Além disso, uma ampla reforma do sistema político foi implementada, com a instituição do bipartidarismo pelo Ato Complementar n. 4 (Brasil, 1965) redigido pelos civil-jurista Pedro Aleixo (UDN/MG), civil-jurista Paulo Sarasate (UDN/CE), Rui Santos (UDN/BA), Antônio Carlos Magalhães (UDN/BA) e pelo político-militar Juraci Magalhães (UDN/BA): a Aliança Renovadora Nacional (Arena) formalizava a organização militar-civil da ditadura, enquanto o Movimento Democrático Brasileiro (MDB) reunia a oposição "responsável" e disposta a aceitar as novas regras do jogo para disputar o poder político.

Apesar dessas novas medidas repressivas, as cisões internas aumentaram. Na sucessão do ditador institucional, em 1966, a disputa entre os militares ocorria entre os dois grupos dominantes. De um lado, Cordeiro de Farias desejava suceder a Castelo Branco e preservar o poder em mãos dos liberais-conservadores. Contudo, o escolhido foi o candidato dos antiliberais-conservadores, o ministro da Guerra Costa e Silva – que já havia neutralizado a tentativa de golpe de 1965, assegurando a coesão política entre os dois grupos nas Forças Armadas. Essa escolha de Castelo Branco, que na prática reconhecia uma derrota política entre os militares, levou à saída do governo dos liberais-conservadores, como Cordeiro de Farias, Ernesto Geisel e Couto e Silva. No âmbito civil, o novo arranjo coadjuvante indicou como seu representante o civil-jurista Pedro Aleixo (UDN/MG), opositor histórico do nacional-trabalhismo, fundador da UDN em Minas Gerais e conspirador dos golpes de 1945, 1961 e 1964.

Com respaldo da maioria dos empresários da imprensa, a eleição indireta de 1966 contou apenas com a chapa militar-civil da Arena e recebeu campanha aberta de milhares de oficiais do Exército para eleger o "seu Arthur", retratado como um velho bonachão e descontraído. A eleição da chapa se deu com 100%

dos votos válidos – contando com 41 abstenções e 136 ausências, uma vez que o MDB se retirou do plenário.

Acomodada em uma segunda aliança, a ditadura de Castelo Branco ainda viria finalizar suas reformas no Estado para institucionalizar os "objetivos revolucionários". A principal delas foi a derrubada completa da Constituição de 1946 e a imposição de uma nova carta política. Nesse processo, outro conflito entre militares e civis se instalou: o presidente do Senado, Auro de Moura Andrade (UDN-Arena/SP), e o presidente da Câmara, Adauto Lúcio Cardoso (UDN-Arena/GB), pleiteavam recuperar poderes do Legislativo, cassados pelos atos ditatoriais, visando influenciar a "Constituição revolucionária". A crise instalada foi resolvida com o aumento da violência política: cassação de deputados, invasão militar no Congresso e decretação de "recesso" do Congresso Nacional com apoio da Arena.

A redação do projeto inicial de Constituição foi confiada a um grupo de "notáveis" composto por civis juristas como Orozimbo Nonato, Levi Carneiro, Temístocles Cavalcanti e Miguel Seabra Fagundes. Essa primeira redação foi bastante alterada pelo redator final Carlos Medeiros – civil-jurista então ministro da Justiça, ex-consultor-geral da república (1950-1954), procurador-geral da república (1956-1960) e conselheiro federal da OAB (1963) –, com colaborações do jurista Francisco Campos, vinculado à UDN e redator da Constituição de 1937. Com a convocação do Congresso por mais um ato ditatorial, o novo pacto político foi aprovado em janeiro de 1967.

Conforme alegava o civil-jurista Milton Campos (UDN-Arena/MG), a "revolução" se distinguia de seu "processo" de implantação, sendo a Constituição o encerramento do "processo revolucionário", dando passo firme para institucionalizar a "revolução" a ser desenvolvida pelos próximos governos. Dessa maneira, a nova Constituição conferia ao presidente da república uma soma de poderes muito mais ampla do que o fazia a Carta de 1946, incorporando os poderes ditatoriais dos Atos Institucionais e Complementares anteriores e os elementos de disputa eleitoral controlada.

No âmbito da autonomia militar, as Forças Armadas preservaram suas "prerrogativas políticas" já instituídas. Porém, além de "instituições nacionais e permanentes", passaram a ser "regulares" para se distinguir de forças "irregulares", como a resistência armada ou organizações paramilitares, em referência oculta à "guerra irregular" da teoria de guerra da Doutrina de Segurança Nacional. A segunda mudança foi na finalidade das Forças Armadas: em vez de garantir os "poderes constitucionais", a garantia dos "poderes constituídos", numa clara expansão da autonomia em relação ao controlado processo eleitoral e suas instituições. Em verdade, inscrevia na Constituição sua finalidade em manter a Ordem de Segurança Nacional, acima dos poderes constitucionais.

Outra modificação de destaque foi a integral incorporação ao texto constitucional da Doutrina de Segurança Nacional: a totalidade da cidadania passaria a ser responsável por ela, sendo que sua definição, formulação e aplicação – os objetivos nacionais permanentes e a política nacional – se tornaria exclusiva do CSN, apenas subordinado à presidência. Além disso, a politização militar foi ampliada com o aumento do papel político das Forças Armadas na execução da política nacional de defesa.

Depois de aprovada a nova Constituição de segurança nacional, que entraria em vigor na ditadura de Costa e Silva, a segunda aliança ainda editou uma série de intervenções no quadro legal de amplos setores do Estado e da sociedade nacional – a começar pela reforma da LSN. Desde a sua primeira versão, de 1935, a legislação já visava reprimir as oposições políticas que ameaçassem "a ordem política e social". Na reforma de 1953, além de mantida a finalidade original, foram incluídos os "crimes contra o Estado" e restringida a competência do Judiciário militar, tornando regra o processamento dos casos pelo Judiciário civil. Na edição de 1967, Decreto-Lei n. 314 (Brasil, 1967a), além de incorporar as modificações já promovidas desde 1964, a segunda aliança incluiu expressamente a teoria da guerra revolucionária da Doutrina de Segurança Nacional da ESG, com dispositivos sobre a "segurança interna", a "guerra revolucionária ou subversiva", a "guerra psicológica", as "ameaças ou pressões antagônicas", aos "campos político, econômico, psicossocial e militar", aos "inimigos, neutros e amigos" e aos "objetivos nacionais". Nesta mesma direção, foi imposta uma "Lei de imprensa", Lei n. 5.250/67 (Brasil, 1967b), visando controlar a "liberdade de manifestação de pensamento e de informação", segundo a Doutrina de Segurança Nacional.

Além disso, nos últimos meses de governo, foram realizadas alterações fundamentais na organização da administração federal, Decreto-Lei n. 200 (Brasil, 1967c), no novo Código Tributário nacional, Lei n. 5.172 (Brasil, 1966) e AC n. 37, na Consolidação das Leis Trabalhistas de 1943, Decreto-Lei n. 229 (Brasil, 1967c) e na moeda nacional – criando o "Cruzeiro Novo", Decreto n. 60.190 (Brasil, 1967d). Além de efetivar a criação dos ministérios extraordinários do Interior e do Planejamento e Coordenação Econômica, foram criados diversos órgãos: Superintendência do Desenvolvimento da Amazônia (Sudam), substituindo a Superintendência do Plano de Valorização Econômica da Amazônia (SPVEA); a Superintendência de Desenvolvimento da Região Sul (Sudesul), a Empresa Brasileira de Telecomunicações (Embratel), a Financiadora de Estudos e Projetos (Finep), o Grupo Executivo de Racionalização da Agroindústria Açucareira do Nordeste (Geran), o Fundo de Financiamento para Aquisição de Máquinas e Equipamentos (Finame) e a instituição da Zona Franca de Manaus. Dela, os ministérios do Planejamento e do Interior deixaram de ser extraordinários e foram incorporados à estrutura permanente.

Tais intervenções acompanhavam diversas alterações promovidas desde o golpe de 1964, visando reordenar a dominação política da Ordem de Segurança Nacional, como o Estatuto da Terra, Lei n. 4.504 (Brasil,

1964b), o Sistema Financeiro Nacional, Lei n. 4.595 (Brasil, 1964c), o Sistema Financeiro da Habitação, Lei n. 4.380 (Brasil, 1964d) e a abertura da Petrobras ao capital privado e estrangeiro, Decreto n. 55.282 (Brasil, 1964e). Derradeiramente, o governo tornava público um Plano Decenal de Desenvolvimento Econômico e Social, em que instituía objetivos que deveriam orientar a política econômica pelos dez anos subsequentes e um plano de investimentos para a próxima ditadura.

Ao todo, o primeiro governo da ditadura militar-civil promoveu 700 leis, 11 emendas constitucionais, 312 decretos-leis, 19.259 decretos e a Constituição de 1967 (Brasil, 1967c). Sob um regime de violência política crescente, estavam criadas as bases fundamentais do novo Estado de Segurança Nacional a serem desenvolvidas pelas ditaduras seguintes, desta vez sob o comando dos antiliberais-conservadores e a coadjuvância dos civis da Arena.

DESENVOLVIMENTO DA NOVA ORDEM

Nesse sentido, a composição do gabinete da ditadura de Costa e Silva refletia o novo perfil da aliança: dos 24 ocupantes, dez foram civis. Destes, nenhum havia cursado a ESG e apenas Ivo Arzua – ex-prefeito de Curitiba (PR) pelo Partido Democrata Cristão (PDC) e fundador da Arena no Paraná – chegou a realizar o curso de segurança nacional da ADESG do estado e a lecionar na Escola de Oficiais Especialistas e de Infantaria de Guarda da Aeronáutica (EOEG-M.Aer.). Dos civis restantes, sete eram ligados aos partidos políticos extintos – três da UDN, um do PR, um do PRP e um do PSD. Da antiga UDN, se destaca a figura do banqueiro e ex-governador de Minas Gerais, José de Magalhães Pinto (UDN-Arena/MG), fundador do Banco Nacional de Minas Gerais (1944) e liderança do golpe de 1964, que havia exercido as presidências da Associação Comercial de Minas Gerais (1938-1939), da Federação de Comércio de Minas Gerais (1939) e do Sindicato Nacional dos Exportadores de Ferro e Metais Básicos.

Além disso, os civis juristas do gabinete de Costa e Silva seguiam se destacando na aliança. Exercendo mandatos eletivos desde 1946 (deputado estadual constituinte pelo PSD/RS, deputado federal em 1950, 1954, 1958, 1962 pelo PSD/RS e em 1966 pela Arena/RS), Paulo de Tarso de Morais Dutra (PSD-Arena/RS) assumiu o Ministério da Educação e Cultura. Da burocracia universitária, Luís Antônio da Gama e Silva era conhecido como um "militar à paisana" no comando do Ministério da Justiça. Então reitor da Universidade de São Paulo (USP), Gama e Silva havia participado do integralista Partido Republicano Paulista (PRP), sendo redator-chefe do *Correio Paulistano*, e chegou a sugerir uma redação mais violenta para o AI-2 (Brasil, 1965). Assim como Gama e Silva, Antônio Dias Leite vinha do ramo universitário e lecionava na Faculdade de Economia da Universidade Federal do Rio de Janeiro (UFRJ). Por fim, o economista Antônio Delfim Netto assumiu a direção do Ministério da Fazenda. Indicado por Roberto Campos, Delfim Netto havia exercido os cargos de secretário da Fazenda no governo Jânio Quadros (1955-1958) e do interventor de São Paulo, Laudo Natel, este ex-diretor da Associação Comercial e ex-presidente do Sindicato de Bancos de São Paulo.

Quanto aos militares, enquanto no gabinete de Castelo 81% dos ocupantes das pastas haviam passado pela ESG, esse percentual foi reduzido para 50% no gabinete de Costa e Silva. Destes, os liberais-conservadores brigadeiro Lavenère Wanderley e general Orlando Geisel – ex-subdiretor de ensino da ESG – exerceram a chefia do EMFA. No Ministério do Exército, o general Lira Tavares, então comandante da ESG, assumiu o comando da pasta anteriormente identificada com os antiliberais-conservadores que, por sua vez, assumiram o Ministério da Marinha, a cargo do almirante Augusto Rademaker. No Ministério da Aeronáutica, o marechal-do-ar Márcio de Sousa e Melo, egresso da turma de 1952 do CSG/ESG, manteve o grupo do brigadeiro Eduardo Gomes no comando.

Nas pastas de tradição civil, dos seis ocupantes militares, a metade havia passado pela ESG. No estratégico Ministério da Indústria e Comércio, o general Edmundo de Macedo Soares e Silva – egresso da turma de 1951 do CSG/ESG – foi um ícone da integração entre militares políticos e empresários: tenentista histórico, Soares e Silva foi governador do Rio de Janeiro pelo PDS (1947-1951) e, na reserva desde 1952, exerceu diversos cargos de direção política na indústria, como a vice-presidência da empresa Mercedes-Benz do Brasil

(1961) e da Federação das Indústrias do Estado de São Paulo (Fiesp); quando assumiu o Ministério, exercia a presidência da Confederação Nacional da Indústria (CNI) desde 1964.

Da mesma forma, o general Mário Andreazza, egresso da turma de 1959 do Curso de Estado-Maior e Comando de Forças Armadas (CEMCFA) e da turma de 1963 do CSG/ESG (Brasil, 1999), substituiu Juarez Távora no Ministério dos Transportes (Viação e Obras Públicas). Um dos precursores da "comunidade de informações", Andreazza foi destacado interlocutor dos militares com empresários da Ditadura de Segurança Nacional. Em sua trajetória, Andreazza, em 1961, como adjunto do Conselho de Segurança Nacional (CSN), participou, ao lado dos coronéis Válter Pires e João Batista Figueiredo, sob o comando do coronel Golbery do Couto e Silva, dos trabalhos do Serviço Federal de Informações e Contra-Informações, embrião do futuro Serviço Nacional de Informações (SNI), que funcionava junto à secretaria do CSN; depois que saiu do Ministério, foi para a iniciativa privada (na presidência da CEC Equipamentos Marítimos e Industriais, sediada em Niterói, e na vice-presidência da Companhia de Seguros Atlântica Boavista, em São Paulo), e se tornou um dos principais articuladores da candidatura do general João Figueiredo junto a empresários e autoridades dos governos de que havia participado (Abreu *et al*. [verbete Mario Andreazza], 2010). No Ministério do Interior, estruturado por Cordeiro de Farias, se manteve outro militar com formação na ESG, mas do grupo dos antiliberais-conservadores, o general Albuquerque de Lima.

Quanto aos ocupantes sem passagem pela ESG nas pastas civis, tanto o coronel José Costa Cavalcanti (UDN-Arena-PDS/PE) – nos ministérios Minas e Energia e do Interior – quanto o coronel Jarbas Passarinho (Arena/PA) – no Ministério do Trabalho – já exerciam atividade política, sendo o último ex-interventor ditatorial do Pará (1964-1967).

Por sua vez, no Gabinete Militar, o general Jaime Portela de Melo ostentava um longo currículo de conspirações contra os poderes constitucionais em 1955 e 1959, assim como de adesão ativa nos golpes de 1961 e 1964. Sucedendo o general Ernesto Geisel, Jaime Portela concentrou maiores poderes e transformou o GM em um "superministério", inclusive sendo apontado pela oposição institucional como o "verdadeiro chefe do Executivo", devido aos poderes destinados à estabilidade da Ordem de Segurança Nacional, controlando atribuições e decisões do ditador Costa e Silva.

A chefia do SNI, até então sob o comando dos liberais-conservadores, passou a ser exercida pelo general Emílio Garrastazu Médici. Sem passagem pela ESG, Médici também havia aderido à Revolução de 1930, reprimido a Revolução de 1932 e participado do golpe de 1961. Conspirador no golpe de 1964, quando exercia o comando da Academia Militar das Agulhas Negras (Aman), Médici foi adido militar nos EUA de 1964 a 1966, onde exerceu as funções de delegado brasileiro na Junta Interamericana de Defesa e na

Comissão Mista de Defesa Brasil-Estados Unidos. Na chefia do SNI até março de 1969, Médici foi substituído pelo general Carlos Alberto da Fontoura para assumir o III Exército, em Porto Alegre. Assim como Médici, Fontoura não detinha o perfil político de Couto e Silva, e exerceu papel ativo no golpe de 1964, ocasião em que exercia o posto de coronel no III Exército. Em 1965, foi subchefe de gabinete de Costa e Silva no Ministério do Exército e deixou a chefia do Estado-Maior do III Exército (1967-1969) para assumir o SNI.

Composta dessa maneira, a *segunda aliança militar-civil* avançou no alcance dos "objetivos revolucionários" combinando o binômio segurança-desenvolvimento da doutrina da ESG. Para tanto, a crise de legitimidade do regime de dominação foi enfrentada com o aumento em escala da violência institucional e do terrorismo de Estado contra as oposições institucional, social e armada.

Desde as eleições indiretas de 1966, a dissidência da UDN agrupada por Lacerda foi excluída da aliança e, junto a outros dissidentes, buscava organizar a Frente Ampla com Kubitschek e Goulart, seus antigos desafetos políticos, visando o retorno das eleições diretas para a presidência da república. Além da exclusão da oposição institucional do poder político, a ampla intervenção nos direitos sociais do período nacional-trabalhista promovida desde 1964 – como arrochos salariais, fim da estabilidade e redução do valor real do salário-mínimo – provocavam grandes protestos e greves, apesar da repressão ao movimento sindical.

Da mesma forma, o movimento estudantil promovia diversos protestos pelo país e, com adesão de setores da Igreja Católica, ampliava para a parcela da classe média a organização da resistência política.

Por seu turno, o terrorismo de Estado era denunciado pela oposição e parte da imprensa reportava as denúncias, apesar das restrições institucionalizadas pela ditadura de Castelo. Enquanto o gabinete de Costa e Silva negava a existência do terrorismo de Estado – chamando de "sensacionalismo" –, empresários da imprensa que permaneceram na segunda aliança atuavam para legitimar o regime e a violência política. Destes, o grande destaque foi para Roberto Marinho, proprietário do jornal *O Globo* e fundador da Rede Globo de Rádio e Televisão. Desde 1962, com o caso Time-Life, a empresa recebeu grande capital estrangeiro dos EUA e articulação de Couto e Silva para exercer a hegemonia na expressão psicossocial do poder nacional. Depois do Golpe de 1964, o jornalista Rogério Marinho, irmão de Roberto Marinho e diretor da empresa, se formou na turma de 1965 do CSG/ESG. Em abril de 1965, foi inaugurada a TV Globo que, junto a diversas empresas de imprensa associadas pelo país, exerceu papel fundamental na sustentação da ditadura militar-civil de segurança nacional por meio das práticas colaborativas de falsidade informativa, omissão e seletividade informativa, propaganda antissubversiva e beneficiamento econômico.

É nesse cenário de conflito político crescente que a ditadura de Costa e Silva, seguindo o método de "aproximações sucessivas", aumentou a escalada da violência política. Primeiro, o civil Gama Filho, no Ministério da Justiça, pôs na clandestinidade a Frente Ampla, proibindo toda e qualquer atividade política. No Ministério do Trabalho, o militar Jarbas Passarinho condicionava a posse de diretores sindicais eleitos a um "atestado de ideologia". No seio estudantil, a Universidade Federal de Minas Gerais foi fechada e a Universidade de Brasília, invadida pela polícia militar mediante ampla violência denunciada pela oposição institucional, com destaque para o deputado Márcio Moreira Alves (MDB/SP). A convocação de um boicote nacional às celebrações do aniversário da independência do país devido à violência política foi usada pelo gabinete de Costa e Silva como estopim da decretação do AI-5 (Brasil, 1968a).

Depois da tentativa de cassação do mandato de Moreira Alves, que recebeu ampla resistência da oposição institucional, o ápice da violência política do período foi responsável por um conjunto repressivo contra as oposições com base na Doutrina de Segurança Nacional: cassação de mandatos, suspensão das garantias constitucionais de vitaliciedade, inamovibilidade e estabilidade da magistratura, suspensão do *habeas corpus*, poderes para o Executivo intervir nos estados e municípios, cassar mandatos, suspender direitos políticos por dez anos, confiscar bens adquiridos "ilicitamente" no exercício de função pública, decretar o estado de sítio sem autorização do Congresso, promulgar decretos-leis e atos complementares, demitir ou reformar oficiais das Forças Armadas e das PMs. Na mesma data, 13 de dezembro de 1968, foi publicado o Ato Complementar n. 38 (Brasil, 1968b) e foi novamente decretado o "recesso" do Congresso Nacional, por tempo indeterminado.

Todos esses atos foram assinados pela integralidade do gabinete de Costa e Silva. A partir dessas medidas, o terrorismo de Estado e a violência institucional foram amplificados por todo o país contra a oposição em geral e, inclusive, contra as dissidências da aliança. No Judiciário, três ministros foram compulsoriamente aposentados (Evandro Lins e Silva, Hermes Lima e Vítor Nunes Leal); dos empresários da imprensa, a proprietária do *Correio da Manhã*, Niomar Muniz Sodré Bittencourt, teve seus direitos políticos cassados por dez anos. As assembleias legislativas dos estados da Guanabara, Rio de Janeiro, São Paulo, Pernambuco e Sergipe foram postas em recesso.

Com a ampla violência e desintegração política do regime de dominação, a resistência política pela oposição armada se intensificou. A primeira iniciativa havia ocorrido em março de 1965, com o coronel do Exército Jefferson Cardim de Alencar Osório, que liderou a guerrilha de Três Passos (RS). Em 1966, outro grupo de militares, principalmente sargentos, planejaram a guerrilha na Serra do Caparaó (MG), sendo ambas reprimidas pela ditadura. Com a decretação do AI-5 (Brasil, 1968a), diferentes grupos revolucionários passaram a se organizar em guerrilhas urbanas e rurais, promovendo o enfrentamento armado contra a Ditadura de Segurança Nacional. Por sua vez, a ditadura ampliou as práticas de tortura, desaparecimento forçado, execuções sumárias, prisões ilegais e outras práticas criminais de terrorismo de Estado.

Nesse cenário de grave crise política, a aliança militar-civil passou por uma nova reorganização para se manter no poder político. Com a doença de Costa e Silva e seu afastamento temporário, Pedro Aleixo (UDN/MG) deveria assumir o posto de ditador, conforme a Constituição ditatorial. No entanto, com participação direta de Gama e Silva, o AI-12 (Brasil, 1965) foi decretado para entregar a chefia do Executivo a uma "junta militar", a ser composta pelos ministros da Marinha, da Aeronáutica e do Exército, impedindo que a coadjuvância civil assumisse o protagonismo da aliança.

Logo após a instauração da junta, o sequestro do embaixador dos EUA por grupos da resistência visando a libertação de presos políticos foi usado como justificativa pública para atingir o ápice institucional da violência da ditadura: pelo AI-13, foi criado o dispositivo legal do banimento de quem se tornasse, para a ditadura, "inconveniente, nocivo ou perigoso à segurança nacional" (Brasil, 1969a) e, pelo AI-14, foram decretadas as penas "de morte, de prisão perpétua, de banimento, ou confisco" nos casos de "guerra externa psicológica adversa, ou revolucionária ou subversiva" (Brasil, 1969b).

Essas medidas, consoantes à teoria de guerra revolucionária da Doutrina de Segurança Nacional da ESG, se somariam à edição de uma nova LSN, Decreto-Lei n. 898 (Brasil,1969c). Nesta, a pena de morte passaria por apreciação do chefe do Executivo por 30 dias e, caso este não a convertesse em prisão perpétua, seria aplicada mediante o fuzilamento. Conforme o artigo 14 desse decreto, a efetivação da pena de morte seria aplicada nos termos do Código Penal Militar. Este, por sua vez, foi editado ainda em 1969, prevendo o fuzilamento em seu art. 14 e até hoje em vigor (Decreto-Lei 1.001, de 21 de outubro de 1969) (Brasil, 1969). A nova LSN também atingiu diretamente a imprensa, prevendo maiores penalidades e submissão ao Judiciário militar, possibilitando intervenções nas empresas de imprensa, radiofusão e televisão.

Além do aumento dos instrumentos de violência política e terrorismo de Estado, o período de 1964 a 1969 foi marcado pela expansão do controle político do Exército sobre as instituições da violência de Estado em todo território nacional. Como vimos, a primeira Ditadura de Segurança Nacional deu passos concretos para a federalização das polícias estaduais e, no pacto de 1946, as PMs se tornaram forças auxiliares do Exército. Nesta condição, em 1966, a ditadura de Castelo Branco transformou os cargos de comandante, oficial de Estado-Maior e instrutor de Polícia Militar (estaduais ou federais) em funções militares e, com isso, sujeitas ao Estatuto Militar. Ainda, o cargo de comandante de PMs passou a ser equivalente ao cargo de comandante de Tropas do Exército, Decreto Federal n. 57.775 (Brasil, 1966b) e Decreto-lei Federal n. 11 (Brasil, 1966c).

Tais medidas foram incorporadas na ampla reorganização das PMs e do corpo de bombeiros estaduais, dos territórios e do Distrito Federal, promovida em março 1967 e complementada por atos da ditadura de Costa e Silva, Decreto-lei Federal n. 317 (Brasil, 1967c) e Decreto-lei n. 667 (Brasil, 1969d). Com o Decreto-lei Federal n. 1.406 (Brasil, 1975), a militarização foi estendida ao corpo de bombeiros, restando o cargo de comandante também com natureza militar e procedimento de nomeação equivalente (Guerra, 2016). Da reorganização das polícias, se destacam as medidas diretamente relacionadas aos *controles subjetivo e objetivo* dessas instituições pelo Exército, nos termos da Doutrina de Segurança Nacional:

- inspetoria Geral da Polícia Militar (IGPM): foi criado um aparelho de Estado ligado ao Ministério do Exército e comandado por um general-de-brigada responsável por fiscalizar, coordenar, instruir e normatizar todas as PMs estaduais;
- a dupla subordinação: nomeado pelo chefe do Executivo estadual, o cargo de comandante das PMs passou a ser privativo de oficiais da ativa e, excepcionalmente, podendo ser exercido por generais autorizados pelo Exército, enquanto o cargo de secretário de Segurança Pública passaria a depender da anuência do general-de-brigada da IGPM. Essa estrutura instituiu uma dupla cadeia de comando: o Exército centraliza todos comandantes e se-

cretários, concorrendo ao comando limitado de cada chefe do Executivo estadual;
- atividades políticas: foi institucionalizada a extinção da Associação dos Cabos e Soldados das PMs, ocorrida inicialmente em 1965, assim como a proibição de sindicalização dessas baixas patentes, Decreto Federal n. 57.131 (Brasil, 1965); Decreto-lei n. 317 (Brasil, 1967c);
- manutenção da ordem pública e da segurança interna: com essas atribuições, desde a Constituição de 1946, as PMs passaram a ter a competência exclusiva do policiamento ostensivo, tanto de maneira preventiva quanto repressiva, esta precedendo eventual emprego das Forças Armadas. Ainda, de atuarem como força auxiliar em caso de "guerra externa" ou para reprimir "grave subversão da ordem ou ameaça de sua irrupção".[2] Essa medida, controversa já naquela época, fomentou conflitos com outras instituições estaduais, como as Forças Públicas e Guardas Civis, estas extintas e incorporados às Polícias Militares pelo Decreto Federal n. 1.072 (Brasil, 1969e) (Guerra, 2016, p. 18-19);
- Judiciário Militar: todas as instituições militares estaduais passaram a estar sujeitas ao Código Penal Militar, ao Código de Processo Penal Militar e à Justiça Militar.

Nas Forças Armadas, o controle da politização dos militares foi promovido pela reforma do próprio Estatuto dos Militares. Depois da extinção dos partidos de 1946 e da implementação do bipartidarismo, a ditadura de Castelo Branco aprovou a Lei da Inatividade, Lei n. 4.902 (Brasil, 1965), para regular o afastamento temporário ou definitivo do militar do serviço ativo de sua respectiva Força. A primeira figura é do militar "agregado", que obteria licença para, dentre outras possibilidades, exercer "atividade técnica de sua especialidade em organizações civis", "tratar de interesse particular", "aceitar investidura de cargo civil de nomeação temporária" e "se candidatar a cargo eletivo" até que perdurasse "o motivo que determinou sua agregação". Dessa forma, os militares políticos deixavam o serviço ativo enquanto estivessem ocupando cargos políticos. Menos sujeita às interferências do poder civil, a politização dos militares passaria a ser centralizada pela organização militar, pois o militar político seguiria na ativa e subordinado à hierarquia da organização, assim como seu comportamento na política seguiria passível de efeitos no prosseguimento da carreira militar, caso regressasse ao serviço.

Outros dois mecanismos foram criados para afastar dissidências minoritárias e aumentar a coesão ideológica da organização. Primeiro, a junta militar, com a edição do AI-17 (Brasil, 1969f), em outubro de 1969, deu poderes ao ditador para transferir temporariamente para a reserva os militares que atentassem "contra a coesão das Forças Armadas" por motivações de natureza "conjuntural ou objetivos políticos de ordem pessoal ou de grupo" e, com isso, se dissociassem "dos princípios basilares e das finalidades precípuas de sua destinação constitucional". A segunda – promovida na reforma de 1965 e outras modificações na carreira, Lei n. 5.058 (Brasil, 1966b), Decretos-leis n. 1.029 (Brasil, 1969g) e n. 1.078 (Brasil, 1970) – limitou a dois anos a permanência em cada posto e criou uma cota compulsória a ser colocada para a reserva, "destinada à renovação, ao equilíbrio e à regularidade de acesso nos diferentes Corpos, Quadros ou Armas". Posteriormente, essas mudanças principais foram incorporadas ao novo Estatuto dos Militares, de 1971, decretado pela ditadura Médici com a Lei n. 5.774 (Brasil, 1971).

Para Ferreira (2019, p. 1372), as reformas promovidas entre 1964 e 1969 efetivaram "a morte do Partido Fardado", isto é, promoveram o definitivo controle dos militares políticos pela corporação militar para que "não mais houvesse totens, apenas chefes hierárquicos". A partir disso, seria improvável, ainda que sempre possível, o surgimento de lideranças político-militares como Juarez Távora, Eduardo Gomes, Estillac Leal e Henrique Lott, por exemplo, pois lhes faltaria tempo hábil. A política seria exercida não mais por uma fração de militares políticos (o partido), mas pela própria hierarquia da burocracia militar, pois a organização militar é quem passaria a desempenhar a "tarefa de compreender os problemas do Estado brasileiro" e a propor "soluções compatíveis com a grandeza, a austeridade e o progresso" (Ferreira, 2019, p. 1519). Outra consequência decisiva foi o estreitamento ideológico entre os liberais-conservadores e os antiliberais-conservadores, os dois grandes grupos políticos remanescentes, abrindo caminho para o processo de integração ideológica que culminaria na fusão de ambos.

Tal reorganização militar garantiu autonomia da corporação para aplicar a "política do Exército" na direção política da sociedade nacional, orientada de forma coesa pela Doutrina de Segurança Nacional. Em contrapartida, desde julho de 1969, estava sendo elaborada uma "reforma constitucional" por uma "Comissão de Alto Nível" presidida por Costa e Silva, na qual faziam parte civis-juristas como Gama e Silva, Miguel Reale e Hélio Beltrão. Com o afastamento definitivo de Costa e Silva, foi publicado um novo ato ditatorial, o AI-16 (Brasil, 1969h), marcando nova eleição indireta para escolha do próximo ditador – a ser "eleito" pelo Congresso, então fechado –, e o resultado da "reforma constitucional": uma Emenda à Constituição (EC) que representou uma nova carta ditatorial. Nessa nova carta, o binômio segurança e desenvolvimento foi incorporado como objetivo do Poder Executivo, sendo competência da União Federal "planejar e garantir a segurança nacional", além de "organizar as Forças Armadas", EC n. 1, (Brasil, 1969i). Dessa maneira, como destacam Mathias e Guzzi (2010, p. 49), a doutrina da ESG passou a ser a grande diretriz para o desenvolvimento nacional sob a direção das Forças Armadas, as "guardiãs e tradutoras de uma nacionalidade ameaçada, segundo sua visão".

Uma vez reformulada completamente a estrutura do poder político do país, uma *terceira aliança militar-*

-*civil* se acomoda. Pela primeira vez, a chapa indiretamente eleita foi "puro sangue": na chefia do Executivo, assumiu o general Emílio Garrastazu Médici, então chefe do SNI, e a "vice-ditatoria" foi encarregada a outro militar, o almirante Rademaker, então membro da junta na condição de ministro da Marinha. Aos civis da aliança, desta vez caberia o papel mais explícito "de cobertura ou aplicação", papel que, nas palavras do civil-jurista Afonso Arinos de Melo Franco, era exercido pelas Forças Armadas antes de 1964.

Nesse sentido, a nova formação se refletiu no gabinete de Médici. Apesar da direção política estar nas mãos dos antiliberais-conservadores, praticamente todos os ocupantes das pastas militares haviam passado pela ESG. O general Orlando Geisel, então chefe do EMFA, assumiu o Ministério do Exército. Já o EMFA foi do almirante Murillo Vasco do Valle e Silva, egresso da turma de 1960 do CSG/ESG. Dois anos depois, um dos fundadores da ESG, o general Idálio Sardenberg, assumiu o posto. Egresso das turmas de 1950 do CSG/ESG e de 1953 do CEMCFA/ESG, Sardenberg havia presidido a Petrobras no governo Kubitschek e a Comissão Brasil-Estados Unidos. Sardenberg, um dos "revolucionários" da Aliança Liberal de 1930 e deputado constituinte em 1934 pelo PDS/DF, foi o redator dos "princípios fundamentais da Escola Superior de Guerra", quando, no posto de tenente-coronel, exerceu a relatoria da Comissão do EMFA criada em 1949 e presidida por Cordeiro de Farias para organizar a ESG (Abreu *et al.* [verbete Idálio Sardenberg], 2010).

Foi substituído pelo general Arthur Duarte Candal da Fonseca, outro ex-presidente da Petrobras (1967-1969) e egresso da turma de 1962 do CSG/ESG. No Ministério da Aeronáutica, o marechal-do-ar Sousa e Melo foi mantido no cargo até 1971, quando deu lugar ao brigadeiro Joelmir Campos de Araripe Macedo – egresso da turma de 1957 do CSG/ESG.

No Gabinete Militar, ascendia a nova liderança dos liberais-conservadores – o general João Batista de Oliveira Figueiredo. Egresso da turma de 1960 do CEMCFA/ESG, Figueiredo era ligado aos generais Bizarria Mamede e Couto e Silva, com quem havia trabalhado de 1960 até a conspiração de 1964. Após o golpe, chefiou a agência do SNI no Rio de Janeiro, subordinada a Couto e Silva, e assumiu o comando da Força Pública de São Paulo durante a intervenção ditatorial de 1967 no estado. Depois de comandar o III Exército em Porto Alegre (RS), Figueiredo passou a ser o responsável pelo GM – o "Estado-Maior" do Executivo –, visando a estabilidade da Ordem de Segurança Nacional.

Apenas dois ocupantes de pastas militares não tinham passagem pela ESG. Destas, a mais importante foi a chefia do SNI, na qual foi mantido o general Carlos Alberto da Fontoura. Responsável pelo período de maior terrorismo de Estado, Fontoura é apontado como um dos principais autores das graves violações de direitos humanos ocorridas durante sua gestão. No Ministério da Marinha, o almirante Adalberto de Barros Nunes havia chefiado o Serviço de Informações da Marinha (1956-1957) e exercido o posto de comandante-em-chefe desta força durante a Rebelião dos Marinheiros (1964), liderada pelo cabo Anselmo, agente infiltrado do serviço de informações da Marinha. Depois do Ministério, passou a trabalhar na iniciativa privada, sendo presidente da Associação Brasileira de Emissoras de Rádio e Televisão (Abert) e diretor da Sondotécnica Engenharia de Solos. Nos ministérios civis, para além de Andreazza, ligado à ESG e mantido no Ministério dos Transporte, não se identificou vínculos dos demais militares com a ESG. Cavalcanti foi mantido no Ministério do Interior e Passarinho, senador da Arena/PA e ministro do Trabalho de Costa e Silva, foi deslocado para o Ministério da Educação e Cultura. Ainda se destaca a presença do coronel Higino Corsetti no Ministério das Comunicações, com larga formação e experiência na área: implementou os sistemas de discagem direta a distância (DDD) e de transmissão das imagens de televisão em cores no país, a estruturação da Empresa Brasileira de Correios e Telégrafos (EBCT) e, em novembro de 1972, a criação das Telecomunicações Brasileiras S.A. (Telebras). Depois do Ministério, desempenhou cargos de direção em empresas, com destaque para a Guias Telefônicas do Brasil Ltda (1984-1985).

Por sua vez, dos 26 ocupantes do gabinete de Médici, 13 foram civis. E destes, apenas três tinham passagem pela ESG. No Ministério do Trabalho, o civil jurista Júlio Barata era egresso da turma de 1965 do CSG/ESG (Brasil, 1999). Além de ex-presidente da Associação dos Magistrados do Brasil (AMB) no biênio 1965-1966,

Barata ocupava o cargo de ministro togado do Tribunal Superior do Trabalho (TST), corte que presidiu em 1960, sendo ainda corregedor-geral da Justiça do Trabalho em 1964. Antes disso, na primeira Ditadura de Segurança Nacional, havia dirigido o Departamento de Radiodifusão (1940-1942) do Departamento de Imprensa e Propaganda (DIP) e ocupado a direção-geral do órgão sucessor do Departamento Nacional de Informações (DIP) (1946-1951). Já o civil-diplomata Mário Gibson Barbosa – egresso da turma de 1951 do CSG/ESG – esteve à frente do Ministério das Relações Exteriores. O Ministério da Saúde coube ao civil-médico Francisco de Paula Rocha Lagoa. Egresso da turma de 1963 do CSG/ESG e interventor ditatorial do Instituto Oswaldo Cruz (atual fundação), foi responsável no Ministério Rocha Lagoa pelo processo de perseguição política a cientistas, conhecido como Massacre de Manguinhos.

Quanto aos demais ocupantes do gabinete de Médici, a maioria estava ligada a partidos políticos ou organizações civis. Na Agricultura, assumiu Luís Fernando Cirne Lima, civil-fazendeiro e, à época, presidente da Federação de Agricultura do Rio Grande do Sul (Farsul). Ministro da Indústria e Comércio, Fábio Yassuda havia integrado a diretoria da Confederação Nacional da Agricultura (1963-1968), mas foi substituído pelo economista Marcus Vinicius Pratini de Morais, ex-chefe de gabinete do ministro Daniel Faraco (1964-1967). Yassuda ficou menos de seis meses no cargo, mas foi incluído na contagem do gabinete por sua vinculação com a CNA (Abreu *et al*. [verbete Fabio Yassuda], 2010). Dos partidos, o civil-jurista Leitão de Abreu (indicado para o STF por Geisel), que assumiu o Gabinete Civil, havia ocupado o mesmo cargo, em âmbito estadual (1963-1966), no governo Ildo Meneghetti (PDS/RS). No Ministério da Agricultura, o civil-jurista José Francisco de Moura Cavalcanti (PSD-Arena/PE) era ligado ao general Cordeiro de Farias, sendo o primeiro presidente do Incra (1970), além de Delfim Netto, que foi mantido à frente do Ministério da Fazenda.

No Ministério da Justiça, que havia assumido maiores funções na violência política, se destacou o civil-jurista Alfredo Buzaid, advindo da burocracia universitária. Formado na Faculdade de Direito da Universidade de São Paulo e ex-integrante da Ação Integralista Brasileira, Buzaid foi fundador do Instituto Brasileiro de Direito Processual Civil (1958) e da *Revista de Direito Processual Civil* (1960), assim como diretor da Faculdade de Direito da USP. Como ministro, foi um "defensor ferrenho" dos Atos Institucionais, em especial do AI-5, chegando a afirmar que "as eleições indiretas são tão democráticas quanto quaisquer outras" e que, uma vez a "revolução" tendo atingido seus objetivos, se institucionalizaria "de modo que todas as normas que criou se tornam permanentes". Buzaid ainda foi nomeado como ministro do STF, em 1982, se aposentando em 1984. Outro civil do ramo universitário foi Antônio Dias Leite, professor de Economia da UFRJ e fundador da Aracruz Celulose, que dirigiu o Ministério de Minas e Energia (Abreu *et al.* [verbete Dias Leite], 2010).

Conformada nesses termos, a ditadura de Médici foi marcada pelo ápice do terrorismo de Estado. A oposição armada, formada pelos grupos guerrilheiros e rotulada pelo regime de "terrorista", foi alvo permanente de prisões arbitrárias, execuções sumárias, torturas e desaparecimentos forçados. Com ampla legitimação dos empresários da imprensa, a eliminação física e política dos militantes desses grupos contou com "operações especiais" que buscavam "unir esforços" das instituições estatais de violência federais e estaduais, civis e militares, com o necessário "apoio" dos empresários. No seio urbano, o caso mais expressivo foi a Operação Bandeirantes (Oban), uma organização criada em 1969 paralela à estrutura de segurança vigente e incorporada ao sistema repressivo do II Exército em 1970, que contou com amplo financiamento do empresariado nacional e estrangeiro, além do apoio de lideranças políticas como Delfim Netto, Hely Lopes Meirelles, Abreu Sodré e Paulo Maluf.

Segundo a Comissão Nacional da Verdade (Brasil, 2014), os principais financiadores foram o Banco Bradesco e o Banco Mercantil de São Paulo, as multinacionais Ultra, Ford, General Motors, Nestlé, General Eletric, Mercedes Benz, Siemens e Light, a Federação das Indústrias do Estado de São Paulo (Fiesp), a empreiteira Camargo Corrêa, a transportadora Viação Itapemirim e o Grupo Folha. No campo, as operações de terrorismo de Estado contra a guerrilha do Araguaia ocorreram de 1972 a 1975, resultando no desaparecimento forçado da maioria dos integrantes da organização armada. Ao todo, foram identificadas pela CNV as seguintes operações: construção do Batalhão de Infantaria de Selva em Marabá (janeiro de 1970); classificação de Marabá como Área de Segurança Nacional (outubro de 1970); Operação Carajás (1970); Operação Mesopotâmia (1971); descoberta dos guerrilheiros no Araguaia (1972); Operação de Informações e Primeira Campanha (abril a junho de 1972); Operação Papagaio (setembro de 1972); Operação Sucuri (maio a outubro de 1973); e Operação Marajoara (outubro de 1973 a 1974) (Brasil, 2014e, p. 696).

A ditadura de Médici ainda promoveu alterações nas instituições da violência de Estado. Em 1970, a decretação do Regulamento para as Polícias Militares e Corpos de Bombeiros Militares (R-200) ampliou a incorporação das polícias à Doutrina de Segurança Nacional, Decreto n. 66.862 (Brasil, 1970b). As mudanças estreitaram os laços dessas instituições com o Exército, cabendo às mesmas atividades de "defesa interna": a repressão e a prevenção de atividades de "perturbações da ordem" que, em razão de sua "natureza, origem, amplitude e potencial", pudessem comprometer, nos estados, "o exercício dos poderes constituídos, o cumprimento das leis e a manutenção da ordem pública, ameaçando a população e propriedades públicas e privadas" (Brasil, 1970b). O mesmo regulamento também passou a definir como "grave perturbação ou subversiva da ordem" atividades de "agitações", crimes contra a propriedade e "terrorismo e ações de bandos armados nas guerrilhas rurais e urbanas". Como frisa Maria Guerra (2016), definitivamente "crimes comuns" e "crimes políticos" passavam a fazer parte da mesma doutrina de segurança pública com a incorporação da Doutrina de Segurança Nacional. Além disso, definiu que as PMs "integrarão o serviço de informações e contrainformação do Exército", assim como seu comando operacional estaria subordinado ao "Grande Comando Militar que tenha jurisdição sobre a área em que estejam localizadas" (Brasil, 1970b).

No plano institucional, a violência política seguia com os mecanismos de controle político dos cargos eletivos para os poderes Executivo e Legislativo, que combinavam eleições indiretas para a presidência e governos estaduais com eleições diretas para municípios e Legislativo federal. Nas indiretas, intervenções e cassações garantiam resultados favoráveis e, com participação dos generais Fontoura (SNI) e Figueiredo (GM) e do civil Leitão de Abreu, eram escolhidos "homens de confiança do sistema revolucionário", de perfil "apolítico" e "técnico", para as sucessões. Desta forma, Médici "elegeu" os sucessores de 21 dos 22 governos estaduais. Nas eleições diretas de outubro de 1970 para o Legislativo Federal e para 963 municípios, os candidatos passaram por um "processo seletivo", realizado pelo SNI, antes de serem homologados. Nos municípios, o resultado foi uma ampla vitória da Arena, tendo o MDB conquistado vitórias apenas nas grandes cidades. Para a Câmara Federal, foram eleitos 223 deputados da Arena e apenas 87 do MDB e, no Senado, 41 senadores da Arena e apenas cinco do MDB.

O mecanismo de legitimação eleitoral da ditadura se valia de ampla censura à imprensa, mesmo das empresas aliadas, e uma campanha permanente de propaganda governamental. Foi na ditadura de Médici que a Assessoria Especial de Relações Públicas da Presidência da República (Aerp), Decreto n. 62.119 (Brasil, 1968c), promoveu intensas ações psicológicas de propaganda do governo e do "clima de tranquilidade", com a adesão dos principais empresários de imprensa engajados na Doutrina de Segurança Nacional. Aliada aos mecanismos de violência política às oposições institucional e social, a ditadura colheu novos resultados eleitorais favoráveis nas eleições municipais de 1972: 80% das prefeituras e 85% das cadeiras nas câmaras municipais foram da Arena.

Por fim, no campo do desenvolvimento econômico, a gestão de Delfim Netto durante as ditaduras dirigidas pelos antiliberais-conservadores (1967-1974) foi marcada pelo controle de inflação, modernização e crescimento da economia (9% em 1969; 9,5% em 1970; 11,3% em 1971; 10,4% em 1972 e 11,4% em 1973), que promoveram a "virada urbana do país". No entanto, o "milagre econômico" das operações psicossociais resultou na triplicação da dívida pública (de 3,281 milhões de dólares em 1967 para 9,521 milhões de dólares em 1972), no controle de áreas estratégicas por multinacionais e num grande impulso da financeirização da economia. Além da dependência econômica que comprometeu a soberania nacional do país, a política econômica do período manipulou dados inflacionários e promoveu o arrocho salarial, a redução do valor real do salário-mínimo, a diminuição de 1/6 para 1/7 da participação dos pobres na riqueza e significativo aumento das desigualdades sociais, sintetizado pela célebre frase do ditador Médici de que "a economia vai bem, mas o povo vai mal". A ampliação da exploração do trabalho pelo capital foi acompanhada de reformas para o controle dessa desigualdade, como a criação do Instituto Nacional de Colonização e Reforma Agrária (Incra), do Plano de Integração Social (PIS), do Movimento Brasileiro de Alfabetização (Mobral), do Estatuto do Índio e de programas setoriais. São exemplos o Programa de Redistribuição de Terras e de Estímulo à Agroindústria do Norte e Nordeste (Proterra), Plano de Desenvolvimento da Região Centro-Oeste (Prodoeste), Programa Especial para o Vale de São Francisco (Provale), Programa Nacional de Telecomunicações (Prontel), Plano Nacional de Habitação Popular (Planhap).

A sucessão da ditadura foi definida em setembro de 1973, sem as intensas disputas internas das sucessões anteriores. Em nova eleição indireta pelo Congresso, o general Ernesto Geisel – expoente dos liberais-conservadores ligados à ESG e presidente da Petrobras (1969-1973) – foi "eleito" ditador da república com 400 votos. A vice-ditatoria coube a outro militar, general Adalberto Pereira dos Santos, presidente do STM.

Apesar da formalidade do ato, inclusive com a proibição de campanha eleitoral na televisão, a oposição institucional do MDB inscreveu a "anticandidatura" do deputado federal Ulisses Guimarães (MDB/SP), tendo como candidato a vice o jornalista Barbosa Lima Sobrinho, ambos destinatários de 76 votos de protesto.

Dez anos depois do golpe de 1964, que produziu ampla reorganização nacional, uma *quarta acomodação da aliança militar-civil* daria início a um novo ciclo de dominação política pela Ordem de Segurança Nacional. Uma vez neutralizado o nacional-trabalhismo, promovida a coesão ideológica e organizacional das Forças Armadas, centralizado o controle subjetivo e objetivo das polícias, eliminadas as lideranças e organizações revolucionárias, reformado e depurado ideologicamente o Estado nacional, consolidado o sistema de comunicações e alavancado o modelo de desenvolvimento econômico dependente e associado, era chegado o momento da desmobilização nacional pelo processo "lento, gradual e seguro" de abertura política.

DESMOBILIZAÇÃO NACIONAL

O gabinete da ditadura de Ernesto Geisel refletia a nova conjuntura política na disputa pelo poder na sociedade nacional. No âmbito militar, a maioria seguia com vinculações com a ESG, mas refletindo as tensões do processo de coesão ideológica entre liberais-conservadores e antiliberais-conservadores durante a fase de "desmobilização nacional" da doutrina da ESG: do "estado de guerra" para o retorno à "normalidade" com "salvaguardas". Nos termos de Dreifuss e Dulci (2008, p. 178), era necessário adequar os papeis e funções das Forças Armadas num sistema político pluralista, predominantemente civil, em que seu desengajamento da direção política lhe devolvesse às funções "consideradas legítimas, velhas e novas". Isso sem perder o controle político preventivo a uma nova situação de "guerra revolucionária".

Um bom exemplo ocorreu no Ministério do Exército, com o general Sílvio Couto Coelho da Frota. Nomeado em maio de 1974, Frota foi conhecido por suas posições próximas aos antiliberais-conservadores na defesa da continuidade da ditadura e de seus métodos de violência política, mas era egresso da turma de 1956 do CEMCFA e da turma de 1960 do CSG da ESG, além de ter integrado o corpo permanente da ESG e chefiado o gabinete do ministro do Exército, general Aurélio de Lira Tavares, quando participou da criação do Centro de Informações do Exército (Ciex). Sua queda no Ministério, em 1977, foi o desfecho da última grande fricção do processo de coesão ideológica nas Forças Armadas promovido pela reorganização de segurança nacional. Em seu lugar, assumiu o general Fernando Belfort Bethlem, egresso da turma de 1969 do CSG/ESG.

No Ministério da Aeronáutica, o brigadeiro Joelmir Campos de Araripe Macedo era egresso da turma de

1957 do CSG/ESG. Durante a intervenção ditatorial em São Paulo, comandou a Força Pública do estado (1967); seu irmão, Zilmar Campos de Araripe Macedo, foi ministro da Marinha entre 1965 e 1967; de 1945 a 1950, foi diretor-técnico da Fábrica Nacional de Motores (FNM) e, de 1951 a 1955, diretor-presidente; membro do Conselho Nacional do Petróleo (CNP), de 1951 a 1956; criador da Infraero (1972) (Brasil, 1999; Abreu *et al*. [verbete Araripe Macedo], 2010). E, na Marinha, o almirante Geraldo Azevedo Henning era egresso da turma de 1968 do CSG/ESG. Já no EMFA, o comando foi confiado ao general Souza Mello, idealizador do projeto do SNI na ESG em 1959 e comandante do II Exército em São Paulo a partir de 1971, durante o ápice do terrorismo de Estado. Devido ao seu falecimento, a chefia do EMFA coube, no primeiro biênio, ao general Antônio Jorge Corrêa, egresso da turma de 1954 do CEMCFA/ESG e da turma de 1956 do CSG/ESG e, a partir de outubro de 1977, ao general Tácito Teófilo Gaspar de Oliveira, egresso da turma de 1966 do CSG/ESG.

Da mesma forma, o Gabinete Militar foi entregue ao general Hugo de Andrade Abreu, egresso da turma de 1962 do CEMCFA/ESG e ex-comandante da Operação Marajoara contra a Guerrilha do Araguaia, que resultou em pelo menos 49 pessoas vítimas de desaparecimento forçado. Abreu ocupou o posto até janeiro de 1978, quando foi substituído pelo general Gustavo Moraes Rego Reis, egresso da turma de 1968 do CEMCFA/ESG.

No outro cargo "militar" direcionado ao público civil, Figueiredo foi promovido ao SNI, retornando a direção do órgão estratégico às mãos dos militares liberais-conservadores. Com sua saída para "concorrer" à presidência em 1978, o SNI foi assumido pelo general Octávio Aguiar Medeiros. Sem passagem pela ESG, Medeiros havia recebido a formação sobre a teoria de guerra revolucionária no EME, em 1962, onde desempenhava o papel de instrutor durante o golpe de 1964. Na ditadura de Castelo Branco, serviu como adjunto do SFICI e participou da fundação do SNI, sendo adjunto do órgão até 1968. Na ditadura de Médici, era secretário de Figueiredo na chefia do GM e, depois de ser adido militar das Forças Armadas junto à Embaixada do Brasil em Israel (1973), assumiu como diretor da Escola Nacional de Informação (EsNI). É o 29º da lista de autores das graves violações de direitos humanos ocorridas no período. Outro militar sem passagem pela ESG foi o general Moacir Barcelos Potiguara, na chefia do EMFA (agosto de 1976 a outubro de 1977).

Nas pastas civis, a maioria dos militares era afastada da ESG. O Ministério das Comunicações seguiu com os militares no comando, desta vez ocupado pelo capitão da Marinha Euclides Quandt de Oliveira. Este, no período entre 1980 a 1983, foi diretor da TeleBrasil, e, de 1983 a 1986, seu presidente. Também atuou como consultor da QDP Consultoria e Participações – Rádio Del Rei, em Belo Horizonte, e Splice do Brasil; e trabalhou para a Rádio e Televisão Bandeirantes e a

Editora de Catálogos Telefônicos do Brasil (Abreu *et al.* [verbete Euclides Quandt de Oliveira], 2010).

O general Dirceu Araújo Nogueira assumiu o Ministério dos Transportes e, no Ministério da Saúde, o tenente-médico Paulo de Almeida Machado foi o ministro negacionista da epidemia de meningite.

Ainda, a Educação e a Cultura seguiram militarizadas com o comando do major Ney Braga (PDC-Arena/PR), até maio 1978, quando este foi substituído por seu secretário-geral, o "civil-militar" Euro Brandão. A única exceção foi no Gabinete Civil, destinado ao general Couto e Silva para promover o processo de desmobilização nacional.

Quanto aos civis, o gabinete de Geisel atingiu o menor nível de todos os gabinetes ditatoriais. O único civil com passagem pela ESG foi o Ministro da Indústria e Comércio, o jurista Severo Fagundes Gomes (egresso da turma de 1965 do CSG da ESG), ex-diretor da Federação de Agricultura de São Paulo que se tornou um crítico da política econômica do governo, filiando-se ao MDB em 1979. Dos restantes, o grande destaque coube ao ministro da Justiça, o jurista Armando Ribeiro Falcão. Com passagens pelos governos de Dutra e Kubitschek, Falcão cumpriu o papel de propagar o *negacionismo do terrorismo de Estado*, divulgando versões oficiais falsas sobre desaparecidos políticos.

Na economia, o Ministério da Fazenda coube ao banqueiro Mário Henrique Simonsen. Ligado a Roberto Campos, Simonsen havia exercido cargos de cúpula em empresas durante a operação Oban e, em sua gestão, reduziu em 25% o valor real do salário pago aos trabalhadores na indústria.

Da mesma forma, o Ministério do Planejamento coube a outro civil economista ligado a Campos, João Paulo dos Reis Veloso, e o Ministério da Indústria e Comércio foi entregue ao banqueiro Ângelo Calmon de Sá, então diretor da Federação Nacional de Bancos, depois da saída de Severo Gomes. Por fim, no Ministério das Relações Exteriores, o diplomata Antônio Francisco Azeredo da Silveira deu início à retomada da linha diplomática do "pragmatismo responsável", sem a submissão dos governos anteriores às "fronteiras ideológicas" do alinhamento colonial aos EUA. Além disso, no Ministério da Agricultura esteve o civil-agrônomo Alysson Paulinelli, ligado a Rondon Pacheco, da UDN-Arena/MG e diretor da Escola Superior de Agricultura da USP (1967-1971). No Ministério do Interior, assumiu o civil-engenheiro Maurício Rangel Reis, assessor da Associação Brasileira de Crédito e Assistência Rural (ABCAR); no Ministério da Previdência e Assistência Social, o civil-jurista Luís Gonzaga do Nascimento e Silva, ligado a Roberto Campos; no Ministério Trabalho, o civil-engenheiro Arnaldo da Costa Prieto, responsável por fomentar o caráter assistencialista dos sindicatos e seguir com medidas repressivas ao movimento sindical; no Ministério de Minas e Energia, o civil-jurista Shigeaki Ueki, vice-presidente da Bekol e da Cevekol Indústria e Comércio (1967-1968), assumindo a presidência da Petrobras depois do Ministério (1979-1984).

Configurada dessa maneira, a ditadura de Geisel deu prosseguimento ao binômio segurança-desenvolvimento da doutrina da ESG adaptada à nova conjuntura interna de dominação política e não interrompeu as ações de terrorismo de Estado. A manutenção dos atos ditatoriais de violência política – incluindo-se a pena de morte por fuzilamento – serviam de "poder dissuasório" contra a oposição institucional e social. A maioria do comitê central do PCB foi vítima do desaparecimento forçado ou de execuções, assim como militantes de outras organizações de oposição, jornalistas, familiares, sindicalistas, militares e outras vítimas que tinham sua morte noticiada pelo Estado como "suicídios", "acidentes" ou decorrentes de resistência à prisão.

No plano institucional, a administração do simulacro eleitoral permaneceu produzindo o verniz "democrático" para a manutenção da aliança militar-civil no poder político. Nas eleições indiretas estaduais de 1974, todos os governadores eleitos foram da Arena. Em plena vigência dos Atos Institucionais e Complementares, nas eleições diretas para o Legislativo Estadual e Federal foi permitida a campanha eleitoral, inclusive na televisão, fator que permitiu a canalização da oposição crescente da sociedade no resultado das urnas: vitória da oposição, sendo a mais expressiva no Senado (1/3), com 16 cadeiras do MDB e apenas seis da Arena. Nas eleições diretas municipais de 1976, o MDB também saiu vitorioso na maioria dos centros urbanos, enquanto a Arena apenas se mantinha à frente de cidades pequenas e no interior. A mobilização por anistia política ampla, geral e irrestrita promovida por familiares das vítimas do terrorismo de Estado, sobreviventes e organizações da sociedade civil que haviam apoiado o golpe de 1964 (como OAB, ABI e CNBB), combinada com a reorganização progressiva dos sindicatos, que culminou na greve de 1978 e no surgimento da liderança de Luís Inácio Lula da Silva e das organizações de base, pressionavam a ditadura pelo regresso pleno da soberania popular.

Nesse cenário, novas manobras foram tomadas pela ditadura de Geisel para controlar a oposição. Além da censura vigente, assim como de cassações e intervenções com base no AI-5 (Brasil, 1968a), uma reforma na legislação eleitoral promovida pelo civil Armando Falcão instituiu diversas restrições às propagandas eleitorais (Lei n. 6.339, Brasil, 1976). Da mesma forma, na "preparação" das eleições de 1978 foi lançado o Pacote de Abril: prorrogação do mandato presidencial para seis anos, votação indireta de 1/3 dos senadores (senadores biônicos), aumento da bancada dos estados "Arenistas", maioria simples para emendas constitucionais e incorporação da Lei Falcão (Brasil, 1976) às eleições gerais.

Essas medidas foram decretadas durante o recesso forçado do Congresso, que havia derrotado uma *reforma do Judiciário* buscada pela ditadura de Geisel desde 1974. A reforma visava reorganizar o Judiciário para que exercesse o papel de estabilizador da abertura política, mas nos marcos da Doutrina de Segurança Nacional. Aprovada por decreto com base no AI-5 (Brasil, 1968a), a reforma contou com a liderança do então presidente do STF, Eloy Rocha, e resultou na centralização do sistema judiciário no STF, cabendo a este o papel coadjuvante no controle político da abertura. Aqui se criavam as condições estruturais para que o Judiciário civil, e não mais a instituição militar, exercesse o "filtro de segurança nacional" do poder político. A estabilidade do legado "revolucionário" no ambiente de pluralismo político passaria a ser missão primeiramente dessa instituição política, restando as Forças Armadas como "reserva" indesejada, mas de futura prontidão.

Quanto às instituições de violência do Estado, depois da reorganização que instalou estruturas de controle subjetivo e objetivo, a desmobilização nacional retomou a descentralização de competências. Nesse sentido, segundo Maria Guerra (2016, p. 67), em 1978 a ditadura de Geisel alterou o regulamento das PMs para que os oficiais do Exército nomeados para os Comandos das PMs fossem colocados "à disposição" dos governadores fortalecendo, dessa forma, a participação destes na coordenação da polícia militar. Porém, retirou dos governadores a prerrogativa de escolher diretamente os comandantes das polícias militares, agora sujeitos a uma lista tríplice "preferencialmente" de coronéis e tenentes-coronéis, e não mais de generais, enviada pelo ministro do Exército aos governadores para sua escolha. Trata-se de portaria do Ministério do Exército, de 22 de agosto de 1978, editada pelo general Fernando Bethlem com base no Decreto n. 82.020 (Brasil, 1978) (Abreu *et al.* [verbete Fernando Belfort Bethlem], 2010).

Na legislação da violência política, a Emenda Constitucional n. 11 (Brasil, 1978a), de 13 de outubro de 1978, tratou de revogar os Atos Institucionais e Complementares, de forma que não contrariassem a Constituição de 1967, mas mantendo os atos praticados com base nesses atos imunes ao crivo do Judiciário. Apesar de permitir a recepção do teor desses atos pelo Judiciário, a mesma emenda estabeleceu novas regras sobre o estado de sítio e de Emergência, revogou a penas de morte por fuzilamento, de banimento e a prisão perpétua, assim como previu a inviolabilidade de deputados e senadores no exercício do mandato, "salvo no caso de crime contra a Segurança Nacional". Em seguida, a LSN foi reformada pela Lei 6.620 (Brasil, 1978b), de 17 de dezembro de 1978, definindo a segurança nacional como "o estado de garantia proporcionado à Nação, para a consecução dos seus objetivos nacionais, dentro da ordem vigente" e não mais "contra antagonismos, tanto internos quanto externos". Em que pese tenha incorporado a revogação da "ordem institucional" contrária à Constituição de 1967 e retirado da Justiça Militar os inquéritos com base na lei, que passaram à Polícia Federal, a reforma manteve o "foro especial" e boa parte da teoria de guerra revolucionária da doutrina da ESG. Antes disso, o Decreto-Lei n. 1.632 (Brasil, 1978c), de 4 de agosto de 1978, havia transferido para a Justiça do Trabalho a competência de julgamento da greve, considerada crime de segurança nacional.

Por fim, a aliança militar-civil de Geisel promoveu o "II Plano Nacional de Desenvolvimento", que previu diminuição da dependência econômica do país pela intervenção direta do Estado no desenvolvimento da indústria básica, das comunicações e do transporte prioritariamente nacional. O período foi de crescente crise econômica devido aos severos efeitos colaterais da política colonial de alinhamento aos EUA, agravados pela Crise do Petróleo e do contínuo aumento expressivo da dívida externa e do balanço negativo entre importações e exportações. Foi nesse cenário que ocorreram embates de estratégias entre a linha "nacionalista" do ministro da Indústria e Comércio, Severo Gomes, defensor da intervenção do Estado para desenvolver a indústria nacional, e a linha "multinacionalista" do ministro da Fazenda, Mário Simonsen, defensor do capital estrangeiro e da abertura completa às multinacionais. Resultado: Severo "pediu" demissão em fevereiro de 1977. Em contrapartida, a política externa "pragmática" estabeleceu relações comerciais e diplomáticas com África, Ásia, Europa e Japão, além de estabelecer o acordo nuclear com a Alemanha em 1975. Na indústria militar, o desembarque do Acordo Militar Brasil-EUA, em 1977, impulsionou a formação do complexo industrial-militar nacional que se baseava num tripé estatal: Empresa brasileira de Aeronáutica (Embraer), Indústria brasileira de Material Bélico (Imbel) e Empresa Gerencial de Projetos Navais (Engepron), que desencadeou a independência brasileira nesse setor.

Estavam dados os passos estruturais da desmobilização nacional, mas a sucessão da direção política ainda não estaria "pronta". Depois de neutralizadas as tensões com os antiliberais-conservadores liderados por Sílvio Frota e Hugo de Andrade Abreu, as eleições indiretas de 1978 se encarregaram de regressar ao patamar original da aliança: o cargo de ditador seguiria com um militar, mas a vice-ditatoria voltaria às mãos de um civil.

Nessa direção, o general Figueiredo furou a fila de promoção, pulando quatro generais à sua frente, e foi promovido a general de Exército (quatro estrelas) para encabeçar a chapa com o civil-engenheiro Aureliano Chaves na "vice-ditatoria". A chapa militar-civil derrubou a candidatura do "revolucionário autêntico", Magalhães Pinto, dentro da Arena, naquele momento crítico do governo Geisel. A seu favor, o banqueiro argumentava que havia sido ele "quem deflagrou a Revolução e por isso sou um homem que deve merecer confiança" (Abreu *et al.* [verbete Magalhães Pinto], 2010).

Profundamente ligado à UDN de Minas Gerais, Chaves havia atuado no movimento estudantil do partido pelo qual concorreu a deputado estadual em 1958 e em 1962 – desta eleição, resultando eleito –, e integrava a Banda de Música da UDN, grupo de Milton Campos, Pedro Aleixo, Carlos Lacerda, Afonso Arinos de Melo Franco e Adauto Lúcio Cardoso. O termo Banda de Música teria sido dado pela imprensa para a ala "ortodoxa" da UDN, composta por essas lideranças que proferiam discursos violentos contra o nacional-trabalhismo, geralmente sentando-se na primeira fila do parlamento para revezar constantes discursos agressivos. Depois do golpe de 1964, foi secretário do governo de Magalhães Pinto em Minas Gerais, sendo eleito deputado federal em 1966 e 1970 (Arena/MG). Embora não tivesse passado pela ESG, em 1972 Chaves fez o curso de "desenvolvimento e segurança" na ADESG/MG e, como "amigo de Geisel", foi indicado para ser "eleito" indiretamente governador de Minas Gerais (1975-1979). Nesta posição, ajudou a neutralizar a candidatura de Sílvio Frota junto ao comandante da 4ª Região Militar, general Antônio Bandeira.

Por sua vez, a oposição institucional se organizava na Frente Nacional de Redemocratização e lançou a candidatura de outra chapa militar-civil pelo MDB, liderada pelo general Euler Bentes Monteiro. Egresso da turma de 1961 do CSG/ESG e membro do corpo permanente da ESG, Bentes Monteiro chegou a integrar o grupo do general Estillac Leal. Se engajou no golpe de 1955, sendo um dos signatários do Manifesto dos Coronéis, mas manteve uma postura legalista no golpe de 1964, inclusive se negando a ceder materiais de comunicação aos insubordinados. Em 1967, assumiu a Superintendência do Desenvolvimento do Nordeste (Sudene), subordinada ao general Albuquerque Lima e, na ditadura de Geisel, chefiou o Departamento de Material Bélico do Exército durante o desenvolvimento da indústria bélica brasileira. Na reserva desde 1977, recebeu apoio de Severo Gomes, dissidência civil do gabinete de Geisel, e do general Hugo de Andrade Abreu. Na vaga civil da chapa, a vice-presidência caberia ao civil-jurista Paulo Brossard. Civilista e constitucionalista, Brossard foi adversário ferrenho do trabalhismo de Brizola e Goulart, apoiador dos golpes de 1961 e 1964 e secretário de Meneghetti no governo do Rio Grande do Sul, mas deixou a aliança militar-civil depois do AI-2 (Brasil, 1965a). Elegendo-se deputado federal em 1967 pelo MDB, denunciou o terrorismo de Estado contra o sargento Manuel Raimundo Soares (caso das mãos amarradas) e, em 1974, elegeu-se senador também pelo MDB/RS.

Portanto, a disputa sucessória de 1978 ocorreu dentro dos marcos originais da aliança militar-civil de 1964, reunindo amplamente as dissidências internas dentro da nova Ordem de Segurança Nacional: mais pluralista entre os anticomunistas, com o nacional-trabalhismo neutralizado e a oposição revolucionária praticamente aniquilada. Com os apoios de Couto e Silva e vencendo a disputa interna na Arena, a chapa Figueiredo/Chaves foi eleita com 355 votos contra os 226 votos à chapa da oposição institucional do MDB.

Aberto o novo ciclo, a *quinta aliança militar-civil* se expressou no gabinete da ditadura de Figueiredo, o mais longo do período. Foram desconsiderados os órgãos extraordinários do Programa Nacional de Política Fundiária (general Danilo Venturi), Programa Nacional de Desburocratização (Hélio Beltrão e João

Carneiro) e o Departamento Administrativo de Pessoal (José Carlos Soares Freire), além da Consultoria-Geral da República, já desconsiderado dos demais gabinetes ditatoriais.

Dos 38 ocupantes, apenas oito tinham alguma passagem pela ESG e 22 ocupantes ostentavam ligações com partidos políticos ou grupos econômicos. Ainda, dos 38 ocupantes, 21 eram civis, revelando um certo equilíbrio em relação aos ocupantes com formação militar.

Nesse sentido, as pastas diretamente ligadas às Forças Armadas foram ocupadas por militares com formação na ESG. A chefia do EMFA, por exemplo, foi exercida por três generais formados na ESG: Samuel Augusto Alves Corrêa, egresso da turma de 1962 do CEMCFA/ESG; José Ferraz da Rocha, egresso das turmas de 1963 do CEMCFA/ESG e de 1972 do CSG/ESG; e Alacir Frederico Werner, egresso da turma de 1970 do CSG/1970. Somente do último chefe do EMFA, o almirante Valdir Vasconcelos, não se identificou passagem pela ESG, apenas pela chefia – antes do golpe de 1964 – da Seção de Assuntos Psicossociais da Secretaria do Conselho de Segurança Nacional.

No Ministério do Exército, o general Walter Pires de Carvalho e Albuquerque era egresso das turmas de 1957 do CECMFA/ESG e de 1963 do CSG/ESG, além de ter exercido os cargos de adjunto do SFICI e, durante o golpe de 1964, da Divisão de Assuntos Militares da ESG. Com relações de amizade com Couto e Silva e Figueiredo, Walter Pires havia chefiado, já como general, o Departamento de Polícia Federal (DPF) entre dezembro de 1969 e maio de 1971, momento de alta intensidade do terrorismo de Estado, sendo o 14º na hierarquia de autores das graves violações de direitos humanos do período. Na Aeronáutica, o brigadeiro Délio Jardim de Matos era egresso da turma de 1958 do CEMCFA/ESG e muito ligado ao brigadeiro Eduardo Gomes, tendo participado ativamente da República do Galeão em 1954. Dentre as forças, apenas na Marinha nenhum ministro havia se formado na ESG, sendo ocupada primeiro pelo almirante Maximiano da Fonseca, substituído pelo almirante Alfredo Karam, em 1984, por conta de suas manifestações favoráveis às eleições diretas para a presidência.

Na mesma direção da Marinha, os dois cargos estratégicos diretamente ligados ao chefe do Executivo também estavam fora do grupo da ESG. No SNI, o general Octávio Aguiar Medeiros foi mantido no cargo. O Gabinete Militar foi chefiado inicialmente pelo general Danilo Venturini, que havia servido como adjunto do gabinete do SNI e imprimido uma mudança significativa para o aparelho militar no Executivo: o Conselho de Segurança Nacional passaria a ter um perfil menos secreto e militar, mais destinado aos debates de estratégias nacionais para situações de conflitos internos. Dessa maneira, foram criados o Grupo Executivo do Baixo Amazonas (Gebam) e o Grupo Executivo de Terras do Araguaia e Tocantins (Getat), que contavam com quase dois mil funcionários. A mudança resultou na criação do Programa Nacional de Política

Fundiária, transformado em órgão extraordinário assumido pelo próprio Venturini. A nova diretriz para o GM foi executada pelo general Rubem Carlos Ludwig, responsável por estabelecer pontes entre o Planalto e as Forças Armadas, assim como administrar conflitos entre os "políticos" e os militares. Depois de sair do governo e ir para a reserva, Ludwig virou conselheiro administrativo da construtora Camargo Corrêa.

Nas pastas civis do gabinete de Figueiredo, o próprio general Ludwig chegou a dirigir o Ministério da Educação e Cultura. Tendo exercido os cargos de adjunto do Centro de Informações do Exército (1968) e do GM durante a chefia de Figueiredo, Ludwig cursou a ESG da França (1973-1975) e, a partir de 1978, passou a desenvolver atividades de relações públicas e assessoria de imprensa, inaugurando uma fase de maior "fluidez" de informações com jornalistas. Outros militares eram políticos "históricos", egressos de outros gabinetes ditatoriais, como o general Couto e Silva, no Gabinete Civil, o coronel Mário Andreazza (Arena/RJ), no Ministério do Interior, e o coronel Jarbas Passarinho, senador da Arena/PA, no Ministério da Previdência e Assistência Social. As exceções foram os militares "técnicos". No Ministério das Comunicações, o tenente-coronel Haroldo Correia de Matos exibia larga formação na área das comunicações e histórico de integração com empresas privadas, sendo ex-diretor da Associação Comercial do Rio de Janeiro (1972). Durante a gestão de Matos, em julho de 1980, o governo federal extinguiu a concessão de sete emissoras da Rede Associada: TVs Tupi de São Paulo e do Rio; Itacolomi, de Belo Horizonte; Piratini, de Porto Alegre; Marajoara, de Belém; Rádio Clube, do Recife, e Rádio Ceará, de Fortaleza (Abreu *et al.* [verbete Haroldo Correia de Matos], 2010). Nas Minas e Energia, o coronel-engenheiro César Cals de Oliveira Filho (Arena/CE) havia sido nomeado como interventor-governador do Ceará (1971-1975) e senador biônico (para o período entre 1979-1987).

No âmbito civil, apenas o ministro da Indústria e Comércio, o jurista Murilo Paulino Badaró, era egresso da turma de 1975 do CSG/ESG. Ligado ao vice-ditador Aureliano Chaves, Badaró exercia cargos eletivos pelo antigo PSD mineiro desde 1958 e, antes de assumir o Ministério, foi eleito senador biônico pela Arena do estado (1979-1987). Quanto aos demais civis, a grande maioria exercia cargos eletivos ou estavam ligados a partidos políticos.

No Ministério da Justiça, o jurista Petrônio Portella Nunes era um conservador legalista da UDN que foi contra o golpe de 1964. Ex-prefeito e ex-governador do Piauí, Portella foi eleito senador pela Arena do estado (1967-1979) e intercalou cargos de liderança do governo e presidência do partido durante as ditaduras de Médici e Geisel. Portella Nunes exercia um papel central para o mecanismo eleitoral de seleção interna da aliança militar-civil e de legitimação do sistema eleitoral indireto respaldado pela ampla maioria dos empresários de imprensa. Sua postura legalista e contrária aos "abusos" dos instrumentos de violência política servia para o verniz democrático do regime de dominação, pois Portella se mostrou influente para "abrir o diálogo" com a sociedade civil e atuava para evitar ou conter cassações e outros atos de violência política, sendo o presidente do Senado durante a eleição indireta de Figueiredo, em 1978. Depois de sua morte, em 1980, o Ministério da Justiça foi chefiado pelo jurista Ibrahim Abi-Ackel, egresso do PSD e deputado federal pela Arena de Minas Gerais (1975-1980). Pactuado com o general Otávio Aguiar de Medeiros, chefe do SNI, Abi-Ackel atuava a fim de influir no resultado da descentralização de poder às elites civis. Enquanto isso, as fricções do binômio cooperação-conflito da aliança se voltavam internamente ao Gabinete Civil, chefiado pelo jurista João Leitão de Abreu.

No plano econômico, Delfim Netto regressava aos gabinetes ditatoriais à frente do Ministério do Planejamento. Na Fazenda, o Ministério foi comandado inicialmente por Karlos Rischbieter, ex-secretário da Fazenda do governo Parigot de Sousa (Arena/PR), ex-presidente da Caixa Econômica Federal (1974-1977) e do Banco do Brasil (1977-1979). A sucessão foi exercida por outro economista, Ernane Galvêas, ex-presidente do Banco Central de Costa e Silva e Médici (1968-1974) e vice-presidente da empresa Aracruz Celulose, que reunia capital nacional – privado e estatal – e capital estrangeiro. Na Indústria e Comércio, o engenheiro João Camilo Pena estava ligado ao vice-ditador Aureliano Chaves (Arena/MG), sendo ex-diretor da Associação Comercial de Belo Horizonte e ex-secretário e descendente de famílias tradicionais na vida política mineira. Na Agricultura, o jurista Nestor Jost ostentava carreira política (PDS/RS) ligada ao general Cordeiro de Farias, atuando no governo como presidente do Banco do Brasil (1967-1974) e, a partir de 1974, em cargos políticos de empresas privadas como as presidências da Associação Brasileira da Indústria de Fumo (Abifumo) e do conselho administrativo das Indústrias Bayer. E, no Ministério dos Transportes, o engenheiro Eliseu Resende (Arena/MG) havia exercido o posto de diretor-geral do Departamento de Estradas e Rodagem (DER) no governo mineiro de Magalhães Pinto e do Departamento Nacional de Estradas e Rodagem (DNER). Antes de assumir o Ministério, atuou como consultor especial da Ford do Brasil. Depois do Ministério, trabalhou como funcionário da empreiteira Norberto Odebrecht, tendo ocupado a vice-presidência da empresa (1986-1989). Foi sucedido por outro engenheiro do DNER, Cloraldino Soares Severo, ligado ao antigo PDS e consultor de empresas estatais, como a Petrobras (Refinaria Alberto Pasqualini), e privadas, como a Distribuidora Ipiranga de Petróleo S.A. e a Texaco do Brasil.

Nos ministérios sociais, a Previdência e Assistência Social foram entregues ao jurista Jair Soares, egresso do PDS gaúcho na Arena, que uma vez eleito para governador do estado em 1982 foi substituído pelo ex-ministro do Planejamento de Costa e Silva, Hélio Beltrão. Na pasta da Saúde, Soares também emplacou o médico Waldir Mendes Arcoverde, irmão do senador e ex-governador do Piauí, Dirceu Arcoverde (UDN-Arena/PI), marcado pelas denúncias do imunologista Albert Sabin de falseamento de dados sobre a epidemia de poliomielite. Já no Ministério do Trabalho, o administrador Murilo Macedo era ligado ao empresário Paulo Egydio Martins (Arena/SP), ex-ministro na ditadura de Castelo Branco e ex-governador paulista. Com a ascensão das mobilizações trabalhistas e a reorganização sindical, Macedo era muito ligado aos empresários financistas, sendo ex-diretor do Banco Nacional de São Paulo (1960-1975), ex-presidente do Banco do Estado de São Paulo e da Companhia de Seguros de São Paulo, ficando conhecido como "ministro do capital".

Formada dessa maneira, a aliança militar-civil liderada por Figueiredo deu prosseguimento ao processo de "desmobilização nacional" da doutrina da ESG, combinando medidas graduais de integração eleitoral da oposição, violência política e desenvolvimento conforme a Ordem de Segurança Nacional na conjuntura de maior pluralismo político, força da sociedade civil, reorganização dos movimentos sociais e decadência da liderança militar no regime de dominação.

Uma grande medida foi a implementação da ambígua e paradoxal anistia política de 1979. De um lado, a Lei n. 6.683 (Brasil, 1979a), de 28 de agosto de 1979, foi uma conquista política da ampla mobilização social de oposição à ordem ditatorial de segurança nacional. Iniciada pelo Movimento Feminino pela Anistia

(MFPA), os movimentos de anistia retomaram a organização social de oposição vitimada diretamente pelo aumento do terrorismo de Estado de Costa e Silva e Médici. Em 1975, o Manifesto da Mulher Brasileira, com mais de 16 mil assinaturas, impulsou a criação dos comitês pela anistia ao longo de todo o país e o estreitamento entre a luta por liberdades políticas e as mobilizações por direitos sociais. Porém, enquanto esses movimentos reivindicavam uma anistia "ampla, geral e irrestrita", a quinta aliança de Figueiredo estava decidida por uma versão mais restrita, especialmente que excluísse a oposição armada sobrevivente e uma ampla, geral e irrestrita "autoanistia": a garantia política de impunidade dos responsáveis pelo terrorismo de Estado e violências institucionais. Apesar de ter prevalecido o sentido de anistia ditatorial, a medida serviu para paralisar a execução de penas de acusados por "subversão", permitiu o regresso de boa parte dos exilados sobreviventes, pôs em liberdade os presos políticos e impulsionou o fortalecimento da resistência democrática.

Na esteira da desmobilização autoritária, ainda em 1979 o sistema bipartidário foi reformado. A Lei n. 6.767 (Brasil, 1979b), de 20 de dezembro de 1979, extinguiu os dois partidos existentes desde 1966 – Arena e MDB –, abrindo caminho para um "pluripartidarismo moderado". Com isso, em 1980, cinco partidos obtiveram registro provisório. Pelo governo, foi criado o Partido Democrático Social (PDS). A oposição, antes unificada no MDB, se dividiu em cinco partidos: Partido do Movimento Democrático brasileiro (PMDB), o Partido Popular (PP), o Partido Democrático Trabalhista (PDT), o Partido dos Trabalhadores (PT) e o Partido Trabalhista Brasileiro (PTB). Como era planejado pela ditadura, enquanto a oposição se dividiu, a bancada ditatorial se preservou unificada. Em 1979, a Arena contabilizava 231 deputados federais e 42 senadores e, em 1981, o PDS contava com 212 deputados federais (de um total de 420), 36 senadores (de um total de 67), assim como 65% dos prefeitos do país. Além disso, em 1981 foi publicada outra reforma partidária, proibindo a coligação partidária e instituindo o voto vinculado para favorecer o PDS, apesar do efeito colateral da "perda" do PP, incorporado pelo PMDB.

No âmbito das Forças Armadas, o Estatuto dos Militares foi reformado pela Lei n. 6.880 (Brasil, 1980a), de 9 de dezembro de 1980. Basicamente, foram mantidas as regras de agregação – preservando o controle organizacional do militar-político, assim como mantida a quota compulsória para "renovação dos quadros". Com isso, se consolidaram os eficazes mecanismos de controle da politização dos militares, mantendo as atividades políticas dos membros da corporação subordinadas à política institucional do Exército.

Nesse cenário, as eleições gerais de 1982 representaram a volta do voto direto para os governos estaduais, acompanhadas de eleição direta para a totalidade da Câmara Federal e das Assembleias Legislativas, e um terço do Senado Federal. O resultado eleitoral manteve a maioria governista na Câmara, com 235 cadeiras para o PDS, mas sem maioria absoluta, uma vez que o MDB conquistou 200 cadeiras. Apesar da prevalência do bipartidarismo nas urnas, o PDT obteve 23 cadeiras, o PTB, 13 cadeiras, e o PT passou a ter oito cadeiras. No Senado, o PDS obteve 15 das 25 cadeiras, preservando a maioria absoluta, restando nove cadeiras ao PMDB e uma ao PDT. Outra vitória da oposição ocorreu nos governos estaduais, pois Leonel Brizola foi eleito governador do Rio de Janeiro pelo PDT e o PMDB assumiu nove estados, incluindo os estados de Minas Gerais, São Paulo e Paraná. Enquanto isso, o PDS ficou com os nove estados do Nordeste e com os governos de Mato Grosso, Santa Catarina e Rio Grande do Sul. Nas Assembleias estaduais, o bipartidarismo foi igualmente confirmado.

Apesar do retorno das eleições diretas para os governos estaduais, a violência política permanecia vigente. Seguindo o método das "aproximações sucessivas", a repressão ao movimento sindical cresceu conforme a explosão de greves em 1979, com abertura de sindicâncias, punições a sindicalistas, intervenções em sindicatos, proibição e repressão às "greves ilegais" por perturbarem a "paz social" entre capital e trabalho. Sob a chefia do general Medeiros no SNI, ocorreram dois atentados à bomba. O primeiro vitimou Lyda Monteiro da Silva, secretária da OAB no Rio de Janeiro, em agosto de 1980. O segundo planejava uma explosão entre uma multidão de trabalhadores que se reuniriam no dia seguinte para as comemorações do 1º de maio, em 1981. Porém, por falha na execução do atentado, a bomba explodiu antes do previsto, resultando na morte de um capitão e em graves ferimentos de um sargento, ambos do Exército brasileiro. Essas ações de "contrainformação" vinculadas ao SNI terminariam no rompimento de Couto e Silva com a quinta aliança, ocasião em que proferiu a conhecida sentença "criamos um monstro" para se referir ao órgão. O terrorismo de Estado ainda resultaria em outras mortes de camponeses e grevistas. O terrorismo de Estado também atingiu dissidências do SNI, como o jornalista Alexandre von Baumgarten, agente do SNI que contou "em formato de ficção" as operações secretas entre o órgão e o Iraque para a exportação de urânio para a produção de energia nuclear. Baumgarten, sua esposa e um barqueiro foram sequestrados em 1982 e, dias depois, apareceram mortos com sinais de execução. Segundo o próprio Baumgarten, que deixou um dossiê antes de sua morte, sua "eliminação" seria comandada pelo então chefe da agência central do SNI, general Newton Cruz, ou pelo próprio chefe do SNI, Octávio Medeiros (Abreu *et al.* [verbete Otávio Aguiar de Medeiros], 2010).

No âmbito da segurança interna, a reorganização de 1969 – em vigor atualmente – foi atualizada para conferir dinamismo ao controle subjetivo e objetivo das corporações militares estaduais. Depois de quase duas décadas de "refundação" das PMs pelo Exército, o Decreto-Lei Federal n. 2.010 (Brasil, 1983a) permitiu que o Comando das PMs fosse exercido preferencialmente por oficiais da ativa da própria corporação.

Apesar de mantida a possibilidade de indicação de um general-de-brigada, tenente ou tenente-coronel da ativa do Exército, passou-se a dar preferência aos oficiais da própria corporação, formados depois da "grande intervenção" de 1964. Aqui ocorre uma medida de autonomia interna, conferida a uma instituição militar estadual rigidamente controlada e coordenada pelo Exército. Quanto ao poder político, essas nomeações seguiam subordinadas ao *poder de veto do ministro do Exército,* inclusive sujeita a uma lista tríplice caso a indicação fosse de oficiais da ativa da corporação.

Outra medida a se destacar foi a inclusão da "defesa interna" nas finalidades das PMs, somando-se à "defesa territorial". Ainda, a reforma de 1983 especificou a subordinação política da instituição – vinculação, orientação, planejamento e controle – ao órgão responsável pela segurança pública no estado, "sem prejuízo da subordinação administrativa ao respectivo governador". Em 1984, um novo decreto foi editado para admitir o ingresso das mulheres na corporação com vistas a desempenhar "atividades específicas" mediante "prévia autorização" do Ministério do Exército, Decreto-Lei Federal n. 2.106 (Brasil, 1984a).

Nessa direção de mudanças adaptativas, o Decreto-Lei n. 88.777 (Brasil, 1983b) instituiu o novo regulamento das PMs e dos Corpos de Bombeiros, reformando aquele editado em 1970. Em vigência até hoje, o novo "R-200" promoveu poucas alterações do ponto de vista do controle do poder político. A mais relevante foi uma maior vinculação operacional do comando das PMs aos governos estaduais, referente ao planejamento da segurança pública. De resto, reforçou os mecanismos de controle objetivo e subjetivo a cargo do ministro do Exército, tais como organização e legislação, efetivo, disciplina, ensino e instrução, material bélico e o serviço de inteligência. No prisma organizacional, preservou a "militarização de segunda classe", mantendo a precedência dos militares federais em relação aos estaduais. Ademais, as finalidades seguiram os conceitos da Doutrina de Segurança Nacional sobre "Grave Perturbação ou Subversão da Ordem", "Perturbação da Ordem", "Manutenção da Ordem Pública" e "Ordem Pública" com uma diferença: foram suprimidas as referências diretas à teoria da guerra revolucionária.

Essa *camuflagem ideológica da doutrina da ESG* também foi promovida na nova Lei de Segurança Nacional, ainda em vigor. Na definição dos crimes de segurança nacional, a Lei n. 7.170 (Brasil, 1983c) substituiu parte da síntese dos "objetivos nacionais" pelos termos "Federação" e "Estado de Direito", assim como incluiu "a pessoa dos chefes dos Poderes da União" nos bens tutelados e a serem tutelados pela lei contra atos consumados ou potenciais. A camuflagem também suprimiu a própria definição de segurança nacional e as referências diretas à teoria de guerra revolucionária da doutrina da ESG. No entanto, são patentes as referências indiretas na caracterização dos tipos penais que se valem de conceitos de "organizações clandestinas ou subversivas", propaganda "de processos violentos ou ilegais para alteração da ordem política ou social" e "de luta pela violência entre as classes sociais", incitação de "subversão da ordem política ou social", "animosidade entre as Forças Armadas ou entre estas e as classes sociais ou as instituições civis" e "à luta com violência entre as classes sociais". A única mudança efetiva foi a extinção dos convênios do Executivo Federal com as PMs que delegavam poderes de investigação aos Departamentos de Ordem Política e Social dos Estados (DEOPS), o que abriu o caminho para a extinção desse aparato diretamente responsável pelo terrorismo de Estado.

É nesse cenário de *estabilidade dinâmica da Ordem de Segurança Nacional* que ocorrem as disputas pela sucessão do poder político em 1984. Entretanto, o processo de desmobilização nacional se deparou com uma ampla mobilização da sociedade civil e da oposição política que tomava as ruas para exercer a soberania popular. Iniciado em março 1983, o movimento suprapartidário "Diretas Já" reuniu milhões de pessoas em protestos nas ruas pela volta das eleições diretas para presidente, interrompidas desde o golpe de 1964. Atuando dentro das instituições políticas da ditadura, o movimento buscava aprovar uma emenda constitucional que exigia adesão de dois terços dos congressistas. Apesar das multidões nas ruas – repercutidas pela imprensa –, da grave crise econômica do país e do amplo engajamento social, a pressão popular foi reprimida por medidas de censura à imprensa, prisões e proibição da "Marcha a Brasília" durante a votação da emenda. No plenário, a Emenda Dante de Oliveira recebeu 298 votos, 22 votos a menos do que o necessário. Dos 479 congressistas, 112 não compareceram, 65 votaram contra e 3 se abstiveram, todos contribuindo para a manutenção do sistema eleitoral ditatorial.

Nas eleições indiretas de 1985, vários fatores culminaram no afastamento dos militares da direção do poder político: decadência militar entre as elites nacionais, ilegitimidade de seus governos, crise econômica e administrativa, ampla organização civil e social, mudança da conjuntura internacional, perda do apoio dos EUA, desgaste da imagem das Forças Armadas pela violência política. Por esses e outros fatores, a chapa sucessória do regime seria disputada entre o coronel Mário Andreazza, ministro do Interior, e o ex-governador paulista Paulo Maluf. O veto de Figueiredo ao vice-ditador Aureliano Chaves, que resultou no cancelamento das prévias internas e na dissidência liderada por Chaves e José Sarney (presidente do PDS).

Na oposição pelo PMDB, o governador de Minas, Tancredo Neves, figurava como a liderança de uma grande "conciliação nacional". Egresso da turma de 1957 do CSG/ESG, Tancredo exercia cargos eletivos desde 1951, quando se elegeu deputado federal pelo antigo PSD, tendo sido ministro da Justiça de Vargas (1953-1954) e primeiro-ministro depois do golpe parlamentarista de 1961, atuando pela volta do presidencialismo. Depois do golpe de 1964, que não apoiou, seguiu deputado e foi eleito senador, seguindo uma linha crítica ao regime, mas sem enfrentamentos.

Com a dissidência governista, Tancredo encabeçou a chapa oposicionista, com José Sarney de candidato a vice. Do lado da ditadura, Paulo Maluf venceu a disputa com Andreazza e disputou a eleição indireta com Flávio Marcílio, ex-governador do Ceará (1958-1959) e deputado federal (Arena-PDS/CE). O resultado foi a vitória da oposição com 70% dos votos válidos. Entretanto, com o falecimento de Tancredo antes da posse, a primeira presidência civil desde Goulart em 1964 seria exercida pelo dissidente da Arena, José Sarney, o vice-presidente eleito indiretamente.

NORMALIZAÇÃO DO LEGADO DE SEGURANÇA NACIONAL

Apesar das eleições indiretas, com a soberania popular ainda ceifada de eleger o presidente da república, o novo governo representava o fim da era dos militares no comando do poder político. De abril de 1964 a março de 1985, as cinco formações distintas da aliança militar-civil implementaram uma Ditadura de Segurança Nacional. Mirando atingir seus "objetivos revolucionários", praticaram o terrorismo de Estado e ampla violência política contra a oposição.

Essa ditadura foi liderada durante 21 anos pelos militares que exerceram hegemonia dentro das Forças Armadas. No plano interno, agiram com a adesão indispensável de frações organizadas da sociedade e do próprio Estado nacional. Em todos os gabinetes ditatoriais, 40% dos ocupantes eram civis e, mesmo no gabinete de maior terrorismo de Estado, a metade era ocupada por civis. De todas as cinco alianças, apenas um em cada cinco civis havia passado pela ESG, sendo a ampla maioria ligada à UDN e a organizações econômicas nacionais e multinacionais, ocupando postos relevantes nas áreas política, econômica e social. Por isso é importante destacar a indispensável coadjuvância civil em ditaduras no geral, mas especialmente na de 1964.

Quadro 1 – Gabinetes ditatoriais militares-civis

	Castelo Branco	Costa e Silva	Médici	Geisel	Figueiredo
Miltares-ESG	38,5%	29,2%	30,8%	37,9%	18,4%
Militares	10,3%	29,2%	19,2%	20,7%	26,3%
Civis-ESG	10,3%	4,2%	11,5%	3,4%	2,6%
Civis	41,0%	37,5%	38,5%	37,9%	52,6%

Fonte: autor (2021), com dados da Biblioteca da Presidência e Brasil (1999)

Além disso, vimos que desde a primeira geração de segurança nacional a fragmentação ideológica entre os militares passou por um processo não linear, mas progressivo, de estreitamento entre as correntes politicamente ativas, conforme o resultado dos conflitos se conformava. Se na primeira geração de segurança nacional se identificavam ao menos cinco grandes correntes de pensamento, a terceira geração chegava ao final com um nível considerável de coesão ideológica na organização militar. Ainda que permanecessem divergências entre os dois grandes grupos remanescentes, ambos compartilhavam a doutrina da ESG em sua carta ideológica para a ação política.

Nessa direção, apesar do governo civil de Sarney, os militares permaneceram ocupando postos estratégicos no gabinete do Poder Executivo. E, dos oito ocupantes, seis haviam passado pela ESG. No EMFA, a chefia foi exercida por três militares com formação no CSG/ESG: almirante José Maria do Amaral Oliveira, egresso da turma de 1981; o almirante Valbert Lisieux Medeiros de Figueiredo, egresso da turma de 1978; e o general Paulo Campos Paiva, egresso da turma de 1977 e veterano da FEB, que chegou a fazer um curso de guerra revolucionária na Argentina (1961), além de ter comandado o 1º Batalhão do Regimento Escola de Infantaria na República Dominicana em 1966. Depois que saiu do governo, Paiva foi para a reserva e trabalhou na Confederação Nacional dos Transportes, em Brasília (1987-1990). Nos ministérios das Forças, que foram mantidos, apenas o brigadeiro Octávio Júlio Moreira Lima, comandante do Ministério da Aeronáutica, não havia se formado pela ESG. Primeiro ministro da pasta totalmente formado na Força – era da turma de 1945 da Escola de Aeronáutica –, Moreira Lima causou repercussão na imprensa ao substituir, das paredes de seu gabinete, os retratos oficiais do presidente João Batista Figueiredo, e do ministro da Aeronáutica, brigadeiro Délio Jardim de Matos, pelos do patrono da Aviação, Santos Dumont, e do único civil a ocupar o Ministério da Aeronáutica, Joaquim Salgado Filho. A Marinha foi comandada pelo almirante Henrique Saboia, egresso da turma de 1974 do CSG/ESG, e no Exército assumiu o general Leônidas Pires Gonçalves, egresso da turma de 1977 do CSG/ESG.

Gonçalves foi o principal expoente militar do período, protagonista de episódios visíveis da tutela militar ao governo civil no crepúsculo da ditadura. Havia realizado estágio de guerra e anticomunismo do EME em 1962, onde servia durante o golpe de 1964. Quando assumiu o comando do III Exército, em 1983, afirmou que a "guarda das instituições nacionais" seria uma das suas "missões especiais", sendo que, para desempenhá-la, seria necessário aumentar o nível de profissionalização. Neste posto, se "solidarizou" com o então adido militar no Uruguai, coronel Carlos Alberto Brilhante Ustra, acusado pela então deputada federal Bete Mendes de a ter torturado nas dependências de órgão de segurança em São Paulo. Durante o Ministério, determinou ao Centro de Informações do Exército (Ciex) a execução do projeto Orvil – livro de trás para frente, visando contestar as denúncias sobre o terrorismo de Estado da ditadura, especialmente constante no livro-documento *Tortura nunca mais*. A narrativa negacionista do Orvil, profundamente baseada na Doutrina de Segurança Nacional e na teoria de guerra revolucionária, é a que prevalece na organização militar, embora não seja considerado uma versão oficial da instituição. Por fim, o SNI foi chefiado pelo general Ivan de Souza Mendes, egresso do corpo permanente da ESG, e o Gabinete

Militar foi chefiado pelo general Rubens Bayma Denys, expoente da resistência dos militares à realização da reforma agrária e que, depois da chefia do GM, viria a assumir o Ministério dos Transportes do governo Itamar Franco, em 1994.

A principal disputa do período foi o processo constituinte, com a definição de uma nova carta política. Nesse cenário de ausência de ruptura entre os governos e, mais, de uma certa continuidade, o resultado foi a normalização da autonomia dos militares pelos civis, com a definição de Forças Armadas e de suas funções, recebendo praticamente a mesma redação de 1967. Abaixo se destacam os principais pontos preservados pela Constituição de 1988 (artigos 142 e 143), com suas respectivas eventuais alterações (Brasil, 1988):

- definição: se manteve como "Instituição nacional permanente e regular", organizada com base na hierarquia e disciplina;
- subordinação: seguindo sob a "autoridade suprema da lei", essa subordinação teve suprimida a condicionante "dentro dos limites da lei", originada na Emenda Rui Barbosa e mantida até a Constituição de 1967;
- finalidade: além da "defesa da pátria", a finalidade de garantia do "poder constituído" da Constituição de 1967 foi substituída por "garantia dos poderes constitucionais". A terceira finalidade, de garantia "da lei e da ordem", foi mantida, condicionada pela "iniciativa" de qualquer um dos poderes.

Apesar dessas pequenas modificações, as Forças Armadas preservaram sua função política de "garantes" das instituições democráticas, assim como a separação entre a "lei" e a "ordem". Por sinal, essas previsões estão inscritas no título da "defesa do Estado e das instituições democráticas", posteriores ao Estado de Defesa e ao estado de sítio, duas situações excepcionais que suspendem ou restringem direitos políticos e civis. Ademais, a possibilidade que um dos poderes convoque a instituição normaliza a dubiedade de sua finalidade, que pode inclusive se voltar contra um desses poderes, como foi a história dos golpes de Estado no país. Desse modo, mantiveram a obediência discricionária, uma vez que será o militar "o intérprete da Constituição", fazendo de seu modo próprio o crivo de legalidade da subordinação a cada poder constitucional.

Essa camuflagem, resultado da forte presença e pressão dos militares na Constituinte, também se verifica quanto à segurança nacional. Note-se que o termo foi praticamente suprimido do texto constitucional (Brasil, 1988), aparecendo apenas uma única vez (art. 173) e como justificativa excepcional para a exploração econômica direta pelo Estado, em claro resquício da doutrina da ESG. Essa camuflagem, pouco discreta, se deu pelo desmembramento dos elementos da segurança nacional. Por exemplo, com a substituição do termo por "segurança da sociedade" e "segurança do Estado" (Art. 5º, XXXIII), na definição da "segurança interna do país" como crime de responsabilidade do presidente da república (art. 85, CF) ou na previsão de blindagem orçamentária transitória para "segurança e defesa nacional" (ADCT Art. 35). Da mesma forma, o antigo "Conselho de Segurança Nacional" foi apenas substituído por "Conselho de Defesa Nacional", sendo a única mudança de relevo tê-lo tornado um órgão consultivo (Brasil, 1988).

É de se notar também que a autonomia de autorregulação de sua atividade política, por meio do Judiciário militar, se manteve intacta, inclusive na ausência de vedação para eventual competência para julgamento de civis. O serviço militar seguiu obrigatório e a garantia fundamental ao *habeas corpus* em caso de punições disciplinares, mesmo aquela de eventual natureza política, seguiu vedada. Quer dizer, trata-se de um nível de autonomia que nenhuma instituição de Estado possui, a não ser as Forças Armadas.

Ainda no plano interno, a Constituição de 1988 manteve as polícias militares estaduais e os corpos de bombeiros militares como forças auxiliares e reservas do Exército, preservando inteiramente o controle das instituições de violência do Estado. Da mesma forma, manteve a competência dessas polícias militarizadas para a função do policiamento ostensivo e "preservação da ordem pública", conforme o Estatuto Militar, bem como a reorganização das polícias e o regulamento disciplinar produzidos pela Ditadura de Segurança Nacional.

Na esteira dessa ampla e irrestrita autonomia, estavam as prerrogativas militares em regimes "pós-autoritários" referidas por Stepan (1988). Basicamente, trata-se do "direito adquirido", seja formal ou informal, das Forças Armadas em exercer o controle interno da organização sem qualquer interferência do poder civil constitucional, além de se sentirem legitimadas em "desempenhar um papel nas áreas extramilitares dentro do aparelho de Estado, ou mesmo de estruturar as relações entre o Estado e a sociedade política ou civil". No caso brasileiro, segundo Oliveira e Soares (2000, p. 102), a crença nesse "direito adquirido" se refere aos currículos escolares das organizações militares, nos quais seguiram embutidas as "premissas básicas do intervencionismo", isto é, a crença na necessidade de "permanente e minuciosa tutela militar sobre as instituições civis; a presença constante do grande olho militar, atenuando ou alterando os conflitos sociais; e, finalmente, a tradicional intolerância dos militares com o alargamento do espectro ideológico".

Nesse sentido, a "Nova República" estava pronta para nascer devidamente sob um "Estado liberal militarmente tutelado". A disputa pelo poder político, incluído os conflitos entre as classes sociais de uma sociedade profundamente desigual, ocorreriam nas fronteiras alargadas da Ordem de Segurança Nacional, agora em outras condições conjunturais, muito mais favoráveis depois da reforma do regime de dominação política.

DOUTRINA DE "SEGURANÇA NACIONAL" DA ESG REVISITADA (1930-1985)[3]

COMO VIMOS ATÉ AQUI, A POLITIZAÇÃO DOS MILITARES BRASILEIROS é um processo histórico de conflitos e cooperações entre civis e militares, classes e grupos sociais, instituições e organizações, na luta pelo poder político. Mais do que isso, desde a Independência, o regime de dominação foi resultado das diferentes sínteses dessa relação de poder.

Nesse caminho, o pensamento e a ação política dos militares percorreram disputas internas pelo comando da organização, com divisões ideológicas influenciadas pelo contexto político e social do ambiente civil. Essas disputas incluíram a formação de um pensamento hegemônico na organização militar que, aliada a outras ferramentas organizacionais, permitisse a coesão ideológica da organização e sua unidade de ação política. Porém, isso somente seria possível se esse pensamento hegemônico refletisse de forma semelhante entre as elites nacionais.

Na disputa desse posto e com essa ambição é que foi construída a Doutrina de Segurança Nacional da ESG. Da fundação política dos militares à terceira geração de segurança nacional, um pensamento político nacional foi sendo estruturado, formalizado e institucionalizado, a ponto de se tornar um *Manual Básico*. É no exame dessa doutrina de ação política que se debruça este capítulo. Trata-se de compreendê-la em seus aspectos fundamentais, visando conhecer da forma mais próxima possível como pensa politicamente a instituição militar.

Conforme pesquisa realizada no acervo da ESG, somente em 1975 a escola consolidou sua "doutrina de ação política". Estes documentos, posteriormente chamados de *Manual Básico*, ou *Fundamentos*, constituem a versão oficial da estrutura de pensamento ideológico da instituição militar para a política. Desde 1975, são editadas versões revisadas, sendo a última revisão ocorrida em 2019. Neste texto, o objetivo é fazer uma releitura da doutrina consolidada até o último gabinete ditatorial, analisando as edições de 1975 e 1983 do *Manual Básico* (a seguir, chamado apenas de "doutrina"), correspondentes às ditaduras de Ernesto Geisel (1974-1979) e João Figueiredo (1979-1985).

Essa releitura da doutrina aplica uma metodologia específica para a categorização do pensamento político dos militares. Basicamente, a partir da revisão teórica que vimos nos capítulos anteriores, foram criadas categorias de análise de conteúdos documentais, a respeito dos grandes temas da política. A elaboração dessas categorias foi estruturada por três níveis distintos, formadores um sistema de crenças de elites políticas:

a) *núcleo normativo* (*deep core*) – as bases de valores fundamentais, conforme crenças ontológicas;
b) *núcleo político* (*policy core*) – estratégias básicas e posições políticas para efetivar as crenças fundamentais em determinada área específica;
c) *núcleo instrumental* (*secondary aspects*) – informações e ferramentas para efetivar o núcleo político por meio da ação política.

Quadro 2 – Sistema de crenças da doutrina da ESG

	N	Categorias
Núcleo ontológico	1	Sociedade política: a evolução da natureza humana – humanismo cristão, racionalidade, sociedade funcional, evolucionismo, instituições permanentes (Estado e sociedade), objetivos nacionais, segurança e desenvolvimento.
	2	Poder nacional e poder político – expressões de poder, poder político, elites, doutrina política, ideologia dominante, cultura política, ordem vigente.
Núcleo político	3	Objetivos nacionais brasileiros – identidade nacional, interesses e aspirações nacionais, elite brasileira, objetivos nacionais permanentes e atuais, política nacional, estratégia nacional, segurança e desenvolvimento.
	4	Ordem política: a democracia liberal anticomunista – regime político, democracia e autoritarismo, anticomunismo, democracia liberal, democracia social, opinião pública, instituições sociais.
	5	Ordem econômica: o neocapitalismo anticomunista – sistema econômico, capitalismo liberal, socialismo marxista, neocapitalismo, mercado livre, Estado regulador.
	6	Segurança nacional – insegurança, óbices, fatores adversos, guerra contemporânea, guerra e ações psicológicas, ordem pública, ordem interna.
Núcleo instrumental	7	Método de ação política – estratégia, planejamento, informação, mobilização e logística nacional.

Fonte: autor (2021), com base no *Manual Básico* da ESG (1975, 1983).

No núcleo ontológico, se acomodam as principais crenças a respeito da natureza humana, da estrutura e organização social e das relações de poder. No processo de categorização, boa parte dessas concepções se encontravam em capítulos dos manuais denominados "fundamentos axiológicos" (1983) e "teoria política" (1975), assim como povoando os demais capítulos de forma transversal.

Já as categorias do núcleo político condensam as crenças voltadas para ação, ou seja, é o encontro dos fins com os meios de forma substancial. As concepções ontológicas sobre a natureza humana, as organizações sociais e as relações de poder ganham contornos mais concretos nos fundamentos da organização humana para a doutrina: homem, terra e instituições. Nesse sentido, as instituições de Estado e da sociedade se destacam por seu papel instrumental na consecução de uma ideologia nacional da doutrina. Da mesma forma, a dinâmica entre o ideal de liberdade e os conflitos políticos estão configurados conforme o pressuposto do antagonismo político e dos postulados de segurança e desenvolvimento.

Por fim, o núcleo instrumental reúne um "passo a passo" de como atualizar os objetivos nacionais, a política nacional e a estratégia nacional conforme as mudanças conjunturais, sejam de ordem interna ou externa, de curto, médio ou longo prazo. É, literalmente, um manual prático de ação política.

SOCIEDADE POLÍTICA

Conforme prescreve a doutrina, *o "homem" seria naturalmente movido pelo interesse*, conforme suas necessidades. Estas, por sua vez, podem ser materiais ou imateriais, conscientes ou não. Dessas necessidades, emergiriam aspirações, que são expectativas que se transformam em valores. Por isso, a motivação vital da ação humana seria o interesse, resumido em quatro tipos: vida e segurança (existência e sobrevivência), participação e criação (engendrar ou mudar valores), integração social (adaptação ao meio ambiente) e espiritualidade (*Deus cristão*).

Assim, segundo a doutrina, "o homem e os povos buscam o seu aprimoramento, na base dos valores culturais acumulados e que constituem legítimo patrimônio a ser preservado" (1975). Dessa natureza humana derivaria a compreensão de que o homem é um "animal social", "gregário", que vive necessariamente inserido em grupos sociais. Isso reforçaria um sentido natural de vínculos comuns, unidade de ação, conservação, coesão e a consequente criação de convenções, normas, práticas e atitudes sociais. Portanto, para o pensamento militar, o ser humano transcende o individualismo, sendo a sociabilidade o auge de seu "egoísmo".

As noções de interesse e sociabilidade (no espaço e no tempo) manifestam-se nas dimensões racional e transcendental; corporal, mental e espiritual; racional e emocional-simbólica. A natureza humana estaria no mundo dos valores, esse que transforma o indivíduo em pessoa humana, sujeita ao viés de valores externos que "se impõem a nós, não dependem de nossas tendências, preferências e ainda seu reconhecimento por nós não lhes dá consistência [...] e, portanto, constituem fontes de deveres" (1983). Seria, assim, por meio do reconhecimento desses valores, que se formaria a "consciência moral", uma ética do dever ser.

Uma vez agindo de forma interessada, racional ou inconsciente, o ser humano necessariamente buscaria um objetivo – especificamente, alcançar aquelas "necessidades vitais". Na doutrina, esse objetivo principal é sintetizado nas ideias abstratas de *bem comum* (coletivo) e *bem-estar* (individual), que atenderiam tanto às necessidades materiais quanto transcendentais do ser humano. A definição desses conceitos universalizantes reclamaria a heterogeneidade de uma noção de liberdade que, "em seu agir, não possa ela inviabilizar outros projetos pessoais e a vida comunitária como um todo". Em resumo: *faria parte da natureza humana buscar o bem comum*.

Embora tenda a ser racional, interessado e social, o ser humano constitui uma *pessoa humana*. Isso decorreria de uma natural espiritualidade e da "existência de uma lei natural e eterna, cuja fonte é Deus, fim para o qual tendem os homens". Assim, a doutrina assume como pressuposto existencial a crença no divino e o *humanismo cristão* como sistema de valores morais.

Além disso, como consequência da natureza social do ser humano, a *sociedade* seria "todo o grupo humano que convive sob certa estrutura de fenômenos sociais, ligado por interesses comuns, sob o influxo de determinado processo histórico-cultural" (1975).

Essa concepção de sociedade está ancorada na interpretação da história pela doutrina, especialmente nas origens do *patriarcado* (pai como chefe religioso e da família), sem prejuízo de outras configurações originais, como a *Horda* (indivíduos nômades e promíscuos) e o *Matriarcado* (mãe como referência, mas não "chefe"). Dessas formas originárias, a sociedade teria "evoluído": família-clã-tribo-nação-Estado. É o que o pensamento chama de *sociedade política*. Trata-se de um "processo evolutivo da sociedade humana" que, uma vez completado, chega nos seus três elementos fundamentais:

- homem – racional, livre, sociável, ordeiro e orientado pelo bem comum;
- terra – onde se fixa em determinada extensão de terra, a explora e a conserva sob seu domínio;
- instituições – compreendem padrões sociais, econômicos e políticos advindos da terra e do homem que ordenam e disciplinam a convivência humana.

Na organização social, as instituições cumprem um papel indispensável para a doutrina, porque "nenhuma civilização se implantou sem o respaldo de instituições", uma vez que seriam elas que "radicam na natureza do homem" e se configuram em organismos "que têm meios de vida de ação superiores em potência e duração aos dos indivíduos que a compõem" (1975, 1983). A primeira dessas instituições permanentes seria a *nação*. Para caracterizá-la, a doutrina faz uso de uma recorrente divagação conceitual e vazios substanciais sobre um "espírito comum" e uma "consciência moral", tais como "ama-se em proporção dos sacrifícios consentidos, dos males sofridos". De todo modo, em termos conceituais, para a doutrina, nação seria (1975, p. 21):

> A sociedade já sedimentada pelo longo cultivo de tradições, costumes, língua, ideias, vocações, vinculada a determinado espaço de terra e unida pela solidariedade criada pelas lutas e vicissitudes comuns, que se traduz na vontade de continuar vivendo em conjunto e projetar-se no futuro, preservando os valores alcançados e buscando a realização dos objetivos colimados.

É a existência desses elementos centrais de qualquer nação que daria nascimento ao *Estado*. Embora a nação anteceda porque "transcende o Estado", dependeria dele para a sua sobrevivência. Quer dizer, o Estado seria a própria nação "em termos orgânicos", a nação "juridicamente organizada" (Brasil, 1975, p. 22). Ainda, para a doutrina, o Estado seria "o sistema nervoso do conjunto de instituições nacionais, com função de regê-las", incumbindo-lhe "dirigir a vida da comunidade, à luz dos princípios, métodos, normas e ações, segundo uma ordem de natureza jurídica e uma missão de unidade política" (Brasil, 1975, p. 22). Em suma, o Estado seria "a entidade política, instituída em uma nação, sobre o qual exerce controle jurisdicional, e cujos recursos ordena, para promover a conquista e a manutenção dos objetivos nacionais" (Brasil, 1975, p. 22). Para essa concepção de Estado, a "ordem" e o "progresso" seriam uma exigência para a existência do Estado, pois "a partir do instante que a nação, por exigência de ordem e progresso, se organiza através de normas disciplinares da vida coletiva e institucionaliza seus objetivos, surge o Estado" (Brasil, 1975, p. 124).

Além disso, a doutrina argumenta que o Estado decorre da natureza gregária do ser humano, do "poder grupal", de um poder difuso que se condensa na noção de autoridade como um princípio de ordem. Aqui é mencionado, sem nenhuma digressão, o problema clássico entre legalidade e legitimidade, sendo a última fonte de consentimento e de aceitação, indispensável à primeira e o que moveria a sociedade. Com isso, o chamado ordenamento jurídico seria o aspecto legal da ordem estabelecida, exercendo grande influência porque disciplina todas as dimensões políticas e requer, segundo a escola, uma congruência com a cultura política. Dessa forma, o próprio Estado seria uma expressão do Direito.

Nesse sentido, a fixação de *objetivos nacionais* seria um dos componentes centrais do Estado-nação. Seguindo a noção de racionalidade humana que exige um objetivo claro para a ação racional, esses objetivos se organizariam de forma hierárquica na escala individual, grupal, nacional, em decorrência dos *valores da sobrevivência, da integração, da expansão, da conservação, da convenção moral, da unidade, da coesão e da integração*. São desses valores, uma vez transformados em aspirações, que "emergem" os objetivos nacionais (1983).

Na escala do tempo, os *objetivos nacionais permanentes* seriam aqueles refletores dos "interesses e aspirações vitais que, por isto mesmo, subsistem durante longo período do tempo" (1975). Tais objetivos dependeriam da formação individual e cultural da nação (fundamento humano), de peculiaridades do meio físico (fundamento terra) e da qualidade e permanência das instituições (fundamento instituições). Em síntese, a doutrina traduz "interesses e aspirações vitais" no conceito de bem-comum, isto é, *segurança* (manutenção de valores tradicionais, ordem, equilíbrio), *desenvolvimento* (inovar, renovar, atualizar, aprimorar progredir) e a *permanência* pela cristalização dos interesses nacionais na consciência, transformando-se em aspirações.

De outra ponta, estão as instituições sociais, "um complexo integrado de ideias, sentimentos, aspirações, padrões de comportamento, relações interpessoais" que incorporam "equipamento material, leis e regulamentos" na busca por "solidariedade, partição e coesão sociais, indispensáveis à existência e sobrevivência do grupo" (1983). Sendo assim, a doutrina destaca como *instituições socialmente estruturantes* a família, a escola e a cultura, a religião, a comunicação social e as instituições econômicas. Sejam estatais ou da sociedade, para a doutrina toda instituição traz consigo um *sentido conservador*, pois quanto mais sólidos forem os valores que as caracterizam, mais fortes serão as instituições – sem que isso, em tese, signifique ser conservadora nesses valores, inadmitindo mudanças.

Tal concepção deriva da relevância vertebral de um *processo de evolução social* e, consequentemente, da interdependência das instituições humanas. Nesse sentido, a doutrina sustenta que as sociedades mudam conforme padrões evolucionistas:
   a) as funções mudam mais do que as instituições;
   b) as instituições centrais absorvem mais funções, por isso duram mais;
   c) há funções que são eliminadas;
   d) o desenvolvimento ocorre por meio do revezamento de funções conforme a conjuntura.

A evolução das sociedades sofreria limitações devido a contradições, "desajustamentos" ou virtuais tendências dessa sociedade que obstruem seu "natural desenvolvimento", razão pela qual o nível de integração dessa sociedade seria determinante para seu "estágio evolutivo", conforme quatro leis evolucionistas:
   a) correspondência (congruência de princípios);
   b) coincidências (combinações favoráveis entre princípios diversos);
   c) coordenação (preponderância de uma instituição dirigente);
   d) convergência (duas ou mais instituições se identificam e se fundem).

Nesse processo de evolução social, o desejo por *segurança* acompanharia a natureza humana, sendo inerente ao homem, uma necessidade, um direito inalienável. Por isso a ideia de segurança traduz "uma noção de garantia, proteção ou tranquilidade em face de ameaças ou ações adversas à própria pessoa humana, às instituições ou a bens essenciais, existentes ou pretendidos". A segurança se realizaria no universo antagônico, mas também fora dele. É ampla, global e abrangente, envolvendo as dimensões internas e externas, assim como não se restringe ao campo militar. Ao contrário, se estende às demais instituições do Estado e da sociedade, perfazendo uma noção de direito, mas também de dever dos indivíduos.

Em ato contínuo, o *desenvolvimento* seria requisito para a segurança. Assim como a primeira, não se restringe ao campo econômico, mas é global. Se movendo da "tecnologia rotineira" para a "tecnologia progressiva", o desenvolvimento consistiria em um "conjunto de métodos de ação que se aperfeiçoa à medida que cresce o conhecimento das leis naturais". Por resultado, o desenvolvimento gera mudanças nas estruturas sociais das nações.

Uma questão importante é a relação de mútua causalidade entre segurança e desenvolvimento. Revisando o posicionamento de 1975, a doutrina relativiza essa relação, apontando a existência de um "efeito perverso", especialmente em casos em que o desenvolvimento pode gerar razões de insegurança. Da mesma forma, a segurança poderia gerar entraves para o desenvolvimento. Por essa razão, a relação de mútua causalidade deveria ser substituída por uma relação de interdependência. A preponderância de uma sobre a outra dependeria da conjuntura adversa: em caso de pressões e antagonismos, mais segurança;

em caso de fatores adversos, mais desenvolvimento. Seja como for, seguindo um sentido antropocêntrico, sendo o homem "a origem e o fim" da segurança e do desenvolvimento.

Assim, a organização social é vista pela doutrina de forma orgânica, sistêmica, com um sentido evolutivo. A ordem social se organiza em torno de instituições permanentes que condicionam os indivíduos por meio do processo histórico, e conformam uma sociedade seguindo os valores naturais e sociais do ser humano. A existência do conflito decorreria da pluralidade da natureza humana e dos percalços inerentes ao processo evolutivo que tendem a gerar disputas na sociedade, quer dizer, conflitos nas relações de poder.

PODER NACIONAL

A noção de *poder* da doutrina está diretamente ligada à intenção humana, pois "sem vontade, não há poder" (Brasil, 1983, p. 63). Entretanto, não basta vontade, é preciso que ela se some à capacidade de concretizá-la. Em termos mais precisos, "eis a gênese do poder: para satisfazer seus interesses, deve o homem agir impondo sua vontade de forma a assegurar-lhe o predomínio sobre quaisquer outras forças ou óbices que lhe oponham" (Brasil, 1983, p. 64). Sendo assim, o poder seria o instrumento pelo qual se asseguraria interesses da natureza humana como "sobrevivência, ordem, equilíbrio, coerência e desenvolvimento" e, talvez o mais importante, constitui "um dado de fato, um instrumento de trabalho que deve ser compreendido para ser bem utilizado" (Brasil, 1983, p. 65).

No plano da sociedade nacional, é o *poder nacional* que cria o Estado, pois "lhe plasma a estrutura, cria o Direito, estabelece a separação entre público e privado, confere personalidade, estabelece competências e, destarte, define seu bojo, o conteúdo e os limites do Poder Estatal" (Brasil, 1983, p. 65-70). Portanto, cuida-se da base real de poder de uma nação. Sendo assim, o Estado é o principal poder nacional, pois concentra os meios coercitivos para se impor à ordem instituída. Entretanto, não é o único poder da nação. Outros campos da sociedade exercem poder, conforme suas capacidades, recursos e interesses. Por isso, a teoria de poder da doutrina estrutura o poder nacional em *expressões*, conforme sua capacidade de produzir determinados efeitos: *política, econômica, psicossocial e militar*.

Quadro 3 – Expressões do poder nacional

Variáveis/ poderes nacionais	Expressão política	Expressão psicossocial	Expressão econômica	Expressão militar
Fundamentos	Povo, território e instituições políticas	População, meio ambiente e instituições sociais	Recursos humanos, recursos naturais e instituições econômicas	Recursos humanos, território e instituições militares

Fatores	Cultura política, atuação das elites, meios de comunicação, ideologia política, situação geopolítica, ordenamento jurídico e regime político	Educação e cultura, saúde e saneamento, trabalho e previdência social, religião e ética, ideologia, habitação, integração social, comunicação social, caráter nacional, urbanização e ecologia	Capacidade de acumulação e absorção de capital, força de trabalho, ciência e tecnologia, capacidade empresarial e modelo econômico	Doutrina militar, estrutura militar, alto comando, integração das forças, instrução, adestramento, aprestamento, moral militar, inovação técnica, mobilização, serviço militar, não específicos
Componentes	Legislativo, Judiciário, Executivo, partidos	Moral nacional, comunicação social, opinião pública	Setor primário, setor secundário, setor terciário, infraestrutura	Naval, terrestre, aeroespacial
Órgãos/funções	Legislativo, Judiciário, Executivo, partidos, polícia, formular e implementar a "política nacional"	Família, imprensa, escola, sindicato, igreja, empresa	Setor público, administrativa, normativa, excepcionalmente produtiva, setor privado/empresa, produtiva e distributiva	Presidente: comandante supremo; Estado-Maior (Forças Armadas): assessoramento; Alto Comando das Forças Armadas: assessoramento; Ministério da Marinha: direção, comando e administração; Ministério da Aeronáutica: direção, comando e administração; Ministério do Exército: direção, comando e administração
Possibilidades	–	–	–	–
Vulnerabilidades	–	–	–	–
Juízo de valor sobre suas capacidades	–	–	–	–

Indicadores: potencial, conjuntural, tendencial e segurança	Sensibilidade política (maturidade política), inconformismo (oposição e contestação), coesão e harmonia no ambiente social, harmonia no relacionamento entre componentes da expressão política, harmonia no relacionamento entre diferentes unidades territoriais, eficiência e eficácia dos órgãos de expressão política do Poder Nacional, Influência ideológica, estabilidade política	Opinião pública, mobilidade social, índices demográficos, índice de escolaridade, índices sanitários, influência ideológica, organização social, ajustamento das instituições sociais, situação do trabalho, ajustamento do homem ao meio	Recursos humanos, recursos naturais, contas nacionais, valor da produção federativa, renda "per capita", produtividade da força de trabalho, distribuição de renda, crescimento da produção, crescimento demográfico, crescimento da oferta e demanda por empregos, investimento, crescimento de energia, estabilidade da moeda, níveis de emprego, capacidade de endividamento externo, grau de suficiência de recursos estratégicos	Efetivo, percentagem da população e prazos para mobilização de pessoal, duração do serviço militar, tipo de recrutamento, material bélico e equipamento adequados, estrutura militar adequada, moral militar, grau de instrução, adestramento e aprestamento, capacidade do alto comando, doutrina efetiva e adequada, grau de integração entre as forças e apoio da opinião pública, situação geoestratégica, capacidade de mobilização, recursos econômicos, desenvolvimento tecnológico
Preparação e aplicação do PN: atual, potencial e futuro	–	–	–	–

Fonte: autor (2021), com base no *Manual* da ESG (1975, 1983)

Basicamente, a doutrina considera quatro elementos que compõem cada expressão conforme suas peculiaridades: fundamentos (homem, terra e instituições); fatores (dinâmicos, determinados pela conjuntura que influenciam os fundamentos); componentes (os elementos estruturais da nação capazes de expressão de poder); e órgãos e funções (instituições que desenvolvem atividades para determinados fins). No quadro 3 é apresentado um esquema de como esses elementos se configuram em cada expressão do poder nacional.

Seria de suma relevância uma acurada análise de conjuntura para a compreensão real do poder nacional. Isso condicionará toda a ação política, por isso seu papel instrumental vital. Nesse sentido, a avaliação do poder nacional deve caracterizar os antagonismos (voluntários) e as pressões (dotadas de poder) em três aspectos: possibilidades, vulnerabilidades e juízo de valor sobre suas capacidades. Daí a imprescindibilidade das informações estratégicas que compõem um levantamento estratégico: organização de dados e informações, devidamente atualizadas de forma periódica e arquivadas. É com isso que será possível formular indicadores do poder nacional: elementos que permitem estimar (qualitativos) e/ou medir (quantitativos) o valor do poder nacional quanto às variáveis potencial, conjuntural, tendencial e segurança.

Uma vez conhecido, mensurado e estimado, o poder nacional seria preparado e aplicado. Segundo a doutrina, buscando ser o mais realista possível, nem superestimado e tampouco subestimado, o objetivo aqui seria verificar o estado real do poder nacional. Nesse sentido, consistem no *poder nacional atual* (considerado de aplicação imediata ou de curto prazo), no *poder nacional futuro* (soma do poder atual com o poder que pode ser transformado no prazo considerado) e, por fim, no *potencial nacional* (planejamento estratégico).

Conforme a doutrina, o poder nacional "possui um sentido harmônico de ação conjunto" (Brasil, 1983, p. 66-68). Por isso, o desenham como instrumental (pois o poder "não é um fim em si mesmo"), integrado (todas as expressões se condicionam, se interligam e se complementam), relativo (subjetivo, impreciso e suscetível a conjunturas de curto, médio e longo prazo). Apesar de cada poder possuir seu âmbito de atuação, conforme os efeitos desejados para conquista e manutenção do núcleo normativo, a harmonia desejada entre as expressões pode, por questões conjunturais, ser relativizada, podendo uma expressão prevalecer sobre a outra de forma temporária.

Por sua vez, a *política* seria inerente ao homem que vive em sociedade e significa um determinado modo de ação tendo em vista objetivos. Por isso, voltada para a ação, em que "as preocupações são mais de ordem conjuntural", a política entra no "domínio da especulação, seleciona alternativas, fixa objetivos, reparte meios e condiciona seu emprego, formulando diretrizes para orientar a ação política" (Brasil, 1983, p. 90). Em resumo, a doutrina define a política como "a arte de organizar e governar um Estado e de dirigir suas ações internas e externas, em busca do Bem Comum" (Brasil, 1983, p. 91).

O foco dado à ação política explica a alta relevância da *estratégia* para a doutrina. Enquanto a política visa o fim (o que fazer), a estratégia está centrada no meio (como fazer). Neste ponto, uma vez definida a política, caberia à estratégia "criar a forma de impor essa vontade (política), pela escolha da linha de ação mais favorável entre as várias opções, particularmente no que se refere à repartição de recursos, à concentração de esforços, à prioridade a estabelecer, à correta aplicação dos meios" (Brasil, 1983, p. 102-103). A estratégia está ligada à política, pois esta também atua normalmente usando "a persuasão, a negociação, a conciliação e, se possível, o consenso" (Brasil, 1983, p. 107). No entanto, enquanto os fins ou objetivos mudam lentamente, "a estratégia idealizada para alcançá-los varia sempre" o que faz da conjuntura a principal lei da estratégia e da ação política (Brasil, 1975, p. 98).

Por fim, para a doutrina nas relações de poder da sociedade nacional, objetivos e estratégias de ação seriam protagonizadas pelas *elites políticas*, cabendo a estas "desenvolver a sensibilidade para captar, estimar e interpretar os autênticos interesses e aspirações nacionais" (Brasil, 1975, p. 35). Nessa visão da política que exclui o protagonismo político da população em geral, conforme a "ordem naturalmente estabelecida" em determinados momentos "as elites se apercebem da necessidade de incutir na população interesses, aspirações, valores e objetivos novos, com o fim de impregná-los favoravelmente às mudanças imprescindíveis em prol de um aperfeiçoamento material e espiritual" (Brasil, 1983, p. 118). Para a doutrina, seria a elite política o agente histórico-cultural mais legítimo para sintetizar as aspirações, interesses e objetivos nacionais (Brasil, 1975, p. 39-40):

> [...] embora o governo, teoricamente, deva ser um delegado da população como um todo, na realidade a opinião pública estabelece apenas uma faixa ampla na qual o governo pode atuar com seu beneplácito. Em verdade, são as elites que buscam condicionar os caminhos a seguir dentro dessa faixa.

Para que essas elites imponham aos demais a sua "vontade natural", isto é, transforme seu interesse em ação política, se tornando um dado *de fato*, seria necessária uma *doutrina política*. Dessa maneira, a doutrina seria "um conjunto de preceitos (regras, princípios, processos e métodos) que servem de fundamento a um sistema destinado a orientar a ação" (Brasil, 1975, p. 84). Um ponto central para o sucesso dessa doutrina é que ela se desenvolve no plano real, está condicionada pelas circunstâncias, sendo a "arte do possível" e, necessariamente, nacional. O próprio dinamismo do meio social exigiria uma definição de objetivos, de planejamento flexível e de relativo emprego do poder, com previsões e ações.

Se a doutrina cuida da forma da ação, será a *ideologia política* que se aterá ao seu conteúdo, buscando unir ideias e ação pelas formas manipulativa/instrumental (mobilizar as energias dos homens) e/ou expressiva (influenciar comportamentos de acordo com objetivos e aspirações). Nesse sentido, a ideologia seria "um sistema de ideias, que consubstancia um programa de pensamento e de ação, com a finalidade de impor normas políticas de caráter conservador ou revolucionário, lastreadas em valores sociais ou políticos ou concepções religiosas" (Brasil, 1975, p. 121). Neste caso, assume importância a *ideologia dominante*, ou seja, aquela que se assenta na "tradição histórico-cultural" de determinada sociedade. Para a doutrina, esta "cultura comum" seria universal, "supraclasse", sem eliminar aquelas divergentes que também buscam se impor como regime político. A necessidade de incorporação do fenômeno ideológico foi motivada pelo papel transformador do conhecimento, atribuído pelo marxismo, pois "o conhecimento não seria neutro e sim marcado pelo interesse de classe" (Brasil, 1983, p. 30; 118).

Essa noção de *ideologia dominante* decorre da relevância estrutural que a doutrina confere aos elementos históricos e sociais. Nesse passo, a *cultura política* tem um lugar central, sendo a tradução do "modo pelo qual o povo reage diante do fato político e se exprime por meio de canais de participação política, e pelo qual conhece, avalia e opta em face de alternativas, e dá, quando possível, soluções a problemas comuns e estabelece critérios para a escolha de dirigentes" (Brasil, 1975, p. 119). E, conforme a doutrina, "a manifestação essencial da cultura política é a ordem", quer dizer, o respeito e à obediência aos costumes e aos valores "naturalmente" estabelecidos que constituem a *ordem vigente*. Haveria uma tensão natural entre a "ordem do ser", correspondente ao comportamento prático, e a "ordem do dever ser" ligada ao comportamento ideal, gerando "inconformismo entre as duas ordens" (Brasil, 1975, p. 120). É por isso que "uma sociedade será tanto mais estável quanto maior for a adequação desses dois aspectos da ordem" (Brasil, 1983, p. 117-118).

OBJETIVOS NACIONAIS BRASILEIROS

Conforme a própria definição de ideologia da doutrina, é possível identificar um conjunto de ideias destinadas à ação política, que cuidam tanto dos fins quanto dos meios, peculiar para o Brasil. Nessa ideologia, a história nacional e a internacional são interpretadas segundo as lentes do núcleo ontológico, fundamentando a definição de objetivos, políticas, estratégias e a delimitação do poder nacional e seu campo de atuação.

Nesse passo, a *identidade nacional* é marcada historicamente pela "frouxidão dos laços sociais" que se opuseram ao modelo anglo-saxão desde a invasão colonial, destacando a doutrina que, "entre os latinos, as explosões de entusiasmo propiciam solidariedade voluntária, cooperação espontânea e livre, mas prontamente abandonadas" (Brasil, 1975, p. 39-47). Além disso, segundo a doutrina, outros elementos da vida contemporânea vêm trazendo características novas, como solidariedade, tolerância e fraternidade. Esse complexo, para a doutrina, reúne os seguintes atributos:

- individualismo: decorrente da diversidade de tipos étnicos, do tipo de colonização e da herança patriarcal, sendo o patriarca "o primeiro dirigente e o poder privado, o primeiro poder efetivo" (Brasil, 1975, p. 44);
- adaptabilidade: facilidade em assimilar outras culturas, especialmente pela "interação" cultural "facilitada pelo fato de virem os colonizadores desacompanhados de suas mulheres, pela relativa passividade do negro e por ultrapassar a concepção tribal o espírito de unidade do índio" (Brasil, 1975, p. 45);
- improvisação: capacidade de imediatismo e aversão a elaborações lentas;
- pacifismo: tendência histórica pela conciliação e pelo compromisso diante de momentos antagônicos;
- cordialidade: facilidade em perdoar e esquecer, indulgente com a repressão e eliminação de distinções de classe e raça;
Emotividade: sensível, generoso, capaz de emoções repentinas e contagiantes.

Ao interpretar a história política do país, a doutrina afirma que "os grandes momentos" foram engendrados pela *elite política nacional*, em movimentos de cúpula, sem engajamento popular: Abolicionismo, Independência e República. Curiosamente, a doutrina argumenta que, em todos esses processos, não teriam existido "opressão, violência e exploração indiscriminada" como em outros povos (Brasil, 1975, p. 47). No interior dessa elite, os grupos políticos, religiosos, culturais e militares teriam sido responsáveis pelas maiores mudanças estruturais e ideológicas da história nacional. Inclusive, em certos momentos, contrariando a opinião pública – ainda que, segue a doutrina, as comunicações e a participação política viessem aumentando em influência, de tal forma que seriam as elites políticas brasileiras as detentoras de "uma visão mais elaborada dos autênticos interesses nacionais" (Brasil, 1983, p. 118-119).

A partir dessa leitura histórica cultural, os *objetivos nacionais permanentes* da nação brasileira são definidos sob clara influência do pensamento dos autores Alberto Torres, Oliveira Vianna, Paulo Prado e Fernando Azevedo:

1) democracia: esta seria uma "vocação histórica" pelo "espírito democrático", demonstrado desde a Independência do Brasil, seguido pela monarquia constitucional "sem derramamento de sangue" e consagrado pelo período republicano, somente ameaçado pelo "totalitarismo alienígena" em 1964, enfrentado "pelo Brasil inteiro em nome da fé democrática" (Brasil, 1983, p. 53-54). Em todos esses períodos, os objetivos sempre teriam sido a preservação ou a "salvação das liberdades", coerente com a realidade brasileira;

2) integridade do patrimônio nacional: além de preservar território, mantendo suas atuais fronteiras, assim como os recursos naturais,

cuida do "espaço cultural", visando protegê-lo da "invasão indireta";
3) integração nacional: preservar a tradição da cultura cristã e da comunidade nacional (língua, ascensão moral, miscigenação, supressão de desníveis sociais e regionais) com solidariedade interna;
4) progresso: em todos os níveis, os melhores padrões de bem-estar do mundo;
5) paz social: harmonia, solidariedade e solução dos conflitos pelo direito, justiça social e valores morais e espirituais;
6) soberania: autodeterminação e convivência com igualdade de direitos e oportunidades com outras nações.

Em curto e médio prazo, estariam os *Objetivos Nacionais Atuais* (ONA) suscetíveis à conjuntura do momento, que "expressam etapas intermediárias com vistas a alcançar ou manter os Objetivos Nacionais Permanentes" (Brasil, 1975, p. 37). Da leitura desses objetivos, percebe-se uma verdadeira carta de princípios políticos, uma espécie de "Constituição nacional" do ponto de vista militar. Não por acaso, diversos desses princípios constam expressamente na Constituição de 1988. E, na doutrina, esses objetivos têm um papel semelhante à Constituição em um regime político: orientar a ação política no governo da nação.

É o que definem como *política nacional*, que programa um conjunto "axiologicamente orientado" do poder nacional em busca dos objetivos nacionais permanentes. A variação mais importante desse conceito guarda-chuva é a política governamental, orientada pelos objetivos nacionais atuais, condicionada à conjuntura do momento e atendendo a carências no geral ou a carências de poder em específico. As demais ramificações da política nacional transcendem as questões de governo, mais conjunturais, fazendo a doutrina conceituações circulares. Nesse sentido, a política nacional de desenvolvimento seria "a arte de orientar o poder nacional no sentido de seu fortalecimento global, visando à conquista e manutenção dos Objetivos Nacionais" e a política nacional de segurança seria "a arte de orientar o poder nacional, visando a garantir a conquista ou manutenção dos Objetivos Nacionais", sempre nas dimensões interna e externa (Brasil, 1983, p. 93-97). Nesses termos, a política nacional seria, em síntese, *segurança e desenvolvimento*, na busca dos objetivos nacionais permanentes. Esses conceitos são fundamentais, pois representam as duas vigas substantivas no núcleo político da doutrina.

É de se notar que a "descoberta" da substância desses objetivos está condicionada aos pressupostos ideológicos da doutrina, que delimitam a margem de subjetividades de interpretação sobre as "aspirações" e os "interesses nacionais". Nesse ponto, chama atenção a ressalva que "este tipo de definição não surge, necessariamente, pela voz de seus eventuais governantes, podendo mesmo, em alguns casos, contrariar posições dos detentores do poder" (Brasil, 1983, p. 43-44). Eis a peculiar visão da doutrina sobre a ordem política.

DEMOCRACIA LIBERAL-SOCIAL ANTICOMUNISTA

Considerando distinções ideológicas transformadas em normas nas relações de poder na sociedade, o regime político seria "um conjunto de regras e princípios de natureza histórico-cultural que presidem ao exercício do poder" (Brasil, 1975, p. 125). O conteúdo do regime será determinado pela doutrina que o fundamenta.

É nesse passo que a escola adota o modelo de doutrinas ideológicas antagônicas, optando pela dicotomia conhecida entre democracia e autoritarismo. De um lado, a autocracia seria o regime em que "a vontade de um é a lei", ainda que existam instituições que resguardem o poder de fato para o autocrata, à exemplo de César em Roma. Pontue-se que o termo é tratado como sinônimo de totalitarismo.

O *"comunismo"* e/ou o *"socialismo"*, especialmente de vertente *"marxista-leninista"*, seria o maior exemplo doutrinário de solução autoritária. Para a doutrina, as principais características doutrinárias comunistas seriam o materialismo histórico e o conflito de forças econômicas; meios de produção e capital, Estado e poder político como instrumentos de dominação e opressão; conflito de classes antagônicas; e a visão negativa sobre a propriedade e a religião. Em termos conceituais, o marxismo-leninismo seria para a doutrina uma ideologia caracterizada por "uma cosmovisão, que pretende ser a solução para todos os problemas socioeconômicos e políticos, e que procura impor-se como um programa mundial de ação revolucionária, de engajamento e de luta" (Brasil, 1975, p. 353-360). As outras versões autocráticas seriam o fascismo (personalista) e o nazismo (personalista, supremacista racial, revanchista histórico, antissemita).

Na outra ponta dicotômica, estaria a *democracia*. Originária dos modelos ateniense, inglês (parlamentarista) e estadunidense (presidencialista), a democracia se caracterizaria pelos seguintes fundamentos:

- representação política e opinião pública: é o que confere legitimidade ao poder, que exige "consenso popular". Todo poder emana do povo, que delega aos governantes. Segundo a doutrina, a democracia direta seria uma "impossibilidade óbvia";
- sistema eleitoral partidário: pluralidade partidária, com lealdade *"ao princípio democrático"*. O sistema eleitoral pode variar – eleições diretas ou indiretas, sufrágio universal ou limitado, obrigatório ou facultativo –; o que não se admitiria é o partido único;
- Estado de direito: a nação juridicamente organizada. Garantias jurídico-legais à pessoa humana contra abusos do poder do Estado. Controle, limitação e fiscalização da administração pública;
- liberalismo político: separação dos poderes oficiais, sistema de freios e contrapesos (Executivo proeminente, Judiciário imparcial, Legislativo dinâmico), sistema de direitos e garantias da pessoa humana, direitos fundamentais do Homem;

- liberdade: o "ângulo máximo de iniciativa";
- igualdade de oportunidades: a "supressão definitiva de qualquer privilégio de nascimento, religião ou sexo, ou seja, a garantia pelo Estado das mesmas oportunidades de ascensão social" (Brasil, 1979, p. 363);
- direitos e deveres: a liberdade deve ser exercida "de acordo com o interesse social", tanto para indivíduos como para grupos e instituições nacionais; especialmente os meios de comunicação, de uso voluntário, em favor "dos valores fundamentais do grupo social, e não para assegurar, apenas, a percepção de vantagens pessoais" (Brasil, 1979, p. 363);
- governo da maioria: seria a expressão da pluralidade partidária e garantia da oposição política com respeito às minorias, desde que observados os "valores democráticos", sendo vedada a defesa de um "igualitarismo compulsório", que "suprima o direito à livre iniciativa" (Brasil, 1979, p. 364).

Apesar de conceituar a democracia da forma anteriormente citada, a doutrina fazia a opção por uma variação específica, que chama de *democracia social*. Cuida-se de uma junção da democracia liberal com a democracia social: dignidade da pessoa humana com justiça social. Há destaque para o enfrentamento da pobreza, do analfabetismo, do egoísmo e do preconceito. Nessa democracia social, o Estado Democrático deixa de ser expectador da livre iniciativa e passa a ter "maior participação no processo econômico-social, a fim de regular, com a força jurídico-legal de sua autoridade, as relações entre os indivíduos e os grupos sociais, com a finalidade de propiciar maior bem-estar social, visando promover a justiça social" (Brasil, 1975, p. 368).

A democracia social da doutrina reserva um lugar para a *"participação do povo"*, ainda que o protagonismo político seja das elites nacionais. Porém, essa *participação popular* se daria por meio da adesão às "aspirações, desejos e interesses nacionais", assim, no cumprimento dos seus deveres. Quer dizer, participar é delegar poderes a representantes, legítimos tomadores de decisão política. Afora isso, a participação política daqueles "não elite" ocorreria por meio da expressão difusa de suas opiniões, como expressão de sua vontade individual ou ainda comunitária, podendo ser ouvida e considerada pelos representantes. Em uma sentença: delegar, obedecer e opinar.

Nessa concepção de "participação popular", a *opinião pública* assume papel relevante, pois constitui "uma reação verbal ou resposta implícita que uma pessoa manifesta em face de determinada situação estimulante" na qual uma questão foi suscitada. Em síntese, um "juízo sobre determinado assunto" (Brasil, 1975, p. 182-183). No plano privado, tal julgamento estaria situado entre a dúvida e a certeza, se movimentando de acordo com a direção dada – pró ou contra algo ou alguma coisa e sua intensidade –, veemência ou desinteresse. Por essas duas dimensões da opinião (direção e intensidade), pode-se mensurar o nível de fidelidade do indivíduo em relação a determinado grupo, tanto na escala microssocial quanto na pública.

Caracterizada dessa maneira, a opinião pública seria passível de motivação, persuasão, estímulo e influência, ainda que não se possa determiná-la. Assim, para a doutrina, seria "notável a forma de controle social que a opinião pública exerce, procurando assegurar obediência dos membros do grupo social aos padrões de comportamento existentes" (Brasil, 1975, p. 182-183). Neste ponto, como frisa a doutrina, a comunicação, especialmente a de massa, exerce "óbvia influência sobre a expressão política" do poder nacional. Mais do que isso, adverte a doutrina, "se bem utilizada pelas elites, a comunicação constituirá fator muito importante para o aprimoramento dos componentes da Expressão Política" (Brasil, 1983, p. 119).

O modelo dicotômico se traduz também nas *instituições sociais*, especialmente na família, na escola e na religião. O quadro 4 apresenta um comparativo de atributos democráticos/autoritários em cada um desses campos sociais. Neste ponto, há uma mudança de ênfase da doutrina. No manual de 1975, um capítulo denominado "realidades contemporâneas" foi dedicado inteiramente a fazer distinções dicotômicas entre democracia e autocracia, assim como seus desdobramentos nos sistemas político, econômico e social. Em 1983, como um sintoma do declínio da Guerra Fria, tais distinções são diluídas ao longo da doutrina. As associações entre autoritarismo/totalitarismos e comunismo – "marxismo-leninista" ou "marxismo-maoísta" – se tornaram muito mais moderadas, mas perenes, se estendendo principalmente no sistema econômico.

Quadro 4 – Dicotomias sociais

	Democrática (liberal)	Autocrática (comunista)
Família	Direitos iguais entre os cônjuges; evolução da mulher no campo das atividades profissionais; evolução da divisão equitativa dos afazeres domésticos; relações afetivas impregnadas de afetividade	Educação e afeto estatizadas; permanência da desigualdade entre os cônjuges; audiência de plena igualdade entre homens e mulheres
Escola	Autorrealização; "bom cidadão" (obediência às leis, princípios democráticos – história, civismo, literatura, organização estudantil); trabalhador produtivo; "bom membro" da família e comunitário	Dominada pela ideologia; destinada aos objetivos do partido dominante; cristalizar os valores culturais comunistas; perpetuação do poder do Estado
Igreja	Separação do Estado; pluralismo religioso; centro de atividades "profanas"; função educadora	Função reacionária; propaganda antirreligião e/ou aproximação doutrinária com o marxismo leninismo; programa antirreligioso (obstáculos legais e administrativos, nacionalização de escolas confessionais, supressão da imprensa religiosa, dissolução de organizações seculares, extinção do ensino religioso, apoderamento da administração de igrejas); repressão a religiosos (prisões, julgamentos espetaculares, condenações, infiltrações de grupos dissidentes, agressividade a autoridades eclesiásticas)

Fonte: autor (2021), com base no *Manual Básico* da ESG (1975, 1983)

NEOCAPITALISMO ANTICOMUNISTA

Embora reconheça uma relação de certa autonomia, a doutrina é clara em realçar os efeitos do regime político no sistema social, visto que ele seria parte de um sistema mais amplo. Desse modo, o *sistema econômico* se organizaria segundo o regime de bens (relação dos homens com as coisas) e o regime de pessoas (relação dos homens entre si). A forma como essas relações são ordenadas (regime político) definem qual o tipo de sistema econômico. É aí que, seguindo a máxima dicotômica, se assentam dois sistemas: capitalismo e socialismo marxista-leninista.

Quanto ao *capitalismo*, é definido como uma das formas de administração do capital (conjunto de bens capaz de produzir outros bens), regida pela propriedade privada que objetiva o lucro para quem o possui. Conforme reconhece a doutrina, embora se possa vê-lo apenas na dimensão econômica, "seria irrealista pensar que ele pudesse ser substituído por outros sistemas econômicos, mantendo-se inalteradas as instituições não econômicas da sociedade" (Brasil, 1975, p. 376-378), de tal modo que o sistema econômico do *"capitalismo liberal"* se comunicaria muito com as demais instituições da sociedade pelos seguintes fundamentos: comportamento racional (homem econômico que busca maximizar ganhos e minimizar os custos), propriedade privada (decisão econômica é da empresa e do indivíduo, sendo o capital acumulável), herança (continuidade da propriedade privada e a não-estatização do capital), liberdade de iniciativa (extensão da propriedade privada e condição de "eficiência" frente aos "fatores produtivos") e de concorrência (condição de "eficiência" e limitadora de monopólios).

No lado oposto, estaria o sistema econômico do *"socialismo marxista"*, baseado em três grandes fundamentos: teoria econômica de Marx (valor de uso, valor de troca, salário, mais-valia), luta de classes (processo de autofagia capitalista) e período de transição (eliminação da propriedade privada e monopólio empresarial do Estado). A doutrina enfatiza que esse seria um período transitório, de "ditadura do proletariado" e, assim como no capitalismo, exigiria comunicação com as instituições não econômicas que se completaria, historicamente, pelo fim do Estado e a implementação do "regime comunista".

Considerando essas duas dicotomias, a doutrina prescreve um sistema econômico que chama de *neocapitalismo ou capitalismo moderno*. Partindo da "falência do modelo marxista", especialmente "decretada" pelo keynesianismo de 1930, o neocapitalismo rejeitaria o Estado empresário em troca de um *Estado ajustador do capitalismo*, especialmente na função-consumo e em alguns fundamentos do capitalismo liberal: ética do sucesso (mitigada pela busca do pleno emprego e de elevado padrão de consumo), individualismo (superado pelos valores da cooperação e do trabalho em equipe), comportamento das grandes empresas (que alargam seu campo de atuação para as áreas política, cultural, social e da segurança), comportamento dos consumidores (a escolha racional é mitigada pela escolha irracional estimulada pela propaganda e a criação gradual de necessidades) e a intervenção do Estado (regular o mercado e promover equilíbrio das relações por meio de taxação, de direitos sociais e da distribuição de renda). Em relação à intervenção do Estado, a doutrina contrapõe dois extremos: a autorregulação do mercado, insuficiente para conter seus efeitos cíclicos (inflação e concentração), e a "ortodoxia socialista", em que o Estado seria a própria economia. E faz a opção intermediária, por um Estado dirigente que assegure um sistema misto de "liberdade econômica" (lucro, concorrência, propriedade privada) e participação do Estado.

Nesse sistema de economia, o *mercado* seria o principal ator na tomada de decisões, enfraquecendo o mando e a tradição. Esse mercado seria definido pela "combinação dos centros econômicos de produção, oferta e consumo ligados entre si pelas relações de troca" (Brasil, 1983, p. 141-142). A doutrina evoca o direito natural e sua teoria do "homem não dominado" para descrever o "mercado livre", espaço "onde a força de consumo integradora de vontades individuais é a formuladora decisiva do padrão da atividade econômica" (Brasil, 1983, p. 141-142). Segundo os "tratados clássicos" de economia, essa seria a forma mais eficiente para o binômio necessidade x disponibilidade (Brasil, 1983).

A SEGURANÇA NACIONAL

A última categoria do núcleo "política de crenças dos militares" seria uma síntese: a segurança nacional. Pressupondo que o poder "não é neutro", sua prática no seio social produziria um "desgaste natural" e consequentes *óbices* a seu exercício. Tais obstáculos seriam de "toda a ordem": materiais e imateriais, condicionantes estruturais ou conjunturais, decorrentes de fatos naturais, sociais ou da vontade humana que "dificultam ou impedem a conquista e a manutenção dos objetivos nacionais" (Brasil, 1983, p. 104).

No esquema doutrinário, esses óbices são divididos em dois tipos, sejam internos e/ou externos à nação:
- *fatores adversos*: destituídos de sentido contestatório. Geram entraves para "a conquista e manutenção dos objetivos nacionais"; e
- *antagonismos*: atitude deliberada e contestatória que se contraponha à "conquista e manutenção dos objetivos nacionais".

A teoria de conflitos da doutrina é clara em colocar o *antagonismo político* no centro de suas razões de segurança. Isso ocorre quando o núcleo normativo e a conformação política da doutrina são ameaçadas por outra ideologia, afetando especialmente as bases da organização social vigente. O fator antagônico também considera a capacidade dos meios dessa ideologia para atingir seus objetivos. Quando possuem capacidade de se contrapor, exercem pressão. Porém, quando essa pressão atinge importância e natureza que constitui ameaça ponderável e real, se transforma em pressão dominante. É nessa última hipótese antagônica que o Estado estaria "autorizado" a tomar progressivamente medidas extraordinárias (eliminação, redução ou guerra).

Esse ponto é importante para compreender a dinâmica doutrinária sobre a disputa de poder na sociedade. Especialmente pela linha tênue entre a oposição contestatória "típica de regimes democráticos" e aquela "com potencial antagônico", pois essa distinção seria realizada "a critério da autoridade, e de acordo com a legislação pertinente" visando garantir a "integridade nacional, o livre funcionamento dos poderes, da lei e das instituições" (Brasil, 1983, p. 222). Quer dizer, mesmo as atividades de oposição política não antagônicas podem ser, potencialmente, também antagônicas, cabendo ao poder político delimitar essa "linha divisória".

Partindo desses parâmetros, a doutrina formula sua teoria dos conflitos. No conceito clássico, baseado no pensamento de Clausewitz, a *guerra* consistiria na destruição das forças principais do inimigo no campo de batalha. Essa seria a *guerra absoluta*. Entretanto, no século XX, emerge uma nova concepção sobre a guerra, também com raízes no pensamento de Clausewitz: é a *guerra indireta* ou a *estratégia de ação indireta*. A principal diferença desse conceito em relação ao clássico está justamente nos meios da guerra: mais brandos, sem necessariamente eliminar o inimigo.

Dessa noção de meios indiretos que se chega ao conceito de *guerra contemporânea*. Ela teria duas variações: a *guerra revolucionária* e a *guerra de insurgência*. Enquanto esta última se refere à luta anticolonialista (sem maiores atenções da doutrina), a guerra revolucionária, "nesta escola, é sinônimo de comunista" (Brasil, 1975, p. 281-284).

A nova concepção de guerra – indireta, total, global, indivisível e revolucionária – gerou uma grande implicação para o pensamento político dos militares. Além de trazer a noção do conflito para o campo interno, moveu o centro da disputa do poder político para a esfera psicológica e ideológica. Consequentemente, essa guerra comportaria tanto as *ações psicológicas quanto a guerra psicológica*, sendo esta uma "guerra eminentemente política" porque atua no campo das ideias. Enquanto as ações psicológicas teriam objetivos específicos (proteger a nação), construtivos, imunizantes; a guerra psicológica teria objetivos "genéricos", destrutivos e contaminantes. Em verdade, uma seria a favor dos pressupostos da doutrina e a outra, contra. Com igual importância, também são arrastadas para o centro da disputa do poder político elementos como a informação, a tecnologia, a imprensa, a opinião pública, a comunicação social, a religião, a escola, os sindicatos e os meios estudantis.

É por isso que a *teoria de segurança* também é globalizante, envolvendo todos os campos sociais em diferentes dimensões, de acordo com a natureza da ameaça. Quando não se tratar de antagonismos e pressões, eventuais adversidades comprometem a *ordem pública*, seja individual (garantia de direitos como liberdade, propriedade, locomoção, proteção contra o crime, saúde, educação, subsistência e oportunidade social), seja comunitária (estabilidade das relações políticas, econômicas e sociais, com preservação da propriedade, do capital e do trabalho conforme interesse social). Garantir a ordem pública, assim definida, seria dever do Estado por meio da *segurança pública*. Do mesmo modo, à *defesa pública* caberia disciplinar o comportamento da sociedade por meio de um "conjunto de atitudes, medidas e ações adotadas para garantir o cumprimento das leis de modo a evitar, impedir ou eliminar a prática de atos que perturbem a ordem" (Brasil, 1983, p. 202-205). Quando, ao contrário, a natureza da ameaça ou violação for antagonismo ou pressão, a dimensão de segurança é de ordem interna, dividida entre a *segurança interna* (sensação global) e a *defesa interna* (ação específica).

Note-se que haveria uma "faixa de sobreposição" entre as duas ordens, visto que "algumas violações capituladas como da esfera da Segurança e da Defesa Pública [...] serão também de interesse da Segurança e da Defesa Interna" (Brasil, 1983, p. 205). Essa "faixa de sobreposição" entre ordem pública e ordem interna se faria necessária diante da "pressão comunista" decorrente da "estratégia de ação indireta". Nesse sentido, a "luta ideológica, explorando contradições e vulnerabilidades internas e advogando soluções radicais, debilita a segurança no âmago das comunidades" (Brasil, 1983, p. 217-219). Antagonismos e pressões poderiam adotar diferentes formas: violência, subversão, corrupção, tráfico de influência, infiltração ideológica, domínio econômico, desagregação social, quebra de soberania ou destruição dos valores morais em que repousaria a sociedade nacional.

Quadro 5 – Medidas de segurança interna

	Expressão política	Expressão militar
Atitude preventiva	Dissolução de reuniões proibidas por ato legal; controle de atividades de elementos suspeitos de agitação e subversão; destruição de pequenos focos de agitação; controle e eliminação de atos iniciais de perturbação da ordem pública	Apoiar e acompanhar, devido ao caráter policial.
Atitude repressiva	Intervenção federal parcial ou total; decretação de estado de emergência ou de sítio; medidas restritivas de liberdade de reunião, associação e de opinião	Controle e eliminação de agitações populares, quando insuficiente a capacidade dos meios compreendidos na expressão política; controle e destruição de focos de guerrilhas, abarcando operações com características militares
Atitude operativa	–	Eliminar o inimigo

Fonte: autor (2021), com base no *Manual Básico* da ESG (1975, 1983)

Por sua vez, a segurança externa se volta contra os "antagonismos ou pressões de origem externa, de qualquer forma ou natureza, que se manifestem ou possam manifestar-se no domínio das relações internacionais" (Brasil, 1975, p. 261). A soma dessas dimensões e esferas de segurança e defesa culminariam, enfim, na definição do conceito de *segurança nacional* como a "garantia em grau variável, proporcionada à nação, principalmente pelo Estado, por meio de ações políticas, econômicas, psicossociais e militares, para a conquista e manutenção dos Objetivos Nacionais Permanentes, a despeito de antagonismos e pressões existentes ou potenciais" (Brasil, 1983, p. 206).

Essa configuração de segurança nacional, muito mais abrangente do que a noção de *defesa nacional*, tem impactos no exercício de liberdades políticas, especialmente pela oposição. Isso porque práticas políticas de contestação democrática podem potencialmente representar essa ameaça, ainda que não sejam inicialmente assim reconhecidas. É o que fica nas três escalas de ações de segurança interna, especialmente aquelas do âmbito preventivo e por meio da expressão política do poder nacional.

MÉTODO DE AÇÃO POLÍTICA DA ESG

Finalmente, o núcleo operativo encerra a estrutura doutrinária do pensamento político da ESG. A partir da imprescindível avaliação do poder nacional como fundamental para a estratégia de ação política é que se consolida o chamado "método da ESG": o *planejamento estratégico*, seguindo os postulados das teorias de sistemas e da decisão.

Em síntese, trata-se de uma série de técnicas racionalizadas baseadas na burocracia do Estado e da sociedade, que reúne um banco de dados quantitativos e qualitativos sobre todos os poderes nacionais, especificamente sobre cada uma das expressões e seus elementos. Desses dados, são produzidas informações para antecipar hipóteses sobre o futuro a curto, médio e longo prazo, e desenhar cenários e linhas de ações que subsidiem as decisões estratégicas da política nacional e da estratégia nacional.

A lei maior do método da ESG é a conjuntura. Por isso, o levantamento de informações estratégicas seria condição para o planejamento da ação política. Basicamente, o método da ESG comportaria duas fases: formulação política (o que fazer, momento de formulação da política nacional) e formulação da estratégia (como fazer). A avaliação da conjuntura orienta as duas fases, pois é dela que se identificam necessidades básicas, óbices, capacidade do poder nacional e a prévia dos objetivos nacionais atuais.

No aspecto próprio da ação, a *mobilização nacional* constitui a capacidade de absorver/beneficiar os recursos humanos conforme os objetivos nacionais, sejam permanentes ou atuais. Isso exige planejamento e preparação, especialmente em tempos de paz. É a mobilização que tem a capacidade de transformar o potencial nacional em poder de fato, ou seja, em preparar o poder nacional. Por isso sua importância.

Há uma série de práticas destinadas às expressões de poder. Na expressão econômica, são exemplos medidas como fixação de preço, estocagem, racionamento, padronização, formação de mão de obra especializada, controle de exportação/importação, transferências, transformação de setores e áreas, inclusive monetárias, creditícias e fiscais. Na expressão psicossocial, providências para o "controle dos diferentes órgãos de comunicação social", visando "motivar o público interno" (Brasil, 1983, p. 317-318). Na expressão política, ações para a "dinamização do processo de aplicação das leis, dos princípios, e das normas jurídicas, em compatibilidade com a conjuntura" (Brasil, 1983, p. 318). E, na expressão militar, a transformação das Forças Armadas "nos grandes consumidores dos recursos e meios do poder nacional, sejam eles humanos, materiais ou financeiros" (Brasil, 1983, p. 318).

O tema da mobilização é tão importante que recebe uma doutrina e um sistema específico, com o devido planejamento estratégico. A etapa final da mobilização é a desmobilização, ou seja, o processo inverso, de retorno "à normalidade". Novamente, todos os poderes estão mobilizados, destacando-se, na expressão política, suspensão progressiva das restrições sobre a liberdade individual e coletiva, readaptação da estrutura político-administrativa; na expressão econômica, retorno à iniciativa privada de atividades produtivas e absorção dos excedentes de produção; na expressão psicossocial, reintegração da força de trabalho, criação de clima de compreensão interna; na expressão militar, redução do poder militar, reinserindo civis e reconversão de indústrias de interesse militar.

Na mesma senda, a logística nacional é a dimensão prática do planejamento estratégico que está relacionada aos meios provenientes do Estado. Quando estes são insuficientes, devido à emergência ou gravidade do perigo, entra a *logística nacional*: a responsável por garantir os meios da política nacional de segurança. Assim como na mobilização, a logística também se destina às expressões do poder nacional. Basicamente, identifica necessidades, obtém os meios e os distribui. Podem ser desde recursos humanos até suprimentos e/ou abastecimentos alimentares e de saúde, manutenção e reparações em construções e transportes.

Eis que finda o sistema de crenças da ESG. Certamente, a categorização proposta resulta uma edificação precária, exigindo correções no processo de homogeneidade de cada sentido analítico. Porém, é uma estrutura mínima visando preencher uma lacuna no exame, com maior abrangência, do pensamento dos militares no Brasil.

CONCLUSÃO: UMA DOUTRINA DE AÇÃO POLÍTICA HEGEMÔNICA

Embora a doutrina evite se chamar de ideologia, conforme seus próprios "fundamentos axiológicos" é possível perceber claramente a formulação de uma doutrina de ação política voltada para "a elite nacional". Tomando sua interpretação peculiar sobre "o processo histórico-cultural" brasileiro como um "fato concreto, que, a cada instante considerado, existe independentemente de opiniões individuais" (Brasil,

1983, p. 25), a doutrina estabelece uma série de crenças ontológicas, políticas e instrumentais, típicas de uma ideologia nacional.

Como vimos, esse sistema de crenças, ao menos desde a fundação da ESG, vem sendo financiado, planejado e ministrado pelo Estado brasileiro e direcionado para formar uma coesão ideológica das elites nacionais, capaz de orientar seus comportamentos na direção do Estado e da sociedade, ou seja, nas expressões do poder nacional. O modesto esforço deste capítulo é resumir *as principais crenças da Doutrina de Segurança Nacional da ESG até 1985*, sem prejuízo das classificações de revisões anteriores:

- *crença 1: humanismo cristão* – o "homem", como criatura de "Deus", é individual, racional, dotado de livre arbítrio, interessado em suprir suas necessidades naturais e desejos, naturalmente social e voltado para atingir o bem comum – liberdade individual, igualdade de oportunidades, dignidade da pessoa;
- *crença 2: sociedade evolucionista* – a sociedade, como um sistema de indivíduos e grupos, desiguais, que interagem conforme seus interesses e exercem funções, é naturalmente organizada por uma ordem evolutiva ocidental em permanente transformação harmônica, coesa e equilibrada por mecanismos de preservação e manutenção da unidade de valores comuns, do território e das instituições constituidoras da sociedade nacional;

- *crença 3: objetivos nacionais brasileiros* – segundo a interpretação histórico-cultural de sua elite hegemônica e expressão genuína da soberania popular, os interesses e as aspirações nacionais objetivam a preservação, a manutenção e o desenvolvimento da democracia social liberal; da paz social pela harmonia entre as classes sociais, especialmente entre capital e trabalho; do método da conciliação entre as elites, na solução de conflitos, evitando usar a violência generalizada; a integridade do território republicano e do espaço cultural; da integração da cultura ocidental cristã, da comunidade nacional-cultural e da solidariedade interna; da soberania de autodeterminação interna em relação a outras nações; do progresso econômico, social e cultural, conforme os melhores níveis ocidentais;
- *crença 4: poder nacional* – a sociedade nacional, fundada no "Homem", é seu objetivo e fim último, no território e nas instituições. Para atingir seus fins, se organiza em torno do poder nacional. Composto pelas expressões política, econômica, psicossocial e militar, reúne os instrumentos necessários, do Estado e da sociedade, para atingir, preservar, manter e desenvolver os objetivos nacionais;
- *crença 5: nacionalismo brasileiro* – constituída por uma raça e uma cultura miscigenada de

europeus (portugueses, italianos, alemães), árabes, japoneses, índios e negros, o indivíduo brasileiro tem historicamente em comum o perfil conciliador, individualista, informal, improvisador, criativo, adaptável, resiliente, passivo e emotivo; as instituições brasileiras são historicamente de inspiração portuguesa, inglesa, estadunidense e francesa, dirigidas por uma elite nacional conciliadora de classes; portanto, natural e historicamente anticomunista;

- *crença 6: democracia social liberal* – o regime político se legitima na representação política das elites e pela participação hierárquica do "povo" (não-elite), e se estrutura nos ideais da separação dos poderes do Estado, na livre iniciativa individual, no livre mercado, na igualdade de oportunidades, na divergência não antagônica entre classes, no Estado de Direito, na dignidade da pessoa humana, no governo da maioria, nos direitos e deveres dos cidadãos, no controle do Estado pela opinião pública, no pluripartidarismo e na justiça social;

- *crença 7: Sociedade de mercado* – enquanto desdobramento da liberdade individual, o sistema econômico brasileiro se constitui neocapitalista, fundamentado na livre iniciativa, no mercado livre, na empresa privada nacional e estrangeira (desde que compatível com os interesses nacionais), no lucro do capital, no bem-estar individual e social e na intervenção

do Estado na economia para regular as disfunções do mercado, visando a justiça social;
- *crença 8: segurança e desenvolvimento nacional* – constituem os campos de atuação do poder nacional para atingir, manter, preservar e promover os "interesses e aspirações nacionais", globalmente abrangentes, envolvendo Estado e sociedade, as expressões política, econômica, psicossocial e militar, sem preponderância entre elas, destinadas a eliminar ou controlar pressões antagônicas e a superar obstáculos à evolução brasileira;
- *crença 9: planejamento estratégico* – baseando a ação política no realismo racional, capaz de evitar o improviso, minimizar as incertezas e se antecipar ao futuro, o método do planejamento estratégico se fundamenta na informação estratégica, no gradualismo, na prevenção, na mobilização e desmobilização das expressões do poder nacional e na logística nacional.

Considerando a formação histórica da politização dos militares, tem-se nessa síntese uma formulação estrutural do pensamento político da organização militar no Brasil. Em linhas gerais, significa que as instituições de ensino e a socialização da "família militar" cultivam essa doutrina, especialmente emprestando contornos bem definidos para a ação política das Forças Armadas na política brasileira. Foi a partir dessa premissa que o processo político brasileiro pós-2016 será interpretado nos próximos capítulos.

QUARTA GERAÇÃO: O NOVO SENTIDO DA INTERVENÇÃO MILITAR

É PRECISO ALERTAR QUE O OBJETIVO DESTE CAPÍTULO É ensaístico: trata-se uma interpretação precária sobre a politização dos militares após o golpe de 2016, que culminou na eleição da chapa militar em outubro de 2018. Portanto, não se propõe a analisar os militares no governo Bolsonaro nem as relações civis-militares pós-1988, mas apenas um esforço de compreender "a volta dos que nunca foram".

Faço isso a partir da revisão de alguns artigos publicados em 2017 e 2018, escritos no calor dos acontecimentos. Embora muitos equívocos de leitura tenham se revelado, nesse período haviam três fios condutores que ainda se mostram válidos: i) a conservação da influência da Doutrina de Segurança Nacional no pensamento dos militares de hoje; ii) a quimera democrática – de socialistas a liberais – sobre um profissionalismo militar apolítico, subordinado ao poder civil depois de 1988; iii) a permanência e o estímulo à politização dos militares, muitas vezes sequer percebida como tal.

Esses fios condutores são desenvolvidos considerando a leitura deste livro sobre a formação histórica da politização dos militares. Da mesma forma, considerando o sistema de crenças da doutrina da ESG como o pensamento hegemônico da instituição militar. Apesar da queda negociada em 1985 e da baixa visibilidade de sua atuação política, a principal doutrina da ditadura de 1964 permaneceu sendo editada e conservou imunidade aos mecanismos da incompleta justiça de transição do país – mesmo sendo uma agenda de reformas liberais. Mais do que isso, essa doutrina foi aperfeiçoada em todos os governos diretamente eleitos após 1990, de Collor à Dilma, se adaptando ao novo contexto político e mundial, assim como incorporando o "legado de 1964". Desde 1988, foram 12 edições, ao menos uma em cada governo (1992, 1993, 1996, 1998, 2002, 2005, 2006, 2008, 2009, 2013, 2014, 2019). Neste capítulo, destaco apenas algumas mudanças e permanências promovidas nessas edições do *Manual Básico* da ESG que ajudam a explicar a entrada dos militares na disputa direta pelo poder político.

Embora para quem atuasse na área da justiça de transição fosse clarividente as graves heranças autoritárias nas Forças Armadas, nas demais instituições de Estado e da sociedade em geral, surpreendeu a emergência pública de generais da ativa e da reserva no seio da crise política instaurada desde junho de 2013. De fato, Bolsonaro e outros militares da reserva, especialmente reunidos no Clube Militar, mantinham viva a defesa inflamada da "revolução de 1964", o negacionismo do terrorismo de Estado e o anticomunismo requentado. Além disso, desde 2013, manifestações "isoladas" pediam uma "intervenção militar" com base no art. 142 da Constituição (Brasil, 1988).

No entanto, os oficiais da ativa, especialmente seus comandantes, se equilibravam entre a defesa do mesmo legado com respeito aos limites do regime democrático. Enquanto rechaçavam o discurso da intervenção militar, reforçavam a legitimidade da instituição em zelar pela estabilidade política do país. Essa dubiedade finalmente desaguou na interferência direta do comando do Exército no curso da crise política, mostrando que, de fato, se tratava da volta dos militares à disputa aberta pelo poder político. Mais: que não haviam "abandonado" a política, mas, ao contrário, apenas se adaptado aos fluxos conjunturais e, na medida que avaliaram necessária sua intervenção, se mostraram em prontidão e alinhados a uma nova correlação de forças políticas em franca acomodação.

O sinal mais acintoso dessa politização do Alto Comando foi dado pelo general Antônio Hamilton Mourão, na ativa e devidamente fardado, em 15 de setembro de 2017, durante palestra na Grande Loja Maçônica do Distrito Federal sobre a crise política do país. Igualmente maçom, da Grande Oriente do Rio Grande do Sul, Mourão declarou que, em sua visão e de seus colegas de Alto Comando, "os Poderes terão que buscar uma solução. Se não conseguirem, temos que impor uma solução. E essa imposição não será fácil. Ela trará problemas. Pode ter certeza" (Marques, 2017, s.p.). Nessa direção, afirmou que o Alto Comando já considerava que "as aproximações sucessivas terão que ser feitas" e, para tanto, o Exército detinha "planejamentos muito bem feitos" (Valente, 2017, s.p.).

Logo depois dessas declarações, o comandante do Exército, general Eduardo Villas Bôas, emitiu declarações evasivas, sem repreender Mourão, propagando que o Exército pautava suas ações com base na "legalidade, estabilidade e legitimidade". O próprio Mourão reafirmou suas declarações, sustentando que, se a crise não fosse solucionada, teria "de haver algum tipo de intervenção, para colocar ordem na casa", mas não uma intervenção que representasse a "tomada do poder", e sim uma intervenção estabilizadora do sistema político em acentuada crise (Valente, 2017, s.p.). Este capítulo trata dessa nova roupagem da intervenção.

METODOLOGIA DA TUTELA

Conforme visto no capítulo anterior, os *objetivos nacionais brasileiros* configuram para a doutrina a finalidade da ação política nacional, a condição de sobrevivência do Estado nacional e da própria sociedade nacional, a serem alcançados pelo *poder nacional,* os meios que a nação dispõe ou pode, potencialmente, dispor. Mesmo após 1988, os agora *objetivos fundamentais* seguiram os mesmos, estando acima de governos eleitos e da própria Constituição. Isso implica que, seja qual for o governo, este deve perseguir e, especialmente, não ameaçar esses objetivos, conforme são interpretados pelas elites nacionais – os gestores da tutela sugerida pela metodologia do planejamento estratégico de segurança nacional.

Após 1988, essa metodologia seguiu incorporada pelo Estado e, em diferentes intensidades, absorvida pela cultura das elites políticas, domesticadas depois de duas décadas de ditadura. Conforme a hipótese que argumento aqui, *o planejamento estratégico de segurança nacional seguiu balizando os termos gerais da atuação política dos militares nos sucessivos governos democráticos*. Dos cargos políticos da alta cúpula militar, destaco sua atuação no Gabinete Militar da presidência da república, posteriormente transformado em Gabinete de Segurança Institucional (GSI). Pela Medida Provisória (MP) n. 1.911-10 (Brasil, 1999a), de 24 de setembro de 1999, que altera dispositivos da Lei n. 9.649 (Brasil, 1998a), de 27 de maio de 1998, passou a Casa Militar a chamar-se Gabinete de Segurança Institucional: no art. 24-A, criou-se o cargo de Ministro-Chefe do Gabinete de Segurança Institucional da Presidência da República. Neste aparelho de Estado, a tutela institucionalizou a gestão preventiva da estabilidade política como uma função de "Estado-Maior", conforme suas origens na primeira geração de segurança nacional.

Nesse sentido, cumpre destacar a relação entre *política e estratégia* nessa "nova" atuação política dos militares. Desde a fundação da ESG, o Curso Superior de Guerra foi o responsável por desenvolver esta relação inseparável para a segurança nacional e formou duas gerações de militares para a política de maneira integrada a um grupo restrito da elite civil. Em 1985, tal curso fundador da ESG foi reformulado para o novo contexto de pluralidade política e protagonismo civil, resultando no Curso de Altos Estudos em Política e Estratégia (Caepe). O curso é composto por módulos sobre Política, Economia, Ciência e Tecnologia, Geopolítica, Relações Internacionais, Doutrina Militar, Logística e Mobilização, divididos em três fases: a básica – elementos das ciências humanas, poder nacional e "estudos aplicados"; a conjuntural – análise do poder nacional e dos estudos aplicados visando a identificação dos "problemas nacionais"; e a avaliativa – de planejamento governamental para solução desses problemas.

No âmbito do Exército, em 1986, na gestão do general Leônidas Pires Gonçalves, foi criado o Curso de Política, Estratégia e Alta Administração do Exército (CPEAEx), destinado a formar oficiais coronéis – posto que precede o generalato. Com origens no Curso de Alto Comando, criado em 1939 sob orientação da missão francesa, esse curso visa "habilitar e capacitar oficiais para o assessoramento aos mais altos escalões das Forças Singulares, do Ministério da Defesa e de Órgãos do Poder Executivo". Atualmente, esse curso está subordinado à Escola de Comando e Estado-Maior do Exército (Eceme) com o nome... Escola Marechal Castelo Branco.

Pois bem, do aparelho profissionalizante, passemos ao sentido dessa relação entre política e estratégia, conferido após 1988. Basicamente, a estratégia seria a "arte" de unir os fins aos meios, a responsável por tornar realidade o programa ideológico da doutrina por meio da metodologia do planejamento estratégico, segundo a teoria de sistemas e a teoria da decisão. Um dos conhecidos pilares da estratégia seria a preparação do poder, antes de seu emprego, assim como a antecipação sobre a forma de seu emprego. Em outros termos, trata-se de *planejar o exercício do poder político* para atingir objetivos igualmente políticos.

Assim como o livro de Golbery (Couto e Silva, 1955), o atual *Manual Básico* da ESG se intitula *Planejamento estratégico*. Apesar de suprimir a referência à imposição do *como fazer*, as versões atuais desse manual *mantiveram a visão da estratégia como uma forma de luta política*, pois a estratégia envolveria "uma forma de luta que emprega os meios do Poder para superar todos os obstáculos que se antepõem aos supremos interesses da sociedade" (Brasil, 2006a, p. 42; 2009a, p. 51; 2014a, p. 63).

Dessa maneira, o atual planejamento estratégico implica quatro grandes fases: a primeira é o *diagnóstico da realidade*, por meio do amplo levantamento da conjuntura nacional em suas expressões de poder político, econômico, psicossocial, militar e científico-tecnológico; a segunda, a *fixação dos objetivos* nacionais fundamentais (existenciais de longo prazo), de Estado (médio prazo, independente de governos) e de governo (curto prazo, demandas conjunturais), incluindo a prospecção de cenários para orientar a decisão política; a terceira é a *concepção estratégica*, que define ações, opções, diretrizes e planos estratégicos no âmbito do Estado, especialmente de governo; e a quarta, de *gestão*, cuidando da execução e acompanhamento do planejamento em constante revisão.

É necessário frisar que a doutrina atualizada da ESG não aponta qual instituição do Estado é responsável por dirigir esse planejamento, tampouco indica quais elites nacionais são responsáveis por interpretar as "aspirações nacionais". No entanto, neste ensaio, a hipótese é de que a alta cúpula militar brasileira – seja pelo Estado-Maior Conjunto, seja pelo Alto Comando de cada Força – execute essa estrutura de planejamento nacional, especialmente em relação ao poder político, orientando suas ações com base nessa metodologia da tutela, sobretudo em momentos de crise e instabilidade política.

DA GUERRA REVOLUCIONÁRIA À "CRISE POLÍTICO-ESTRATÉGICA"

Considerando o novo contexto político nacional, a própria teoria de guerra da doutrina da ESG foi atualizada para o ambiente interno. Embora a teoria de guerra revolucionária não tenha sido excluída, perdendo apenas sua atualidade conjuntural, a estratégia indireta seguiu como a variação preponderante da noção de guerra e, especialmente, de conflitos sociais e políticos no seio dos regimes democrático-liberais do pós-Guerra Fria.

O antigo léxico anticomunista foi substituído pela noção de *conflito antagônico com potencial revolucionário*. Trata-se de um conflito que poderia resultar na "substituição da classe social com cujos valores se identifica a oligarquia que ocupa o poder e, por consequência, a ascensão ao poder de um outro grupo social, sociológica e ideologicamente diferenciado em relação ao anterior" (Brasil, 1996a, p. 76). Portanto, a queda da ordem estabelecida entre as classes sociais se manteve como o grande espectro revolucionário da doutrina da ESG.

Nessa direção, a configuração do conflito social e político foi adaptada ao novo contexto global, especialmente interno. A partir da edição de 2002, a noção de *pressões* foi incrementada pelo *conceito de crise,* compreendida no geral como "um estado de tensão, provocado por fatores internos e/ou externos, sob o qual um choque de interesses, se não administrado adequadamente, corre o risco de sofrer agravamento, até a situação de enfrentamento entre as partes envolvidas" (Brasil, 2002, p. 148; 2005a, p. 37; 2009a, p. 48; 2014a, p. 58).

Num primeiro nível, a *crise interna* seria provocada pela "exploração de insatisfações quanto ao não atendimento de necessidades vitais da sociedade nacional, anseios políticos, exclusão social, aspirações separatistas, contestação às instituições, entre outas causas" (Brasil, 2006a, p. 38). Já as antigas "pressões dominantes" que levariam à guerra foram atualizadas como *crises político-estratégicas*, isto é, conflitos transcorridos em "condições irreversíveis que, ao se agravarem, levam as partes ao Conflito Armado" (Brasil, 2005a, p. 39). Para o termo "político-estratégico" a doutrina se refere às áreas estratégicas, definidas como "espaços, de qualquer natureza, caracterizados pela presença ou pela possibilidade de existência de relevantes interesses para a Nação" (Brasil, 2005a, p. 37).

Quadro 6 – Estágios das crises

Controlável			Incontrolável
Aspirações e necessidades atendidas	instabilidade política		Invasão do território
			Dever de ingerência
Credibilidade do governo/ instituições	crise econômica	Pressões sobre interesses vitais	Insurreição interna
	exclusão social	Contestação interna às instituições	Antagonismo histórico
Harmonia internacional	acesso a tecnologia		
Conflito			
Paz	Crise interna e crise internacional		Conflito político-estratégico
Negociação			
Força			

Fonte: autor (2020), com base nas edições 2002, 2005, 2009 e 2014 do *Manual Básico* da ESG

Nos atenhamos ao cenário de crise interna, mais precisamente na expressão política do poder nacional. Primeiro, a *crise política* seria resultado de decisões tomadas na fixação da "Política Nacional" especialmente quando "eventuais governantes" contrariem as aspirações nacionais. Mais precisamente, essas *crises políticas seriam desencadeadas pela incongruência entre governos e as "aspirações nacionais"*, se remetendo ao próprio exercício do poder político no regime democrático. Nessa esteira, tal incongruência provocaria desequilíbrios no sistema político em razão dos seguintes

fatores (Brasil, 2002, p. 73; 2005b, p. 16; 2009b, p. 26; 2014b, p. 25-26):
- entre Executivo e Legislativo, os "desvios no exercício da representação e a tentativa da concentração hegemônica do Poder, caracterizadas na exacerbação de prerrogativas e no expansionismo";
- no Executivo, disfuncionalidades como "o populismo, a perda de iniciativa e a perda do poder de barganha";
- no Legislativo, práticas como "o fisiologismo clientelista, as atitudes meramente eleitoreiras e a ausência ou excesso de liderança";
- nos três poderes, pela "polarização ideológica do quadro partidário".

Podendo ou não estar associada a outras crises nas demais expressões do poder nacional, a evolução da *crise política poderia desencadear um processo de mudança revolucionária*, mudando, assim, para o patamar de conflito político-estratégico. Nesse cenário, emergiriam manifestações de inconformismos em busca frequente de "comunicação paralela" aos canais da institucionalidade vigente, diretamente com "ocupantes do centro decisório" do sistema sociopolítico e outros atores políticos "no sentido de atacar as bases estruturais desse mesmo Sistema, para rompê-lo e substituí-lo, em claro processo de mudança revolucionária" (Brasil, 2002, p. 80-82).

A partir da edição de 2009, a doutrina passa a prever que, na crise política e na crise político-estratégica, ocorreria um *"vácuo no poder"*, isto é, um conflito no "processo decisório central", provocado tanto por decisões quanto por ausência delas, a respeito de demandas sociais ou específicas. Uma vez instaurado, seria inevitável que esse vácuo no poder fosse "preenchido por meio de mecanismos institucionalizados de reequilíbrio do Sistema" (Brasil, 2002, p. 80-82) ou, frisa a doutrina, se estes não chegam "a tempo", o vácuo de poder seria resolvido "seja pelo deslocamento, não institucionalizado, do poder decisório para determinados atores conjunturalmente relevantes, no que se denomina *golpe de Estado*, seja pela mudança radical do próprio Sistema em suas estruturas, no que se denomina *'Revolução'*" (Brasil, 2006b, p. 24-27).

Embora a doutrina não seja categórica, *pode-se concluir que o golpe de Estado seria a solução de manutenção da ordem estabelecida e a Revolução, a solução de mudança dessa ordem.* Mas, ainda que o conflito político não chegue nesses dois estágios, ambos se referem ao abalo das "estruturas fundamentais", ou seja, os "Objetivos Fundamentais" da sociedade nacional, os antigos objetivos nacionais permanentes.

GESTÃO DA ESTABILIDADE DA ORDEM

Com esse novo quadro de obstáculos aos objetivos nacionais, ou seja, de ameaças à segurança nacional, podemos avançar para o novo problema da *estabilidade da democracia de segurança nacional.* Basicamente, o aumento da complexidade das interações políticas e o pluralismo de centros de poder refletiram nas prescrições doutrinárias: seriam indispensáveis mecanismos que corrigissem as "disfunções políticas", resolvessem instabilidades geradas pelo conflito e, finalmente, reequilibrassem o sistema. Trata-se de mecanismos mais sofisticados de um *programa preventivo de segurança nacional visando o equilíbrio do sistema político* pós-1988.

De regra, uma crise interna, na sua variação política, seria superada pelos "mecanismos reequilibradores", tanto no presidencialismo quanto no parlamentarismo. A novidade que se observou foi alçar a qualidade da interação dos poderes do Estado como uma "variável relevantíssima" para o equilíbrio da expressão política no regime democrático, sem o destaque ideológico anterior. Quanto melhor a qualidade dessa interação, por meio do sistema de freios e contrapesos, maior seria a capacidade do centro decisório estatal em "responder com decisões adequadas, suficientes e oportunas às demandas do Povo" (Brasil, 2002, p. 72-73; 2006b, p. 16; 2009b, p. 26; 2014b, p. 25-26).

É a "baixa qualidade" dessa interação que seria a fonte de "disfuncionalidades" do sistema político. A nova formulação de estabilidade democrática aponta os comportamentos típicos geradores de disfuncionalidades, isto é, que "ultrapassam os níveis ordinários de tolerância" (Brasil, 2014b, p. 36; 2009b, p. 35). Apesar de não discorrer como entende cada uma dessas fontes de *conflitos disfuncionais*, é possível perceber que o foco está nos poderes Executivo e Legislativo, pois o Judiciário seria o "centro gravitacional" estabilizador.

Assim, a absorção dessas possíveis causas de desequilíbrio seria fundamental para a qualidade do sistema político. Sejam "arbitradas" pelo centro de gravidade do sistema, o *Poder Judiciário*, sejam moderadas por outros freios e contrapesos, ambos com a destinação "de solução de crises e conflitos políticos (mecanismos institucionais de reequilibração do sistema)" (Brasil, 2014a, p. 22-23). Neste ponto, há uma mudança muito relevante: após 1988, o Judiciário assume o papel funcional de força estabilizante da Ordem de Segurança Nacional na resolução de crises políticas, anteriormente atribuído às Forças Armadas. A partir das reformas promovidas pela ditadura de Geisel, especialmente, o Poder Judiciário foi preparado para assumir o papel da infantaria preventiva de segurança nacional.

A esse respeito, cabe mencionar a formulação do jurista Reis Friede, presidente do Tribunal Regional Federal da 2º Região (TRF2) e professor Emérito da Eceme, teórico da "guerra assimétrica". Em artigo publicado em 2019, em que defendia a corrupção como método de financiamento das "novas guerras", Friede argumentava que o Brasil havia obtido êxito "em se afastar dos perigos mais imediatos como a higidez institucional de um Estado" devido ao papel desempenhado pelo "triúnviro" da Justiça Federal brasileira (Polícia Judiciária Federal, Ministério Público Federal e Poder Judiciário Federal) nas medidas e ações anticorrupção recentes como parte de sua missão de "prover estabilidade político-institucional à República Federativa do Brasil, conforme delineado pela normatividade oriunda a partir do Movimento Revolucionário de 1964" (Friede, 2019, p. 189). Friede se referiu aos seguintes documentos: AI-2, art. 6º (Brasil, 1965), Lei n. 5.010 – criação do Poder Judiciário Federal (Brasil, 1966d), Lei Complementar n. 35 (Lei Orgânica da Magistratura Nacional – Loman (Brasil, 1979c), Lei n. 4.878 – criação da Polícia Judiciária Federal (Brasil, 1965e) e a Lei Complementar n. 40 – organização do Ministério Público (Brasil, 1981) (Friede, 2019, p. 189).

Dessa maneira é que os mecanismos de estabilização do sistema político estão dispostos na doutrina, embora veladamente, como um programa preventivo de segurança nacional, como se pode conferir, muito em razão do espectro revolucionário, mas também dos conflitos políticos em geral, mesmo sem caráter explicitamente antissistêmico. Daí a permanente vigília das graduações de difusão e adesão das ideologias na sociedade, tanto as dominantes (maioria) quanto as subdominantes (minoria), possibilitando "a compreensão das atitudes dos atores políticos, em profundidade e alcance" para subsidiar "cenários prospectivos possíveis na evolução de um Sistema Político" (Brasil, 2014a, p. 22-23) e, assim, promover um amplo esquema de segurança nacional focado na prevenção.

INFORMAÇÃO E INTELIGÊNCIA

No quadro de permanências da metodologia da tutela, a produção sistemática de informações sobre a realidade da conjuntura nacional não apenas seguiu como fundamental, mas ampliou sua relevância devido ao avanço tecnológico e a ascensão da "sociedade do conhecimento". Nesse sentido, os aparelhos de Estado responsáveis pelo conhecimento estratégico merecem atenção central nas relações de poder.

No caso brasileiro, o SNI esteve diretamente ligado à estrutura de terrorismo de Estado e da violência institucional da ditadura de 1964. Mantido durante o governo Sarney, o órgão foi desativado no início do governo Collor, em 1990, e os serviços de informações realocados na Secretaria de Assuntos Estratégicos (SAE), à época sob comando civil, visando justamente "desmilitarizar" a função. Depois de um período de instabilidade política, que resultou na renúncia de Collor, a reorganização da presidência promovida por Fernando Henrique Cardoso (FHC), com a Medida Provisória n. 813 (Brasil, 1995), de 1º de janeiro de 1995, autorizou a criação da Agência de Inteligência Brasileira (Abin), ainda aos cuidados da SAE, por meio de sua Subsecretaria de Inteligência (SSI).

Amplamente debatida com os poderes e a sociedade civil, a nova agência estaria voltada estritamente ao assessoramento do Estado para implementar políticas públicas e não mais voltada para o monitoramento político (entre outras funções). No entanto, a elaboração do projeto da Abin foi destinada ao general Fernando Cardoso, ex-chefe do Ciex e assessor direto do presidente e, posteriormente, ao general Alberto Mendes Cardoso, então ministro-chefe da Casa Militar de FHC e ex-assessor do antigo SNI (1981-1984). Com isso, a partir de março de 1996, os serviços de informações voltaram aos cuidados dos militares encarregados do "Estado--Maior" da presidência da república. Sendo assim, o órgão foi criado pela Lei n. 9.883 (Brasil, 1999), de 7 de dezembro de 1999, instituindo o Sistema Brasileiro de Inteligência (Sisbin) segundo a expertise militar.

Nesse sentido, cumpre apenas ressaltar como a visão dos militares sobre o tema, segundo a doutrina atualizada da ESG, sofreu poucas modificações. Talvez a mais relevante delas tenha sido *a menção expressa sobre o respeito aos direitos individuais nas atividades de inteligência*. No mais, a produção de inteligência *se manteve submetida ao universo antagônico*, cenário este "caracterizado essencialmente pela existência, real ou potencial, de óbices que, deliberadamente, se contraponham ao atingimento dos Objetivos Nacionais Fundamentais" (Brasil, 2006, p. 90).

É interessante pontuar a quase equivalência entre os conceitos antigos e atuais. Primeiro, em relação à substituição do conceito de *"informação"* pelo de *"inteligência"*: em termos de organização, se mantiveram dois segmentos: *de inteligência (de "informações")* e *de contrainteligência (de contrainformação)*. Desde sua fundação, a doutrina já reconhecia que, "universalmente, os Serviços de Informações são conhecidos como

Agências de Inteligência", mas mantinha a expressão "informação" por conta da "confusão" ocorrida com o termo no Brasil, até que findassem "estudos quanto à conveniência de sua substituição" (1983, 1988). Na edição de 1996, um ano após o início do projeto do Sisbin, a doutrina finalmente adota o termo *inteligência* e nas edições seguintes, consolidando sua síntese sobre a inteligência voltada para a ação política:

> [...] o Conhecimento de Inteligência, em nível estratégico, é resultante da obtenção, análise, interpretação e disseminação de conhecimentos sobre a situação nacional e internacional, no que se refere ao Poder Nacional, aos Óbices, às suas Vulnerabilidades, às Possibilidades e a outras aspectos correlatos, com possível projeção para o futuro. (Brasil, 2006, p. 86)

Conforme a própria doutrina menciona, esse conceito se consolidou depois da criação do Sisbin, que define inteligência como atividade de "obtenção, análise e disseminação de conhecimento dentro e fora do território nacional sobre fatos e situações de imediata ou potencial influência sobre o processo decisório e a ação governamental e sobre a salvaguarda e a segurança da sociedade e do Estado" (Brasil, 2006, p. 86; 2009b, p. 93-94; 2014b, p. 95-96). Note-se que entre o conceito doutrinário e o legal há diferenças: a doutrina é assertiva sobre o universo antagônico de produção e à disputa de poder; o legal menciona uma genérica "influência" sobre governo, Estado e sociedade que, em linguagem doutrinária, seria o mesmo de segurança nacional. Mais uma operação de camuflagem bem-sucedida nos aparelhos do planejamento de segurança nacional.

Nesse sentido, todos os demais conceitos foram adaptados pela camuflagem. Por exemplo, foram suprimidas as menções sobre a segurança ou defesa interna. Depois do Sisbin, os conflitos sociais e políticos poderiam "se constituir em óbice para o emprego do Poder" e, por essa razão, se faria necessário "conhecer a natureza, as causas e os atores" envolvidos, visando "eliminar ou minimizar" seus efeitos internos e/ou externos (Brasil, 2005a, p. 37; 2009a, p. 48; 2014a, p. 59-60). As antigas informações políticas, que incluíam a formulação de um "índice de estabilidade política" e um conceito de informação estratégica, foram substituídas pelo conceito de *conhecimento estratégico*, finalmente definido como "o conhecimento de fato ou situação de interesse imediato ou potencial para o planejamento da ação política, a execução e o controle de ações voltada para o preparo e aplicação do Poder Nacional" (Brasil, 2006b, p. 86; 2009b, p. 94; 2014b, p. 95). Da mesma forma, as antigas atividades de informações foram substituídas pelas *atividades de inteligência estratégica*, compreendidas como "o exercício permanente de ações direcionadas à obtenção de dados e à avaliação de situações relativas a óbices que venham impedir ou dificultar a conquista ou a manutenção dos Objetivos Nacionais" (Brasil, 2002, p. 190).

A mesma camuflagem ocorreu nas atividades de contrainformações, substituídas pela *contrainteligên-*

cia, segmento responsável por "um conjunto de medidas destinadas a coibir a atuação das Organizações de Inteligência adversas, inclusive agressões de caráter psicológico à população, bem como as medidas para salvaguardar os segredos de interesse nacional" (Brasil, 2002, p. 191). Como se nota, apenas ocorre uma mudança de nomenclatura, com preservação substantiva. A menção direta ao objetivo ideológico das atividades de contrainteligência dá lugar à *segurança institucional* e à *estabilidade democrática*, visto que "a defesa das instituições não pode abrir mão da Contrainteligência que resguarde as mais legítimas expressões do interesse nacional e se contraponha às ações adversas" (Brasil, 1996b, p. 192). Desse modo, assevera a doutrina, "a atividade de inteligência em nível estratégico ocupa espaço específico como instrumento do Estado para a defesa das instituições e interesses nacionais" (Brasil, 2002, p. 189).

Cabe destaque ainda à medida ativa de *contrainformação da desinformação*, que consistia na "manipulação planejada de dados reais ou artificiais com a finalidade de iludir ou confundir determinado centro de decisões de órgãos de informações adversos" (Brasil, 1983, p. 284). Depois do Sisbin, as medidas ativas de contrainteligência perderam o nível descritivo, sendo apenas definidas genericamente como "aquelas que visam a identificar, neutralizar, reduzir ou impedir as ações adversas de qualquer natureza" (Brasil, 2002, p. 192). No entanto, na definição das *ações de inteligência estratégica,* a doutrina demonstra que, em geral e de forma sutil, as antigas medidas ativas e passivas de contrainformação foram readaptadas não apenas aos governos ou aos serviços de inteligência estrangeiros, mas também às ameaças "veladas ou dissimuladas, capazes de dificultar ou impedir a consecução dos interesses estratégicos do País" (Brasil, 2002, p. 190-191), assim como destinadas para a "identificação, avaliação e neutralização de ações adversas promovidas por organismos ou pessoas, vinculadas ou não a governos" (Brasil, 2002, p. 190-191). Note-se que não se tratam de informações eminentemente militares, vocacionadas à defesa externa contra ameaças estrangeiras, mas direcionadas ao plano interno e aos conflitos políticos próprios do regime democrático.

SEGURANÇA PÚBLICA E OPERAÇÕES DE PAZ NA POLITIZAÇÃO MILITAR

É esse cenário de vigilância do poder político que a metodologia da tutela de segurança nacional oferece às elites nacionais. No entanto, quero apenas finalmente pontuar duas medidas estruturantes das relações civis-militares que se desenvolvem mesmo após 1988 e que são, de maneira geral, desconsideradas como atos de politização militar – aliás, muito devido ao processo já referido de domesticação da política.

O primeiro se refere à segurança pública. Como vimos, a segurança interna, a ordem interna, a ordem pública e a defesa pública estão inseridas na mentalidade militar de segurança nacional. Tanto a garantia dos poderes constitucionais quanto a manutenção da lei e da ordem seriam responsabilidades ideológicas das Forças Armadas, mesmo após 1988. Conforme a atualização doutrinária, quando se tratarem "de ameaças que possam manifestar-se ou produzir efeitos no âmbito interno do país, trata-se de Segurança Interna" (Brasil, 2005, p. 54). Da mesma forma, as ações de defesa interna permaneceram como "respostas a ameaças específicas contra a Segurança Nacional no âmbito interno" (Brasil, 2005a, p. 54).

Essa permanência atualizada sobre a segurança interna ocorre no mesmo contexto da ampla militarização da segurança pública. Como vimos nos capítulos anteriores, as Polícias Militares seguem até hoje como forças auxiliares e de reserva do Exército. Nesta condição, são instituições controladas subjetivamente pelo Exército: organização e legislação, efetivo, disciplina, ensino e instrução, material bélico e o serviço de inteligência. Mesmo a escolha do comando, efetuada pelo Executivo Estadual, está subordinada à Inspetoria Geral do Exército, em aberta tutela do duplo comando.

Nesse sentido, desde 1969, o Exército se apossou de todas as polícias militares estaduais e assumiu o controle estrutural e político da segurança pública. Com isso, foram incorporados ao sistema de hierarquia e disciplina das Forças Armadas, obedecem ao mesmo estatuto militar, têm seu material bélico e a educação militar controlados, o sistema de inteligência integrado ao do Exército, têm seu comandante autorizado e fiscalizado por um general e estão submetidos ao mesmo Judiciário

Militar que não admite o *Habeas Corpus*. Nestas condições que as Polícias Militares estaduais se desenvolvem como organização local, adquirem relativa autonomia e buscam expansão contínua dessa autonomia em relação ao poder que lhe é mais estranho: o civil. Ao mesmo tempo, buscam reduzir sua condição de militar de "segunda classe". No seio desse processo organizacional, há sua relação política com as atividades econômicas e o próprio desenvolvimento da atividade econômica da corrupção e, mais recentemente, das milícias. O que está diretamente ligado ao poder político, visto que militares estaduais e federais atuam de forma organizada no curso e no próprio sistema político. Lutam pelo poder como instituições do Estado orientadas por frações da corporação em alianças com os civis.

Quadro 7 – Medidas de defesa interna

	Normalidade	Não normalidade			
		Grave comprometimento da ordem pública	Grave iminente instabilidade institucional	Comoção grave de repercussão nacional	Luta armada
Atitude	Preventiva	Repressiva			Operativa
Medidas preventivas	Preventiva voltadas para o desenvolvimento e manutenção da Ordem Pública	Repressivas voltadas para o pronto restabelecimento da Lei e da Ordem Pública	Repressivas voltadas para o pronto restabelecimento da Lei e da Ordem Pública e Paz Social	Operativas voltadas para Defesa, do Estado e das Instituições	Operativas com emprego violento da força em Operações Militares

Finalidade das medidas	Preservação da situação e da normalidade	Restauração da normalidade interna			
Expressão do PN	Participantes	Todas	Basicamente política e militar		Prevalentemente militar
	Direção	Política			
	Condução	Política	Política ou Militar, conforme a situação interna		Militar
Previsão Constitucional (1988)		Intervenção art. 34, VI (quando for o caso)	Intervenção art. 34, III	Intervenção Estado de Defesa art. 136	Intervenção estado de sitio art. 137

Fonte: Brasil [ESG], 2002.

Portanto, o fato desses militares serem estaduais e de segunda classe não os separa dos militares federais em termos da disputa pelo poder político na democracia. *As operações de Garantia da Lei e da Ordem (GLO) são uma continuidade do Exército na segurança pública* e não uma "exceção temporária". Ao menos desde 1967 – para não dizer desde 1938 –, as polícias militares representam uma intervenção militar permanente no âmbito regional e, sobretudo, nas periferias urbanas e rurais de todo território nacional. Quer dizer, mesmo quando os militares federais não executam diretamente as funções de Segurança Pública, estão organicamente nela em razão dos militares estaduais. Por isso, a politização das polícias militares estaduais é uma expressão da politização do Exército, e o emprego das Forças Armadas nas GLOs amplificam a politização de ambos.

Em contrapartida, as *operações de paz* também são processos de politização das Forças Armadas, porém, ocorrem em âmbito internacional e possuem considerável potencial no engajamento político da alta cúpula militar na disputa pelo poder interno e se inserem na concepção de segurança coletiva da Doutrina de Segurança Nacional. A política de alinhamento colonial aos EUA da ditadura de Castelo Branco representou a integração do poder militar nacional à superpotência, recebendo "proteção" contra o inimigo comum (comunismo) internamente e se engajando na estabilização de outros territórios conquistados. Nesse sentido, o Brasil integrou a Força Interamericana de Paz (FIP) da Organização dos Estados Americanos (OEA) para a intervenção na República Dominicana – depois da invasão dos EUA para evitar "mais um país socialista" no continente –, e entrou numa guerra civil. Chamado de Força Armada Interamericana Brasileira (Faibras), o destacamento brasileiro foi comandado pelo coronel Carlos de Meira Matos, subchefe do Gabinete Militar da Presidência da República. Em 1965, o destacamento brasileiro assaltou o palácio do governo, em poder do presidente eleito em 1963, dentro do regime constitucional e por eleições diretas, Juan Bosch. Em suma: as Forças Armadas exportaram a *expertise* do golpe de Estado. Uma vez impedido o acesso legítimo ao poder das forças consideradas pró-comunistas, em setembro de 1966 a Faibras foi extinta.

De lá para cá, a última grande operação de paz das Forças Armadas foi a Missão das Nações Unidas de Estabilização do Haiti (Minustah), de 2004 a 2017. Basicamente, o comando brasileiro dessa "missão de paz" da ONU promoveu uma "pacificação à brasileira" para justificar uma ação de força militar visando estabilizar a ordem política, ação essa pretensamente "racional, branda e limitada", que remonta as intervenções militares do político-militar Duque de Caxias – "O Pacificador" –, inventado como o patrono do Exército em 1962. Não por acaso, o ex-comandante da Minustah, general Augusto Heleno, é o atual ministro do Gabinete de Segurança Institucional e promoveu a retomada da centralização militar do sistema de inteligência brasileiro.

É a partir desses elementos estruturantes da continuidade da politização dos militares após 1988 que proponho interpretar o engajamento dos militares na disputa pela direção do poder político, culminando na adesão ao governo Bolsonaro. Tendo em vista se tratar de um governo ainda em andamento, a seguir apenas traço algumas hipóteses que dialogam com interpretações correntes sobre o "retorno" dos militares à política.

MILITARES E GOVERNO BOLSONARO

É CONHECIDA A TEMERIDADE EM SE ANALISAR UM OBJETO EM PLENO movimento e, portanto, inacabado, mas a angústia por entender o presente imediato nos compele ao risco. Afinal lá se vão três anos do governo do capitão Bolsonaro e do general Mourão e, mesmo com a reprovação superior a 50% (Datafolha, 2021) e das profundas crises que devastam a nação – sanitária, econômica, política, ambiental, energética e moral –, é um governo que segue no poder.

Enquanto isso, a cada mês um novo capítulo de incertezas é escrito nas relações entre civis e militares em razão da constante ameaça autoritária literalmente capitaneada pelo governo. Vai ter golpe? Ou um golpe dentro do golpe? Teremos eleições em 2022? Seus termos serão semelhantes às eleições de 2018? E se perderem a eleição, os militares aceitarão o resultado? O vencedor, se for civil, conseguirá tomar posse? Teremos um novo capitólio? Uma quartelada? Ou será tudo apenas retórica e flerte de lideranças isoladas e frágeis? Uma versão contemporânea da velha coerção como moeda política da instituição militar na disputa pelo poder no Brasil, sempre em níveis variados de cooperação com nossas elites oligárquicas?

Nesse pântano político, a relação das Forças Armadas e das "forças de segurança" com o governo é a mais premente, visto que essas instituições cuidam das armas do Estado e estão historicamente associadas ao uso da violência dentro e fora da lei para acessar ou se manter no poder. Apenas entre 2010 e 2020, mais de 25 mil militares e policiais concorreram a cargos eletivos, sendo 87% por partidos de direita, e 1.860 foram eleitos. O quadro se torna mais turvo em razão dos fortes vínculos entre o presidente da república e seus filhos – todos com cargos eletivos nas três esferas do Legislativo – e as chamadas *milícias*, associadas a grupos de extermínio formados, em sua maioria, por agentes da segurança pública com atuação no mercado criminal. Essas milícias dominam territórios no estado do Rio de Janeiro, berço político da família Bolsonaro, sendo alguns de seus membros suspeitos de serem mandantes do assassinato da socióloga e vereadora Marielle Franco e do motorista Anderson Gomes.

Além disso, a política governamental de incentivo ao armamento da população dobrou o número de armas registradas em circulação. De acordo com dados extraídos do *Anuário Brasileiro de Segurança Pública do Fórum Brasileiro de Segurança Pública de 2020*, conforme dados do Sistema Nacional de Armas (Sinarm/Polícia Federal), Sistema de Gerenciamento Militar de Armas (Sigma/Exército), do Tribunal Superior Eleitoral, e segundo registros da Polícia Federal, o órgão regulador, o número de armas registradas em circulação passou de 637 mil em 2017 para 1,2 milhão em 2021. Já nos Clubes de Colecionadores, Atiradores desportivos e Colecionadores (CACs), regulados pelo Exército brasileiro, o número de armas registradas saltou de 225 mil em 2019 para 496 mil em 2020. Na capital do país, esse aumento foi de mais de 500% – de 25 mil em 2017, para 227 mil em 2020.

Em resumo: o trauma da Ditadura de Segurança Nacional e do terrorismo de Estado atormenta a jovem democracia brasileira, na esteira da crise das democracias liberais do século XXI. Afinal, estamos às portas de uma nova ditadura? Na antevéspera de uma guerra civil? Vivemos a volta do fascismo, no Brasil e no mundo? A verdade é que a desorientação domina a opinião pública, organizações e lideranças políticas, resultando na efervescência de especulações orientadas por cálculos políticos e desprovidas em grande parte de amparo empírico – na Academia, desde 1990, raros estudos se debruçaram sobre a atuação política dos militares no Brasil, sendo retomada [felizmente] essa agenda de pesquisa.

Nesse emaranhado de incertezas, problematizo três hipóteses de interpretação da relação entre os militares e o atual governo: a primeira é o *governo das milícias*, narrada por Bruno Paes Manso (2020); a segunda, da ascensão do *Partido Militar*, articulada por diversos analistas; e a terceira, de uma *razão de segurança nacional,* orientada pela metodologia da tutela do poder político pela instituição militar no Brasil.

Consistindo em uma excelente narrativa das relações entre a mentalidade da "linha-dura" da ditadura e a racionalidade da família Bolsonaro e seus apoiadores, o livro-reportagem *República das Milícias* (Manso, 2020) descreve uma *mentalidade miliciana* que ascendeu à política no Rio de Janeiro com seu expoente máximo chegando à presidência da república. Valendo-se de depoimentos primorosos de milicianos, trabalho de campo e pesquisa variada, a obra de Manso tem como grande mérito a riqueza de caracteres de difícil e perigoso acesso, muito bem articulados pelo autor em uma narrativa fascinante que estabelece uma *continuidade em movimento* da lógica política dos "porões da ditadura" que ascendeu ao poder político.

Em síntese livre, o autor descreve a milícia como uma organização paramilitar, formada em sua maioria por "policiais" que governam determinados territórios pela imposição de uma ordem conservadora visando garantir segurança à população local. Em troca, são cobradas taxas de moradores e comerciantes, assim como variadas atividades econômicas ilegais são diretamente exploradas ou reguladas, buscando lucro individual. Por legitimidade, ações assistenciais e recreativas miram produzir consentimento à autoridade miliciana, exercida pela violência – sobretudo execuções –, somente possíveis por sua capilaridade no aparelho de Estado, tanto no Executivo quanto no Legislativo e no Judiciário, que garante impunidade. Justificada na moral de uma guerra do bem contra o mal – encarnada em grande parte nos traficantes de drogas ilícitas (associados à esquerda) –, as milícias passaram a fazer parte da economia criminal em franca expansão desde a década de 1980. Do tráfico de armas à venda de gás, um governo tirano ligado aos esquadrões da morte e aos empresários dos jogos de azar teria expandido seu projeto político local no âmbito estadual e finalmente nacional, acima das instituições do Estado – inclusive das Forças Armadas, das classes sociais e de outros Estados nacionais. Eis a "Era Bolsonaro": a república das milícias.

Apesar de seus méritos narrativos, a tese tem consideráveis limitações para explicar a ascensão de Bolsonaro à Presidência e, principalmente, dos militares à política. De início, a própria noção de *milícia* é imprecisa. Como aponta Thaís Lemos Duarte (2009), esse fenômeno é muito recente e localizado – daí a autora defini-las como *milícias cariocas*. Apesar de poucos, há importantes estudos que revelam uma realidade muito dinâmica e de rápida mutação, implicada em jogos de poder na produção de uma ordem local a partir de complexa relação com facções criminais, mercado criminal e Estado (De acordo com Duarte [2009], é possível estabelecer as fases principais desse processo). A primeira fase foi no final dos anos 1970, com o surgimento da organização de presos "comuns" e presos com base na Lei de Segurança Nacional, não ligados à militância política, mas às práticas associadas à luta armada – assalto à banco, em especial –, e se limitava ao ambiente micropolítico do cárcere, visando assegurar direitos em face dos maus-tratos, torturas e conflitos no presídio de Ilha Grande. A segunda, entre 1983 e 1987, se refere a uma cisão da Falange Vermelha (nome dado pela imprensa, depois transformado em Comando Vermelho), resultando nas facções Terceiro Comando (TC) e Amigos dos Amigos (ADA) e o início do deslocamento das atividades criminais para o tráfico de drogas, com a chegada da cocaína e do tráfico de armas, com a territorialização dessas facções nas periferias – as chamadas "favelas" – e a expansão dos "arregos" (propina à polícia) (Duarte, 2019). Da síntese de Duarte, é possível traçar cinco fases desses *grupos armados irregulares*:

i) 1ª fase: na década de 1970, eram chamadas de "polícia mineira" e "grupos de extermínio", formados por "policiais, ex-policiais, bombeiros e agentes prisionais, todos com treinamento militar e pertencentes a instituições do Estado", atuando na região da baixada fluminense e da zona oeste, como uma política informal de segurança pública;

ii) 2ª fase: na década de 1990, essa "polícia mineira" passou a "proteger" os territórios da terceira fase de expansão das facções criminais no estado, baseada nas periferias urbanas e centrada no varejo de drogas ilegais nesses territórios;

iii) 3ª fase: a partir de 2006, com apoio aberto de agentes públicos, a "polícia mineira" passou a ser definida como "milícia", como "grupos de autodefesa" de policiais e ex-policiais engajados na guerra às drogas contra o "inimigo número 1" do Estado, os traficantes de drogas, e esboçando um projeto político de representação institucional;

iv) 4ª fase: entre 2008 e 2011, ocorre uma inflexão depois da tortura de jornalistas do jornal *O*

Dia na favela do Batan, comandada por uma milícia, ato que foi o estopim para a instauração da Comissão Parlamentar de Inquérito (CPI), presidida pelo deputado estadual Marcelo Freixo (Partido Socialismo e Liberdade, PSOL), que revelou uma extensa organização criminosa formada por policiais civis, militares estaduais (PM) e federais (Forças Armadas), investigadas por uma força-tarefa do Ministério Público e da Polícia Civil; a coerção de parte do aparelho de Estado desmantelou os grupos milicianos mais poderosos e visíveis;

v) 5ª fase: a partir de 2011, se estabelece o *modus só no sapatinho* – os "sobreviventes" passaram a se orientar pela discrição, como no emblemático aumento de desaparecimentos de corpos, sem abdicar do "projeto político", preenchendo criminalmente o poder local nos territórios ocupados pelas Unidades de Polícia Pacificadora (UPPs) e até então ordenadas pelo Comando Vermelho.

Tal trajetória histórica sobre as milícias cariocas revela um cenário muito heterogêneo, mas que converge com um aparente consenso na literatura especializada: *não existem milícias sem agentes do Estado e sem algum nível de representação política*. Para além disso, começam as divergências.

Na leitura de Manso (2020), as milícias estariam acima e contra a autoridade regular do Estado. É exemplar dessa perspectiva a visão do autor sobre a intervenção federal de natureza militar no Rio de Janeiro, decretada em 2018 depois de um "arrastão" nas praias da zona sul da capital carioca: o assassinato de Marielle e Anderson, logo no primeiro mês de intervenção, teria sido uma "evidente afronta" ao Exército, com o general Braga Netto tendo sido "humilhado" pela audácia dos autores do crime. Outro exemplo simbólico de demonstração de superioridade dessas milícias teria sido o bochincho de parte da tropa do 14º Batalhão da Polícia Militar de Bangu (com histórico de ligação às milícias) às ordens de seu comandante para continência ao general Mauro Sinott (chefe de gabinete da intervenção) e outros oficiais do Exército em inspeção da organização militar durante a intervenção federal. Manso interpretou a indisciplina de parte da tropa como desprezo não ao emitente da ordem, mas ao Exército. Além da vontade do autor – e a deste também –, quais as evidências empíricas de que o duplo homicídio e a própria milícia carioca sejam uma afronta ao Exército?

Em sentido oposto, Duarte (2019) demonstra que a literatura sobre milícias contesta a tese de que o dito "crime organizado" concorreria com o Estado, como fruto de sua "ausência", segundo a clássica formulação de Max Weber que o caracteriza pelo monopólio da violência legitimada. Ao contrário, essas organizações heterogêneas atuariam justamente nas margens do Estado, em que este "se conforma continuamente, redefinindo suas normas por meio da violência, da autoridade e da corrupção" (Duarte, 2019, p. 11).

Portanto, as milícias e outras organizações do mercado criminal seriam fruto da ação do Estado, que em suas fronteiras pluraliza autoridades regulatórias por diferentes métodos, "jurisdições" e códigos de comportamentos – apesar da lei, e não fruto da ausência do Estado, muito menos uma "afronta" estrutural à sua autoridade.

Afinal, seria justamente nessas margens que práticas ilegais do Estado – como tortura, execução sumária, desaparecimento, ocultação de cadáveres e produtos cada vez mais diversos da economia criminal miliciana – podem operar como parte da política de segurança pública e de manutenção de uma ordem interna nas relações entre classes sociais e instituições políticas. Será por impotência que, como o próprio Manso menciona, depois do duplo homicídio os generais interventores tenham dado "declarações protocolares, sem sequer esboçar empenho para pegar os assassinos" e deixado perceber à opinião pública certa concordância "com muito do que havia sido dito nos dias seguintes ao crime com o objetivo de minimizá-lo"? (Manso, 2020, p. 254) Até que ponto esse crime confrontou o plano estratégico dos generais interventores?

Ainda firmando hipóteses nessa percepção sobre a relação indissociável entre Estado brasileiro e suas margens, a trajetória histórica da politização militar no Brasil pode ter importante valor explicativo, sobretudo em seus aspectos organizacionais e institucionais com repercussão no comportamento de seus agentes.

Da revisão de Duarte (2019), se conclui que a recente literatura sobre as milícias se refere de forma genérica a "policiais", "forças policiais", "agentes armados do Estado", sem apontar distinções entre as organizações militares (polícia militar, bombeiros militares, Exército, Marinha, Aeronáutica) e organizações civis do Estado destinadas à segurança pública. Como sugere Zaverucha (2010), a própria noção de "polícia militar" é um oximoro: ou se é militar ou se é policial. Em verdade, a expansão do poder da organização militar sobre as instituições de segurança pública após 1930 foi incapaz de torná-las *polícias*, quer dizer, o desempenho da função policial não as desmilitarizou; ao contrário, sua vinculação orgânica e política ao Exército tornou as polícias militares cada vez mais militares. Como diria meu barão favorito [Aparício Fernando de Brinkerhoff Torelly, barão de Itararé], "de onde se menos espera, daí que não sai nada" (Itararé, 1985, p. 27).

É claro que há uma generalizada militarização da função policial – sejam as instituições civis, sejam militares –, militarização essa que penetra na sociedade política e civil. Porém, há níveis significativamente distintos dessa militarização. Um bom exemplo para sustentar essa hipótese é justamente a distribuição de afinidades ideológicas nas organizações "policiais" em relação ao "bolsonarismo" – ou a lógica miliciana, segundo Manso (2020). Conforme pesquisa do Fórum Brasileiro de Segurança Pública (FBSP) de 2020, enquanto 12% de policiais militares compartilhavam conteúdo no Facebook categorizados pela retórica "bolsonarista", nos policiais civis esse percentual se reduzia para 7% e, nos policiais federais, para apenas 2%. Já a pesquisa de opinião Atlas (2021) apurou que apenas 20% dos policiais civis aprovavam o governo Bolsonaro, enquanto o percentual dos militares estaduais saltava para 50%. Por sua vez, na mesma pesquisa, apenas 2% de policiais civis se manifestaram abertamente a favor de uma ditadura – já entre os militares estaduais, 27% revelaram sua predileção autoritária para o regime político. De fato, essas fontes empíricas carregam limites, mas é inegável seu valor interpretativo para o tempo presente.

Em contrapartida, a hipótese de Manso (2020) sobre a cultura miliciana como uma continuidade da "linha-dura" e dos "porões da ditadura" reproduz o que considero uma mitologia a respeito do terrorismo de Estado do período. Como procurei demonstrar neste livro, as divisões entre os militares das Forças Armadas na disputa pelos rumos do governo jamais romperam uma profunda coesão ideológica. A chamada "guerra suja" era um consenso entre esses grupos, que divergiam em relação às táticas e às interpretações sobre a conjuntura das relações de poder. Como indica o memorando sigiloso do diretor da CIA, de 11 de abril de 1974, para o secretário de Estado dos EUA, Henry Kissinger, o ditador Geisel e a cúpula militar do governo decidiram continuar com as execuções sumárias contra "subversivos perigosos, sob certas condições" (Borges, 2018, s.p.) – naquele ano, segundo o general Milton Tavares de Souza, chefe do Ciex de Médici, 104 brasileiros haviam sido executados sumariamente no bojo dos "métodos extralegais" contra os inimigos principais do Estado na época. Logo, o terrorismo de Estado obedecia a uma cadeia hierárquica que tinha em seu topo o ditador de plantão. Não se tratava de uma cultura dos "duros", dissociada em concepção e execução dos "brandos". É claro que problemas disciplinares nessa hierarquia existiam, como demonstram punições que chegaram até ao oficialato de representantes "dos porões", mas essas punições jamais se referiram à prática de terrorismo de Estado. Nem ontem, nem hoje.

Nesse sentido, embora não seja citado por Manso (2020), é bom lembrar que a pena de morte foi legalizada justamente durante o período do surgimento dos esquadrões da morte. Em nenhuma ocasião as centenas de execuções sumárias do período foram resultado da aplicação formal dessa lei (processo criminal), mas é razoável considerar que a própria vigência institucional dessa prática transmitia algum nível de legitimidade para os operários da morte nas fronteiras do Estado. Na guerra de ontem contra "os comunistas" e na de hoje contra "traficantes e bandidos", *se elimina o inimigo*, dentro das leis naturais e da "constituição" de valores próprios da organização militar que, para esses grupos, estão acima da legalidade ordinária.

Aliás, essa autonomia moral com respaldo institucional é própria da formação histórica da organização militar no Brasil. Como vimos, a tortura era admitida no processo penal militar até meados de 1910 (Código de Lipe). É, no mínimo, historicamente controverso presumir que "as táticas de violência e tortura policial foram replicadas e aperfeiçoadas nos porões da ditadura, aproximando das Forças Armadas a banda podre da polícia" (Manso, 2020, p. 122), ainda mais se considerarmos a própria origem desses esquadrões da morte. Como Manso menciona, a prática de extermínio como política informal de segurança pública no meio urbano se remete à 1957, justamente quando um general do Exército – Amauri Kruel – era o chefe de polícia do Distrito Federal. Neste prelúdio, os empresários dos jogos de azar passaram a ser integrados no sistema de informações, tudo nas margens e como parte informal do Estado. Quase 40 anos depois, a "gratificação faroeste" (aumento de até 150% na remuneração para aqueles militares estaduais que matassem mais em serviço) e as promoções por bravura (em "combates" contra o crime) foram instituídas justamente quando um general do Exército – Nilton Cerqueira – estava à frente da Secretaria de Segurança Pública do Rio de Janeiro. Nas milícias cariocas, expressivo contingente de agentes criminais são ou foram militares estaduais, sobretudo em posições de comando e no produto morte.

Outra dimensão da organização e instituição militar com potencial explicativo é o papel do Judiciário Militar na "cultura miliciana". Tanto os militares federais (Forças Armadas) quanto os militares estaduais (polícias militares e corpos de bombeiros militares) estão submetidos ao Código Penal Militar e ao Código de Processo Penal Militar, aplicados pela Justiça Militar (primeira instância) e pelo Superior Tribunal Militar (segunda instância). Não raras vezes, é esse corpo judicial, formado por 2/3 de oficiais militares, que assegura o "respaldo jurídico" para os produtos criminais das milícias, de abusos de autoridade e de graves violações de direitos humanos. Na CPI das milícias, as forças tarefas que exerceram coerção sobre as milícias foram do Ministério Público e da Polícia Civil, não das organizações militares. Analisar empiricamente o papel desse Judiciário não só na cultura miliciana, mas no governo tirânico de periferias, parece fundamental.

Para além da "retaguarda jurídica", a relevância da organização militar também pode contribuir na explicação da justificação moral dos grupos de extermínio. As milícias até muito recentemente riscavam uma clara linha moral em seus produtos criminais de ordem: a defesa do "cidadão de bem", aversão ao comércio de drogas ilícitas, cristianismo conservador e valores capitalistas, como lucro e felicidade individual, e a violência como método para o disciplinamento local. Como sugere Manso, enquanto na época da ditadura se lutava "pela defesa da pátria", a polícia teria passado "a matar além do limite em nome do 'cidadão de bem'" (Manso, 2020, p. 128). É o que revela a transformação do crime organizado – no caso local do Comando Vermelho – como o inimigo comum, associado ao mal e ao comunismo. No discurso sobre a guerra às drogas, também é utilizada a ideia de "marxismo cultural", que estaria se consolidando pela estratégia indireta gramscista contra os valores judaico-cristãos do Ocidente.

Embora seja muito associada às formulações de Olavo de Carvalho e à extrema-direita estadunidense, esse *anticomunismo do século XXI* também tem sido produzido nas organizações militares. A continuidade da narrativa sobre a "guerra contrarrevolucionária" durante a ditadura, institucionalizada pelo relatório Orvil produzido pelo Ciex (na ausência de uma nova narrativa, é essa que segue orientado a memória institucional da organização militar), foi estruturada pelo general do Exército Sérgio Augusto Avelar Coutinho (2012) no livro *A revolução gramscista no Ocidente: a concepção revolucionária de Antônio Gramsci em 'Os cadernos do cárcere'*. Nele a grande maioria dos partidos políticos surgidos após 1979 – do PT ao PSDB – seriam adeptos da estratégia indireta visando a revolução socialista. Editado pela "Ombro a Ombro" em 2002, no mesmo ano recebeu uma versão datilografada de Alexander Gieg, para circular gratuitamente entre os círculos de socialização militar. Em 2012, a obra foi reeditada, desta vez pela própria Biblioteca do Exército Brasileiro, sendo recomendada de forma horizontal para todas as hierarquias em 2019, pelo Departamento de Ensino do Exército.

Por fim, a hierarquia é apontada por Manso (2020) como irrelevante na organização e cultura miliciana. Porém, é uma hipótese muito questionável. A formação histórica da politização dos militares indica a grande importância desse elemento, especialmente para garantir adesão ampla dos membros da instituição a projetos políticos de seus membros, sejam da ativa, sejam da reserva. É o "totem" – militar de alta patente, geralmente um general – que inspira lideranças, arrasta os indecisos e conquista a alta cúpula. No caso de Bolsonaro, segundo o próprio Manso, seu totem foi o general Newton Cruz que, ao fim e ao cabo, respaldou sua militância política no Exército. Nesse sentido, é sintomática a absolvição de Bolsonaro no STM. Quer dizer, após diversos atos de indisciplina em razão de sua atividade que defenderia "interesses militares" junto ao poder civil, recebeu respaldo institucional. Afinal, qual o papel da hierarquia militar na cultura miliciana? Esse é outro estudo que merece energia.

Dito de outra forma, até que ponto a cultura miliciana não é um subproduto da cultura militar brasileira, sobretudo de suas organizações e instituições? E das relações de poder historicamente construídas com oligarquias regionais e outras organizações sociais? Longe de superestimar a dimensão militar "dos esquadrões da morte à era Bolsonaro", importa aqui considerar esse aspecto fundamental da formação e organização política no Brasil.

É nessa direção que caminham as hipóteses que articulam interesses instrumentais e organizacionais para explicar a "volta dos militares" à política e sua adesão ao governo Bolsonaro. Variada gama de intelectuais tem se debruçado a formular interpretações centradas no *ativismo militar*, dentre os quais destaco a *noção de Partido Militar* – uma organização de lideranças militares para fazer política dentro e fora da organização. Uma dessas abordagens é a de Piero Lerner (2021) sobre um grupo seleto de generais, com formação em forças especiais e operações psicológicas, que teria se engajado na "guerra híbrida" adaptada para o contexto brasileiro. De certo modo, a combinação estratégica da "guerra híbrida" eliminaria a fronteira entre as ciências políticas e militares como solução da crise política. Para Lerner (2021, p. 79), operacionalmente, este grupo de generais "articulou certos procedimentos, emplacou certas visões e viabilizou uma movimentação do conjunto da tropa" ao menos desde 2013.

Outra abordagem é a produzida por Marcelo Pimentel (2021), tenente-coronel do Exército que foi para a reserva em 2018. Amparado na influência histórica da politização dos militares, Pimentel destaca que dos 17 generais-de-Exército da reunião do Alto Comando que debateu, em fevereiro de 2016, a deposição institucional da presidenta, 15 estão engajados na política, em sua maioria no governo Bolsonaro: um vice-presidente, quatro ministros de Estado, um ministro do Superior Tribunal Militar, um embaixador, três presidentes de empresas estatais, um presidente de fundo de pensão estatal, um secretário de Segurança Pública, três secretários-executivos ou similares. Quer dizer, *88% do Alto Comando do Exército em 2016 está na política*. É esse grupo de generais que, utilizando a posição de comando da instituição militar, a instrumentaliza politicamente e dirige Bolsonaro nas principais questões estratégicas e em momentos de crises. No enquadramento de Pimentel (2021, p. 94), esse Partido Militar reuniria "memória histórica e vocação institucional; base ideológica; pautas de interesse coletivo e corporativo específico; direção 'partidária' encarregada da distribuição de poder; controle do governo em direção, sentido e intensidade; quadros 'partidários' – formação de lideranças; e base eleitoral e militante". Como diz o ditado, "a palavra convence e o exemplo arrasta", a liderança organizada de generais na política estaria engajando os militares no geral a um grupo político de natureza hegemônica – o Partido Militar.

Nessa busca por compreender os militares e o governo Bolsonaro, uma terceira abordagem sobre o Partido Militar é realizada por Ana Penido, Suzeley Mathias e Jorge Rodrigues (2020), com a qual tenho contribuído. Esse olhar tem como hipótese que o Partido Militar não tenha, de fato, "morrido" depois da ditadura, mas apenas hibernado em sua cíclica "crise de identidade", se reorganizando e acumulando forças até voltar à cena. Com existência e organicidade garantida pelos militares da reserva, esse partido teria sido finalmente reengajado politicamente – dentre outros fatores – pelos megaeventos esportivos (Copa do Mundo e Olimpíadas) e as Missões de Paz, responsáveis por impulsionar o oficialato da ativa na disputa pelo poder político.

Uma das dimensões para avaliar essa hipótese é ocupação de cargos de confiança de sua base social no governo. Considerando um amplo espectro de instituições da organização militar no Brasil – Exército, Marinha, Aeronáutica, Polícias Militares e Bombeiros Militares –, a distribuição desses cargos entre membros dessas instituições, com recortes de patentes, seria fundamental para compreender a relação entre o governo Bolsonaro e os militares federais (Forças Armadas) e estaduais (PM e bombeiros militares). O mesmo seria válido em relação às instituições civis do Estado destinadas à segurança pública nos dois níveis – Polícia Federal e Polícia Rodoviária Federal, polícias civis (estaduais) e guardas civis (municipais) –, todos apontados como base social do "bolsonarismo" dentro do Estado. Ademais, levando em conta que as milícias cariocas são formadas em sua maioria por militares estaduais e policiais civis, é possível testar empiricamente a hipótese da "república das milícias", já que a ocupação desses cargos na representação política miliciana é uma prática característica na "era Bolsonaro". Um diagnóstico dessa ocupação também pode ajudar a testar a hipótese de sequestro das Forças Armadas e das PMs por Bolsonaro e, por sequência, das milícias cariocas. Dos atuais 2.930 militares da ativa das Forças Armadas em cargos de confiança, dos 8.450 militares da reserva das Forças Armadas em cargos de "tarefa de tempo certo" e dos militares que ocupam 61% das estatais (controle direto ou indireto) no governo Bolsonaro, afinal, quem manda e quem obedece?

Até o momento, o que os dados indicam é um predomínio do oficialato das Forças Armadas, sobretudo do Exército, nos principais cargos de confiança no governo. Segundo dados fornecidos pelo Ministério da Casa Civil em 2020, a "cozinha do Planalto" (Casa Civil, Secretaria de Governo, Secretaria de Assuntos Estratégicos, Secretaria Geral da Presidência da República, Gabinete Pessoal do Presidente da República e do Gabinete de Segurança Institucional) conta com 341 militares e "forças de segurança" em cargos de confiança. Destes, em cada dez, oito são militares das Forças Armadas. E, destes militares, apenas um quarto são praças, o que revela um predomínio do oficialato e não das baixas patentes no núcleo íntimo do governo Bolsonaro. Além disso, dois em cada dez militares no governo que são vinculados às "forças de segurança" advêm da PM do Distrito Federal, e não da do Rio de Janeiro, base miliciana e que conta com apenas um militar nessa "cozinha". Diferente do que ocorre com os militares das Forças Armadas, 42% dos militares da PM são praças e não há nenhum coronel ou tenente-coronel. Por fim, nenhum comissionado é da Polícia Civil.

Por enquanto, o que os dados indicam é uma relação orgânica com as Forças Armadas, e não com as PMs, muito menos com a carioca. Nessa relação orgânica, ainda pende confirmar a cisão entre dois grupos que, apesar disso, se mantêm coesos. De um lado, Heleno, Ramos, Mourão e Braga Netto formam o núcleo dirigente e hegemônico. De outro, Etchegoyen, Santos Cruz, Rego Barros e Rocha Paiva se movem em sentido alternativo, sendo que ambos comungam ideologicamente, mas divergem na política de alianças, análise conjuntural e táticas a serem adotadas. Em ambas, as motivações poderiam variar entre conveniência (turma da boquinha), conivência (mal menor), inércia (seguem a maioria) e ideologia, neste caso se constituindo em militares militantes políticos. Seja na cúpula, seja na base, paira uma incógnita: qual o programa político desse partido? Neste caso, qual a política "no" Exército? E até que ponto ela é autônoma e distinta das organizações militares estaduais?

Há também uma dimensão institucional da politização dos militares e o governo Bolsonaro. Primeiro, é preciso testar empiricamente a hipótese de que essas lideranças militares representariam um objetivo político institucional, ainda que fabricado por métodos históricos conhecidos – falsas informações e ameaças imaginárias para gerar coesão interna. É dizer, se haveria uma "missão" designada pelo comando das Forças para que emprestassem "prestígio", profissionais e apoio político ao governo Bolsonaro, em troca de atingir objetivos, nos termos do planejamento estratégico da Doutrina de Segurança Nacional. Isso implica testar a hipótese de que a instituição aderiu ao governo, ainda que indiretamente e sob as condições de uma aliança com outros "centros de poder". Segundo, saber qual é a política "do" Exército que orientou essa adesão. Afinal, como deixou claro Mourão, "[o] Exército não é apolítico, é apartidário. O Exército tem de fazer política. Óbvio que a política em tornos dos interesses nacionais e, em particular, dele, do Exército" (Uribe,

2021, s.p.). A questão é: qual a política "do" Exército? E a política "em torno dos interesses nacionais"? Será que "entregas" como o aumento orçamentário, a reforma da previdência e a restruturação da carreira, a criação de novas estatais militares, o novo *campus* da ESG, a nova escola para doutrinação civil (Escola Superior de Defesa), o acordo militar com os EUA e o novo *status* na Otan representam essa política? Ou ainda, conspirando o pensamento político dos militares brasileiros, as ameaças políticas (nacional-trabalhismo), culturais (politicamente correto e multiculturalismo) e sociais (politização das desigualdades) se alinham a uma nova fase da permanente "Guerra Fria" entre capitalismo e socialismo?

A verdade é que são muitas as incógnitas, todas demandantes de amparo empírico para testar interpretações, visando apurar as reais relações de poder. Entretanto, considerando a formação histórica dessas relações e os elementos disponíveis hoje, é possível apontar três caminhos prováveis para a próxima década. O primeiro, mais pessimista, é que a expansão de poder da organização militar no Estado brasileiro será mantida, produzindo instabilidade democrática. O segundo, talvez o mais potente, é o recuo da expansão desse poder militar para níveis do governo Temer – além do Estado-Maior Militar na presidência (GSI) e a defesa nacional, o domínio militar das Forças Armadas na inteligência civil (Sistema Nacional de Inteligência), assim como o mesmo modelo reproduzido nos estados. O terceiro, o menos provável, é um recuo a níveis do governo Dilma: sem GSI, com controle do comandante-em-chefe das Forças Armadas das nomeações ao generalato sob fiscalização do Congresso e da opinião pública, e inteligência civil desmilitarizada.

É claro que outros cenários são possíveis e, do ponto de vista democrático, necessários. Porém, como apontam Penido e Mathias (2021), exigem uma estratégica política de educação militar para a democracia. Nesse sentido, partindo das regras do jogo, uma política militar que revise valores, tradições e comportamentos da organização militar no Brasil se mostra fundamental para a sobrevivência de um governo democrático, de um Estado democrático e de um regime político democrático. No primeiro quesito, o Brasil é principiante. Nos demais, uma promessa. Cabe à geração de hoje e de amanhã despertar do consenso do domínio e assumir como estratégicas as políticas de defesa e militar em sua atuação política.

CONSIDERAÇÕES FINAIS

A REALIDADE POLÍTICA DESFEZ UMA SÉRIE DE MITOS CRIADOS PELO

sonho democrático da Constituição cidadã de 1988. Talvez o principal deles foi o de que os militares "abandonaram a política" durante o último período de processo democrático brasileiro. Depois de liderarem uma longa concertação autoritária nacional, iniciada em 1964, e conduzirem uma "lenta, gradual e segura" transição política de uma inevitável saída do protagonismo político das armas, seria pouco provável conceber que tivessem abdicado do papel de vigilância e regulação dos termos da nova ordem política conquistada por uma longa formação histórica de sua politização.

Uma vez realocadas as funções políticas das instituições nacionais no sistema político, os militares preservaram a imunidade ideológica, o controle direto das instituições de monopólio da violência, o poder de veto político e, o mais importante, a sobrevivência de seu papel supervisor das crises políticas e sociais. Atuando nos subterrâneos da política, mantendo sólidos canais de comunicação com as elites nacionais, com as instituições econômicas, judiciais, religiosas, de comunicação e, principalmente, com o imaginário popular, as Forças Armadas preservaram suas "prerrogativas" políticas. Nessa condição, seguem se postando como superiores aos partidos políticos, independentes das ideologias e das classes sociais, neutros e vocacionados à função de mantenedores da nação.

Nesse sentido, um dos termômetros da continuidade dessa "legitimidade" conferida pelos civis aos militares é a própria memória de 1964. Pelo protagonismo político e responsabilidade direta em praticar a violência política, os militares foram isolados na imagem ditatorial enquanto as diversas instituições civis se autorretrataram como baluartes dos valores democráticos. Isso quando, na verdade, importantes instituições da expressão política – como a Ordem dos Advogados do Brasil (OAB) e o Supremo Tribunal Federal (STF) – até hoje não reconheceram sua adesão à solução autoritária de 1964.

Com exceção do Congresso, que realizou, em dezembro de 2013, sessão simbólica de anulação da sessão que declarou "vaga" a presidência da república, nenhuma instituição política realizou o teste de realidade e o processo de luto capaz de reelaborar o passado de intervenção militar na política e projetar um futuro democrático sem a mazela autoritária. Note-se que a própria presidência da república mantém em suas galerias memoriais os ditadores de 1964 como "presidentes", confortavelmente indistintos numa típica linha evolutiva da república.

Da mesma forma, no seio da sociedade, importantes instituições da expressão econômica – com destaque à Federação das Indústrias de São Paulo (Fiesp), mas sem menor importância aos banqueiros e setores da construção civil, siderurgia, comércio, telecomunicações – e da expressão cultural – com destaque para a Confederação Nacional dos Bispos do Brasil (CNBB), sociedades espíritas, sociedades de fraternidade e empresas de telecomunicação – esconderam sua adesão à solução autoritária de 1964 com o protagonismo dos militares. Ainda que as Organizações Globo tenham feito um cínico *mea culpa* no célebre editorial "apoio editorial ao golpe de 64 foi um erro", de 31 de agosto de 2014, em nada substancial se diferencia da ordem do dia alusiva ao golpe de 1964, publicada em 2020 pelo Ministério da Defesa, que reafirma o acerto histórico e político da investida autoritária camuflada de salvação democrática.

Esse consentimento conferido pelas elites políticas civis ao papel interventor dos militares na política – que reverbera no imaginário popular – já se mostrava normalizado com o constante uso das operações de Garantia da Lei e da Ordem (GLOs) e das "missões de paz", em momentos de "normalidade democrática", desde 1992, até a intervenção federal de natureza militar no Rio de Janeiro, na retaguarda política da Lava Jato, no processo de impedimento de 2016, no controle do processo eleitoral de 2018 e, finalmente, na desejada "moderação" do governo Bolsonaro. Trata-se de uma continuidade dinâmica da cultura política brasileira de legitimação dos militares na política.

É claro que essa participação se mostra de forma variável, suscetível à conjuntura política recente, nacional e internacional, cada vez mais em rápida transformação. Pendem estudos sobre as metamorfoses dessa função interventiva em momentos "de paz" – tutelar, reguladora, moderadora, coadjuvante, invisível, influenciadora –, ou seja, como em tempos de "normalidade" democrática, os militares exercem essa tradicional função no sistema político brasileiro e preparam o poder para a ação política.

De toda sorte, tem-se que, historicamente, os militares integram uma grande coalizão nacional de classe hegemônica, que atua para preservar uma ordem estabelecida – que não se confunde com *status quo* – de hierarquia social, divisão social do trabalho e da propriedade, e de regime político. Sem falar, é claro, do papel de alinhamento geopolítico à grande potência imperial do continente, os Estados Unidos da América.

Os desafios que se apontam para os próximos anos são muitos. De imediato, o que indica se alcançar pela imposição dos fatos é o abandono de quimeras da domesticação. No Brasil contemporâneo, é descabido separar ideologia e militares, "alas militares" pretensamente "racionais, moderadas e legalistas" em oposição às "alas ideológicas". Igualmente, não se pode pressupor a sobrevivência de um "nacionalismo econômico" na instituição, ou até de um "nacionalismo social", quando na verdade apenas existe um nacionalismo identitário, de classe, que percebemos na Doutrina de Segurança Nacional. Há, sim, uma história nacionalista e voltada à justiça social, mas isso é parte do passado e possibilidade para o futuro. Mas hoje, ao menos no pensamento institucional, as Forças Armadas são solidamente contrarrevolucionárias e relutantes ao fantasma do nacional-trabalhismo como antessala revolucionária.

Portanto, uma dúvida não se nutre: seguirão exercendo o papel histórico de agentes do processo político em disputa. Com os efeitos globais da pandemia da Covid-19, as transformações do capitalismo mundial e, consequentemente, dos regimes políticos e sociais, indicam a emergência de reconfigurações do papel do Estado nas sociedades nacionais. Mais do que isso, das instituições militares do Estado, seja no modelo de intervenção na economia, seja na disputa de poder político nacional e global. Como será no Brasil? E qual será o papel dos militares?

É o que temos em disputa e esta dependerá, seguramente, do comportamento dos civis. Do lado democrático, urge um rompimento profundo das organizações sociais com o bloqueio à questão militar. As armas, num regime democrático, são tão imprescindíveis que jamais deveriam permanecer quase monopolizadas com uma burocracia de Estado. É preciso que a democracia assuma a direção política dos militares e, para que isso possa acontecer, dependemos de um longo processo de organização política, institucional e popular. Como diria meu barão preferido, antes tarde do que mais tarde ainda.

NOTAS

1. Considerando o perfil desta coleção, não se fará um debate teórico sobre o tema. Para tanto, recomendo a leitura de recente revisão bibliográfica produzida por Ana Penido, Frederico Costa e Mariana Janot (2021).
2. Essa medida, controversa já naquela época, fomentou conflitos com outras instituições estaduais, como as Forças Públicas e Guardas Civis, estas extintas e incorporadas às polícias militares pelo decreto federal n. 1.072, de 30 de dezembro de 1969 (Guerra, 2016, p. 18-19).
3. Uma versão preliminar deste texto foi apresentada ao Grupo de Trabalho 31 de "Teoria política e pensamento político brasileiro – conflito, poder, legitimidade e Estado "do 42º Encontro da Associação Nacional de Pós-Graduação e Pesquisa em Ciências Sociais (Anpocs) em 2018. No ano seguinte, uma versão revisada foi publicada na *Revista da Escola Superior de Guerra* – edição comemorativa de 70 anos de aniversário, jan./abr. 2019. E, em 2021, uma versão resumida também foi publicada na revista *Insight Inteligência* com o mesmo título deste capítulo.

LISTA DE SIGLAS

Aman – Academia Militar das Agulhas Negras
AIB – Ação Integralista Brasileira
AGU – Advocacia Geral da República
CIA – Agência Central de Inteligência
Abin – Agência de Inteligência Brasileira
ANL – Aliança Nacional Libertadora
AERP – Assessoria Especial de Relações Públicas da Presidência da República
ABCAR – Associação Brasileira de Crédito e Assistência Rural
CPOR – Centros de Preparação de Oficiais da Reserva
CNBB – Comissão Nacional dos Bispos do Brasil
CGT – Comando Geral dos Trabalhadores
CNV – Comissão Nacional da Verdade
CPI – Comissão Parlamentar de Inquérito
Cosipa – Companhia Siderúrgica Paulista
CSI – Comunidades Setoriais de Informações
CDN – Conselho de Defesa Nacional
CSN – Conselho de Segurança Nacional
CLT – Consolidação das Leis do Trabalho
CEMCFA – Curso de Estado-Maior e Comando de Forças Armada
CI – Curso de Informações
DESPS – Delegacia Especial de Segurança Política e Social
DASP – Departamento Administrativo do Serviço Público
DIP – Departamento de Imprensa e Propaganda
DPDC – Departamento de Propaganda e Difusão Cultural
DNP – Departamento Nacional de Propaganda
DEOPS – Departamentos de Ordem Política e Social dos Estados
DSI – Divisões de Segurança e Informação
Embratel – Empresa Brasileira de Telecomunicações
ECEME – Escola de Comando e Estado-Maior do Exército

EME – Estado-Maior do Exército
FHC – Fernando Henrique Cardoso
FBI – Departamento Federal de Investigações
Finep – Financiadora de Estudos e Projetos
Faibras – Força Armada Interamericana Brasileira
FEB – Força Expedicionária Brasileira
FIP – Força Interamericana de Paz
FBSP – Fórum Brasileiro de Segurança Pública
FPN – Frente Parlamentar Nacionalista
Finame – Fundo de Financiamento para Aquisição de Máquinas e Equipamentos
GB – Estado da Guanabara
Geran – Grupo Executivo de Racionalização da Agroindústria Açucareira do Nordeste
Ibad – Instituto Brasileiro de Ação Democrática
Ipes – Instituto de Pesquisas e Estudos Sociais
Incra – Instituto Nacional de Colonização e Reforma Agrária
Iseb – Instituto Superior de Estudos brasileiros
LSN – Lei de Segurança Nacional
Lider – Liga Democrática Radical
Minustah – Missão das Nações Unidas de Estabilização do Haiti
Mobral – Movimento Brasileiro de Alfabetização
MMC – Movimento Militar Constitucionalista
Oban – Operação Bandeirantes
OEA – Organização dos Estados Americanos
PCB – Partido Comunista Brasileiro
PE – Partido Evolucionista
PFL – Partido da Frente Liberal
PRP – Partido da Representação Popular
PSDB – Partido da Social Democracia Brasileira
PDC – Partido Democrata Cristão
PDT – Partido Democrático Trabalhista
PMDB – Partido do Movimento Democrático brasileiro
PT – Partido dos Trabalhadores
PL – Partido Liberal
PP – Partido Popular
PP – Partido Progressista
PRTB – Partido Renovador Trabalhista Brasileiro
PRC – Partido Republicano Conservador
PRP – Partido Republicano da Paraíba

PRF – Partido Republicano Federal
PRF – Partido Republicano Fluminense
PRL – Partido Republicano Liberal
PRM – Partido Republicano Mineiro
PRP – Partido Republicano Paulista
PRP – Partido Republicano Popular
PRP – Partido Republicano Rio-Grandense
PSD – Partido Social Democrático
PSL – Partido Social Liberal
PSP – Partido Social Progressista
PSOL – Partido Socialismo e Liberdade
PSB – Partido Socialista Brasileiro
PTB – Partido Trabalhista Brasileiro
PTN – Partido Trabalhista Nacional
PIS – Plano de Integração Social
SPVEA – Plano de Valorização Econômica da Amazônia
SAE – Secretaria de Assuntos Estratégicos
SAR – Serviço de Assistência Religiosa
SFICI – Serviço Federal de Informações e Contrainformações
SISBIN – Sistema Brasileiro de Inteligência
SISSEGIN – Sistema de Segurança Interna
SISNI – Sistema Nacional de Informações
SSI – Subsecretaria de Inteligência
Sudesul – Superintendência de Desenvolvimento da Região Sul
Sudem – Superintendência do Desenvolvimento da Amazônia
Sudene – Superintendência do Desenvolvimento do Nordeste
STF – Supremo Tribunal Federal
STM – Superior Tribunal Militar
UDN – União Democrática Nacional
UDR – União Democrática Republicana
UPPs – Unidades de Polícia Pacificadora

REFERÊNCIAS BIBLIOGRÁFICAS

ABREU, Alzira A. *et al.* (coord.). *Dicionário Histórico-Biográfico Brasileiro*. Rio de Janeiro: CPDOC, 2010.

ALONSO, Ângela. O abolicionismo como movimento social. *Novos estudos*, n. 100, nov. 2014.

ALVES, Maria Helena Moreira. *Estado e oposição no Brasil (1964-1984)*. Bauru: Edusc, 2005.

ANDRADE, Auro M. *Um Congresso contra o arbítrio*: diários e memórias. Rio de Janeiro: Nova Fronteira, 1985.

ARRUDA, Antônio de. Doutrina da ESG: principais alterações ocorridas nas últimas quatro décadas. *Revista da Escola Superior de Guerra*, ano V, n. 12, p. 13-22, 1989.

BORGES, Rodolfo. Documento da CIA relata que cúpula do governo militar brasileiro autorizou execuções. *El País*. São Paulo, 10/05/2018.

BRAGON, Ranier; MATTOSO, Camila. Presença de militares da ativa no governo federal cresce 33% e sob Bolsonaro mais que dobra em vinte anos. *Folha de S. Paulo*, 18/7/2020. Disponível em: www1.folha.uol.com.br/poder/2020/07/presenca-de-militares-da-ativa-no-governo-federal-cresce-33-sob-bolsonaroe-mais-que-dobra-em-20-anos.shtml+&cd=2&hl=pt-PT&ct=clnk&gl=br. Acesso em: 4 nov. 2021.

BRASIL. Escola Superior de Guerra. *Manual Básico*. Rio de Janeiro: ESG, 1975.

BRASIL. Escola Superior de Guerra. *Manual Básico*. Rio de Janeiro: ESG, 1983.

BRASIL. Escola Superior de Guerra. *Escola Superior de Guerra (1949-2014): 65 anos de história*. Ricardo Rodrigues Freire e Maria da Glória Chaves de Melo (orgs.). Rio de Janeiro: ESG, 2014.

BRASIL. Escola Superior de Guerra [ESG]. *Almanaque dos diplomados da Escola Superior de Guerra*. Rio de Janeiro: ESG, 1999.

BRASIL. Escola Superior de Guerra. *Manual Básico da Escola Superior de Guerra*: elementos fundamentais. Rio de Janeiro: ESG, 2014. v. 1.

BRASIL. Escola Superior de Guerra. *Manual Básico da Escola Superior de Guerra*: elementos doutrinários. Rio de Janeiro: ESG, 2009. v. 1.

BRASIL. Escola Superior de Guerra. *Manual Básico da Escola Superior de Guerra*: elementos doutrinários. Rio de Janeiro: ESG, 2006. v.1.

BRASIL. Escola Superior de Guerra. *Fundamentos do método de planejamento estratégico.* Rio de Janeiro: ESG, 2002.

BRASIL. ECEME. *Curso de Política Estratégia e Alta Administração do Exército* – CPEAEx. Acesso em 21 set. 2021.

BRASIL. Escola Superior de Guerra. *Subsídios para o estudo dos fundamentos doutrinários*: expressões do poder nacional. Rio de Janeiro: ESG, 1996a. v. 1.

BRASIL. Medida Provisória n. 1.911-10, de 24 de setembro de 1999a. Altera dispositivos da Lei n. 9.649, de 27 de maio de 1998, que dispõe sobre a organização da Presidência da República e dos Ministérios, e dá outras providências. Disponível em: www.planalto.gov.br/ccivil_03/mpv/antigas/1911-10.htm. Acesso em: 11 nov. 2021.

BRASIL. Lei n. 9.649, de 27 de maio de 1998a. Dispõe sobre a organização da Presidência da República e dos Ministérios, e dá outras providências. Disponível em: www.planalto.gov.br/ccivil_03/leis/l9649cons.htm. Acesso em: 11 nov. 2021.

BRASIL. Medida Provisória n. 1.911-10, de 24 de setembro de 1999a. Altera dispositivos da Lei n. 9.649, de 27 de maio de 1998, que dispõe sobre a organização da Presidência da República e dos Ministérios, e dá outras providências. Disponível em: www.planalto.gov.br/ccivil_03/mpv/antigas/1911-10.htm. Acesso em: 11 nov. 2021.

BRASIL. Lei n. 9.649,- de 27 de maio de 1998a. Dispõe sobre a organização da Presidência da República e dos Ministérios, e dá outras providências. Disponível em: www.planalto.gov.br/ccivil_03/leis/l9649cons.htm. Acesso em: 11 nov. 2021.

BRASIL. Lei n. 5.010, de 30 de maio de 1966d. Organiza a Justiça Federal de primeira instância, e dá outras providências. Disponível em: www.planalto.gov.br/ccivil_03/leis/l5010.htm. Acesso em: 12 nov. 2021.

BRASIL. Lei Complementar n. 35, de 14 de março de 1979c. Dispõe sobre a Lei Orgânica da Magistratura Nacional. Disponível em: www.planalto.gov.br/ccivil_03/leis/lcp/lcp35.htm. Acesso em: 12 nov. 2021.

BRASIL. Lei n. 4.878, de 3 de dezembro de 1965e. Dispõe sobre o regime jurídico peculiar dos funcionários policiais civis da União e do Distrito Federal. Disponível em: www.planalto.gov.br/ccivil_03/leis/l4878.htm. Acesso em: 12 nov. 2021.

BRASIL. Lei Complementar n. 40, de 14 de dezembro de 1981. Estabelece normas gerais a serem adotadas na organização do Ministério Público estadual. Disponível em: www.planalto.gov.br/ccivil_03/leis/lcp/lcp40.htm. Acesso em: 12 nov. 2021.

BRASIL. Medida Provisória n. 813, de 1 de janeiro de 1995. Dispõe sobre a organização da Presidência da República e dos ministérios, e dá outras providências. Disponível em: www.planalto.gov.br/ccivil_03/mpv/Antigas/813.htm. Acesso em: 12 nov. 2021.

BRASIL. Lei n. 9.883, de 7 de dezembro de 1999. Institui o Sistema Brasileiro de Inteligência, cria a Agência Brasileira de Inteligência (Abin), e dá outras providências. Disponível em: www.planalto.gov.br/ccivil_03/leis/l9883.htm. Acesso em: 12 nov. 2021.

BRASIL. Comissão Nacional da Verdade, Relatório da Comissão Nacional da Verdade [CNV]. Brasília: CNV, 2014.

BRASIL. Carta de Lei de 25 de março de 1824. Constituição Política do Império do Brasil, elaborada por um Conselho de Estado e outorgada pelo Imperador D. Pedro I, em 25.03.1824. Manda observar a Constituição Política do Império, oferecida e jurada por Sua Magestade o Imperador. Disponível em: www.planalto.gov.br/ccivil_03/constituicao/constituicao24.htm. Acesso em: 4 nov. 2021.

BRASIL. Constituição da República dos Estados Unidos do Brasil, de 24 de fevereiro de 1891. Nós, os representantes do povo brasileiro, reunidos em Congresso Constituinte, para organizar um regime livre e democrático, estabelecemos, decretamos e promulgamos a seguinte Constituição da República dos Estados Unidos do Brasil. Disponível em: www.planalto.gov.br/ccivil_03/constituicao/constituicao91.htm. Acesso em: 5 nov. 2021.

BRASIL. Constituição dos Estados Unidos Do Brasil, de 10 de novembro de 1937. Leis Constitucionais. Disponível em: www.planalto.gov.br/ccivil_03/constituicao/constituicao 37.htm. Acesso em: 5 nov. 2021.

BRASIL. Constituição dos Estados Unidos do Brasil, de 18 de setembro de 1946. A Mesa da Assembleia Constituinte promulga a Constituição dos Estados Unidos do Brasil e o Ato das Disposições Constitucionais Transitórias, nos termos dos seus arts. 218 e 36, respectivamente, e manda a todas as autoridades, às quais couber o conhecimento e a execução desses atos, que os executem e façam executar e observar fiel e inteiramente como neles se contêm. Disponível em: www.planalto.gov.br/ccivil_03/constituicao/constituicao46.htm. Acesso em: 8 nov. 2021.

BRASIL. Decreto-Lei n. 4.130, de 26 de fevereiro de 1942. Regula o ensino militar no Exército. Disponível em: www2.camara.leg.br/legin/fed/declei/1940-1949/decreto-lei-4130-26-fevereiro-1942-414128-publicacaooriginal-1-pe.html. Acesso em: 8 nov. 2021.

BRASIL. Decreto n. 25.705 de 22 de outubro de 1948. Estabelece normas para organização da Escola Superior de Guerra. Disponível em: www2.camara.leg.br/

legin/fed/decret/1940-1949/decreto-25705-22-outubro-1948-340304-publicacaooriginal-1-pe.html. Acesso em: 8 nov. 2021.

BRASIL. Lei n. 785, de 20 de agosto de 1949. Cria a Escola Superior de Guerra e dá outras providências. Disponível em: www.planalto.gov.br/ccivil_03/leis/1930-1949/l785.htm. Acesso em: 8 nov. 2021.

BRASIL. Ato Institucional n. 1, de 9 de abril de 1964a. Dispõe sobre a manutenção da Constituição Federal de 1946 e as Constituições Estaduais e respectivas Emendas, com as modificações introduzidas pelo Poder Constituinte originário da revolução Vitoriosa. Disponível em: www.planalto.gov.br/ccivil_03/ait/ait-01-64.htm. Acesso em: 9 nov. 2021.

BRASIL. Ato Institucional n. 2, de 27 de outubro de 1965a. Mantém a Constituição Federal de 1946, as Constituições Estaduais e respectivas Emendas, com as alterações introduzidas pelo Poder Constituinte originário da Revolução de 31.03.1964, e dá outras providências. Disponível em: www.planalto.gov.br/ccivil_03/ait/ait-02-65.htm. Acesso em: 9 nov. 2021.

BRASIL. Ato Complementar n. 4, de 20 de novembro de 1965b. Dispõe sobre a organização dos partidos políticos. Disponível em: www.planalto.gov.br/ccivil_03/acp/acp-004-65.htm. Acesso em: 9 nov. 2021.

BRASIL. Decreto-Lei n. 314, de 13 de março de 1967a. Define os crimes contra a segurança nacional, a ordem política e social e dá outras providências. Disponível em: www.planalto.gov.br/ccivil_03/decreto-lei/1965-1988/del0314.htm. Acesso em: 9 nov. 2021.

BRASIL. Lei n. 5.250, de 9 de fevereiro de 1967b. Regula a liberdade de manifestação do pensamento e de informação. Disponível em: www.planalto.gov.br/ccivil_03/leis/l5250.htm. Acesso em: 10 nov. 2021.

BRASIL. Decreto-Lei n. 200, de 25 de fevereiro de 1967c. Dispõe sobre a organização da Administração Federal, estabelece diretrizes para a Reforma Administrativa e dá outras providências. Disponível em: www.planalto.gov.br/ccivil_03/decreto-lei/del0200.htm. Acesso em: 10 de nov. de 2021.

BRASIL. Lei n. 5.172, de 25 de outubro de 1966. Dispõe sobre o Sistema Tributário Nacional e institui normas gerais de direito tributário aplicáveis a União, estados e municípios. Disponível em: https://legislacao.presidencia.gov.br/atos/?tipo=LEI&numero=5172&ano=1966&ato=d1dcXRE1UMZRVTadb.
Acesso em: 10 nov. 2021.

BRASIL. Decreto-Lei n. 229, de 28 de fevereiro de 1967c. Altera dispositivos da Consolidação das Leis do Trabalho, aprovado por Decreto-lei n. 5.452, de 1º de maio de 1943, e dá outras providências. Disponível em: www.planalto.gov.br/ccivil_03/decreto-lei/del0229.htm. Acesso em: 10 nov. 2021.

BRASIL. Decreto n. 60.190, de 8 de fevereiro de 1967d. Regulamenta o Decreto-Lei n. 1, de 13/11/1965, e dá outras providências. Disponível em: https://legislacao.presidencia.gov.br/ atos/?tipo=DEC&numero=60190&ano=1 967&ato=c02oXUq1ENZRVT390. Acesso em: 10 nov. 2021.

BRASIL. Lei n. 4.504, de 30 de novembro de 1964b. Dispõe sobre o Estatuto da Terra, e dá outras providências.

Disponível em: https://legislacao.presidencia.gov.br/atos/?tipo=LEI&numero=4504&ano=1964&ato=03cM-TWE9UNVRVT5b5. Acesso em: 10 nov. 2021.

BRASIL. Lei n. 4.595, de 31 de dezembro de 1964c. Dispõe sobre a política e as instituições monetárias, bancárias e creditícias, cria o Conselho Monetário Nacional e dá outras providências. Disponível em: www.planalto.gov.br/ccivil_03/leis/l4595.htm. Acesso em: 10 nov. 2021.

BRASIL. Lei n. 4.380, de 21 de agosto de 1964d. Institui a correção monetária nos contratos imobiliários de interesse social, o sistema financeiro para aquisição da casa própria, cria o Banco Nacional da Habitação (BNH), e Sociedades de Crédito Imobiliário, as Letras Imobiliárias, o Serviço Federal de Habitação e Urbanismo e dá outras providências. Disponível em: www.planalto.gov.br/ccivil_03/leis/l4380.htm. Acesso em: 10 nov. 2021.

BRASIL. Decreto n. 55.282, de 22 de dezembro de 1964e. Dispõe sobre as medidas destinadas a incrementar a exploração e exportação do minério de ferro. Disponível em: https://www2.camara.leg.br/legin/fed/decret/1960-1969/decreto-55282-22-dezembro-1964-395528-publicacaooriginal-1-pe.html. Acesso em: 10 nov. 2021.

BRASIL. Constituição da República Federativa do Brasil de 1967c. O Congresso Nacional, invocando a proteção de Deus, decreta e promulga a Constituição do Brasil [1967]. Disponível em: www.planalto.gov.br/ccivil_03/constituicao/constituicao67.htm. Acesso em: 10 nov. 2021.

BRASIL. Ato Institucional n. 5, de 13 de dezembro de 1968a. São mantidas a Constituição de 24 de janeiro de 1967 e as Constituições Estaduais; O Presidente da República poderá decretar a intervenção nos estados e municípios, sem as limitações previstas na Constituição, suspender os direitos políticos de quaisquer cidadãos pelo prazo de 10 anos e cassar mandatos eletivos federais, estaduais e municipais, e dá outras providências. Disponível em: www.planalto.gov.br/ccivil_03/ait/ait-05-68.htm. Acesso em: 10 nov. 2021.

BRASIL. Ato Complementar n. 38, de 13 de dezembro de 1968b. Decreta o recesso do Congresso Nacional. Disponível em: www.planalto.gov.br/ccivil_03/acp/acp-38-68.htm. Acesso em: 10 nov. 2021.

BRASIL. Ato Institucional n. 13, de 5 de setembro de 1969a. Institui a pena de banimento do Território Nacional para o brasileiro que se tornar inconveniente, nocivo ou perigoso à Segurança Nacional e dá outras providências. Disponível em: www.planalto.gov.br/ccivil_03/ait/ait-13-69.htm. Acesso em: 10 nov. 2021.

BRASIL. Ato Institucional n. 14, de 5 de setembro de 1969b. Dá nova redação ao parágrafo 11 do artigo 150 da Constituição do Brasil, acrescentando que não haverá pena de morte, de prisão perpétua, de banimento ou confisco, salvo nos casos de guerra externa, psicológica adversa, ou revolucionária ou subversiva nos termos que a lei determinar - esta disporá, também, sobre o perdimento de bens por danos causados ao erário ou no caso de enriquecimento ilícito no exercício de cargo, função ou emprego na administração pública direta ou indireta. Disponível em: www.planalto.gov.br/ccivil_03/ait/ait-14-69.htm. Acesso em: 10 nov. 2021.

BRASIL. Decreto-Lei n. 898, de 29 de setembro de 1969c. Define Os crimes contra a segurança nacional, a ordem política e social, estabelece seu processo de julgamento e dá outras providências. Disponível em: www.planalto.gov.br/ccivil_03/decreto-lei/1965-1988/del0898.htm. Acesso em: 10 nov. 2021.

BRASIL. Decreto-Lei n. 1.001, de 21 de outubro de 1969. Os Ministros da Marinha de Guerra, do Exército e da Aeronáutica Militar, usando das atribuições que lhes confere o art. 3º do Ato Institucional n. 16, de 14 de outubro de 1969, combinado com o § 1º do art. 2º, do Ato Institucional n. 5, de 13 de dezembro de 1968, decretam o Código Penal Militar. Disponível em: www.planalto.gov.br/ccivil_03/decreto-lei/del1001.htm. Acesso em: 10 nov. 2021.

BRASIL. Decreto Federal n. 57.775, de 10 de fevereiro de 1966b. Define exercício de função militar e dá outras providências. Disponível em: https://legislacao.presidencia.gov.br/atos/?tipo=DEC&numero=57775&ano=1966&ato=834MTVq1UMZRVT586. Acesso em: 10 nov. 2021.

BRASIL. Decreto-Lei n. 11 de 7 de julho de 1966c. Considera o exercício do cargo de Comandante de Polícia Militar Estadual, do Distrito Federal e de Território, para os fins que especifica, nas mesmas condições que o exercício de Comando de Tropa no Exército. Disponível em: https://presrepublica.jusbrasil.com.br/legislacao/126215/decreto-lei-11-66. Acesso em: 10 nov. 2021.

BRASIL. Decreto-Lei Federal n. 317, de 13 de março de 1967c. Reorganiza as Polícias e os cargos de Bombeiros militares dos estagiados, dos Territórios e do Distrito Federal e dá outras providências. Disponível em: www.planalto.gov.br/ccivil_03/decreto-lei/1965-1988/Del0317.htm. Acesso em: 10 nov. 2021.

BRASIL. Decreto-Lei n. 667, de 2 de julho de 1969d. Reorganiza as Polícias Militares e os Corpos de Bombeiros Militares dos estados, do Território e do Distrito Federal, e dá outras providências. Disponível em: www.planalto.gov.br/ccivil_03/decreto-lei/del0667.htm. Acesso em: 10 nov. 2021.

BRASIL. Decreto-Lei Federal n. 1.406, de 24 de junho de 1975. Altera a redação do parágrafo único do artigo 26 do Decreto-lei n. 667, de 2 de julho de 1969, que reorganiza as Polícias Militares e os Corpos de Bombeiros Militares dos Estados, dos Territórios e do Distrito Federal. Disponível em: www.planalto.gov.br/ccivil_03/decreto-lei/del1406.htm. Acesso em: 10 nov. 2021.

BRASIL. Decreto-Lei Federal n. 57.131, de 27 de outubro de 1965. Suspende as atividades da Associação dos Cabos e Soldados das Polícias Militares do Brasil. Disponível em: https://www.lexml.gov.br/urn/urn:lex:br:federal:decreto:1965-10-27;57131. Acesso em: 10 nov. 2021.

BRASIL. Decreto-Lei n. 1.072, de 30 de dezembro de 1969e. Dá nova redação ao art. 3º, letra "a" do Decreto-lei n. 667, de 2 de julho de 1969 e dá outras providências. Disponível em: www.planalto.gov.br/ccivil_03/decreto-lei/del1072.htm. Acesso em: 10 nov. 2021.

BRASIL. Lei n. 4.902, de 16 de dezembro de 1965. Dispõe sobre a inatividade dos militares da Marinha, da Aeronáutica e do Exército. Disponível em: www.planalto.gov.br/ccivil_03/leis/l4902.htm. Acesso em: 10 nov. 2021.

BRASIL. Ato Institucional n. 17, de 14 de outubro de 1969f. Autoriza o Presidente da República a transferir para reserva, por período determinado, os militares que hajam atentado ou venham a atentar contra a coesão das

Forças Armadas. Disponível em: www.planalto.gov.br/ccivil_03/ait/ait-17-69.htm. Acesso em: 10 nov. 2021.

BRASIL. Lei n. 5.058, de 29 de junho de 1966b. Altera dispositivos da Lei n. 4902, de 16 de dezembro de 1965, revoga as Leis n. 2.370, de 9 de dezembro de 1954, n. 3.067, de 22 de dezembro de 1956, e n. 3.725, de 28 de dezembro de 1959, e dá outras providências. Disponível em: www.planalto.gov.br/ccivil_03/leis/1950-1969/l5058.htm. Acesso em: 10 nov. 2021.

BRASIL. Decreto-Lei n. 1.029, de 21 de outubro de 1969g. Dispõe sobre o Estatuto dos Militares e dá outras providências. Disponível em: www.planalto.gov.br/ccivil_03/decreto-lei/1965-1988/del1029.htm. Acesso em: 10 nov. 2021.

BRASIL. Decreto-Lei n. 1.078, de 27 de janeiro de 1970. Revoga a letra "a" do artigo 85 do Decreto-Lei n. 1.029, de 21 de outubro de 1969 (Estatuto dos Militares). Disponível em: www.planalto.gov.br/ccivil_03/decreto-lei/1965-1988/Del1078.htm. Acesso em: 10 nov. 2021.

BRASIL. Lei n. 5.774, de 23 de dezembro de 1971. Dispõe sobre o Estatuto dos Militares e dá outras providências. Disponível em: www.planalto.gov.br/ccivil_03/leis/1970-1979/L5774.htm. Acesso em: 10 nov. 2021.

BRASIL. Ato Institucional n. 16, de 14 de outubro de 1969h. Declara a vacância dos cargos e fixa data para eleições e posse de Presidente e Vice-Presidente da República, e dá outras providências. Disponível em: www.planalto.gov.br/ccivil_03/ait/ait-16-69.htm. Acesso em: 10 nov. 2021.

BRASIL. Emenda Constitucional n. 1, de 17 de outubro de 1969i. Edita o novo texto da Constituição Federal de 24 de janeiro de 1967. Disponível em: www.planalto.gov.br/ccivil_03/constituicao/emendas/emc_anterior1988/emc01-69.htm. Acesso em: 10 nov. 2021.

BRASIL. Decreto n. 66.862, de 8 de julho de 1970b. Aprova o Regulamento para as Polícias Militares e Corpos de Bombeiros Militares (R-200). Disponível em: https://www2.camara.leg.br/legin/fed/decret/1970-1979/decreto-66862-8-julho-1970-408436-publicacaooriginal-1-pe.html. Acesso em: 10 nov. 2021.

BRASIL. Decreto n. 62.119, de 15 de janeiro de 1968c. Altera os decretos 56.788, de 25/8/1965, e 56.596, de 21/7/1965, que dispõem, respectivamente, sobre os regimentos dos Gabinetes Militares e Civil da Presidência da República. Disponível em: https://legislacao.presidencia.gov.br/atos/?tipo=DEC&numero=62119&ano=1968&ato=bd8k3aE50djRVTf92. Acesso em: 10 nov. 2021.

BRASIL. Lei n. 6.339, de 1 de julho de 1976. Dá nova redação ao artigo 250 da Lei n. 4.737, de 15 de julho de 1965, alterado pelo artigo 50, da Lei número 4.961, de 4 de maio de 1966, e ao artigo 118 da Lei n. 5.682, de 21 de julho de 1971. Disponível em: www.planalto.gov.br/ccivil_03/leis/1970-1979/l6339.htm. Acesso em: 11 nov. 2021.

BRASIL. Decreto n. 82.020, de 20 de julho de 1978. Introduz modificações no art. 8 e cria o art. 32 do Regulamento para as Polícias Militares e Corpos de Bombeiros Militares (R-200), aprovado pelo Decreto n. 66.862, de 8/7/1970. Disponível em: https://legislacao.presidencia.gov.br/atos/?tipo=DEC&numero=82020&ano=1978&ato=c12k3YE1kerRVTb61. Acesso em: 11 nov. 2021.

BRASIL. Emenda Constitucional n. 11, de 13 de outubro de 1978a. Altera dispositivos da Constituição Federal. Disponível em: https://www2.camara.leg.br/legin/fed/emecon/1970-1979/emendaconstitucional-11-13-outubro-1978-366947-norma-pl.html. Acesso em: 11 nov. 2021.

BRASIL. Lei n. 6.620, de 17 de dezembro de 1978b. Define os crimes contra a Segurança Nacional, estabelece a sistemática para o seu processo e julgamento e dá outras providências. Disponível em: https://www2.camara.leg.br/legin/fed/lei/1970-1979/lei-6620-17-dezembro-1978-365788-norma-pl.html. Acesso em: 11 nov. 2021.

BRASIL. Decreto-Lei n. 1.632, de 4 de agosto de 1978c. Dispõe sobre a proibição de greve nos serviços públicos e em atividades essenciais de interesse da segurança nacional. Disponível em: www.planalto.gov.br/ccivil_03/decreto-lei/del1632.htm. Acesso em: 11 nov. 2021.

BRASIL. Lei n. 6.683, de 28 de agosto de 1979a. Concede anistia e dá outras providências. Disponível em: www.planalto.gov.br/ccivil_03/leis/l6683.htm. Acesso em: 11 nov. 2021.

BRASIL. Lei n. 6.767, de 20 de dezembro de 1979b. Modifica dispositivos da Lei n. 5.682, de 21 de julho de 1971 (Lei Orgânica dos Partidos Políticos), nos termos do artigo 152 da Constituição, alterado pela Emenda Constitucional n. 11, de 1978; dispõe sobre preceitos do Decreto-lei n. 1.541, de 14 de abril de 1977, e dá outras providências. Disponível em: www.planalto.gov.br/ccivil_03/leis/1970-1979/l6767.htm. Acesso em: 11 nov. 2021.

BRASIL. Lei n. 6.680, de 9 de dezembro de 1980a. Dispõe sobre o Estatuto dos Militares. Disponível em: www.

planalto.gov.br/ccivil_03/leis/l6880.htm. Acesso em: 11 nov. 2021.

BRASIL. Decreto-Lei n. 2010, de 12 de janeiro de 1983a. Altera o Decreto-Lei n. 667, de 2 de julho de 1969, que reorganiza as Polícia Militares e os Corpos de Bombeiros Militares dos Estados, dos Territórios e do Distrito Federal e dá outras providências. Disponível em: www.planalto.gov.br/ccivil_03/decreto-lei/del2010.htm. Acesso em: 11 nov. 2021.

BRASIL. Decreto-Lei Federal n. 2.106, de fevereiro de 1984a. Altera o Decreto-Lei n. 667, de 2 de julho de 1969, que reorganiza as Polícias Militares e os Corpos de Bombeiros Militares dos Estados, dos Territórios e do Distrito Federal. Disponível em: www.planalto.gov.br/ccivil_03/decreto-lei/del2106.htm. Acesso em: 11 nov. 2021.

BRASIL. Decreto-Lei n. 88.777, de 30 de setembro de 1983b. Aprova o regulamento para as Polícias Militares e Corpos de Bombeiros Militares (R-200) Disponível em: www.planalto.gov.br/ccivil_03/decreto/d88777.htm. Acesso em: 11 nov. 2021.

BRASIL. Lei n. 7.170, de 14 de dezembro de 1983c. Define os crimes contra a segurança nacional, a ordem política e social, estabelece seu processo e julgamento e dá outras providências. Disponível em: www.planalto.gov.br/ccivil_03/leis/l7170.htm. Acesso em: 11 nov. 2021.

BRASIL. Constituição da República Federativa do Brasil de 1988. Disponível em: www.planalto.gov.br/ccivil_03/constituicao/constituicao.htm. Acesso em: 11 nov. 2021.

BRASIL. Ministério da Defesa. *Ordem do Dia Alusiva ao 31 de março de 1964*. Brasília, DF, 31 mar. 2020.

BRASIL. *Relatório final da Comissão Nacional da Verdade*. v 1. Brasília: CNV, 2014.

BRIGAGÃO, Clóvis; JR. PROENÇA, Domício. Os militares na política. *In*: Lúcia Avelar; Antônio Octávio Cintra. (org.). *Sistema político brasileiro*: Uma introdução. 2. ed. Rio de Janeiro: Fundação Konrad Adenauer, 2007, v. 1, p. 375-386.

BRITTO, Carlos Ayres. O problema da vigência dos atos complementares posteriores à edição do AI-5. *Revista de direito da Procuradoria Geral do Estado do Rio de Janeiro*, n. 32, p. 1-18, 1977.

CAETANO, Guilherme. Participação de policiais em ambientes bolsonaristas radicais na internet sobe 24% em 2021. *O Globo*, Rio de Janeiro/RJ, 2021. Disponível em: https://oglobo.globo.com/politica/participacao-de-policiais-em-ambientes-bolsonaristas-radicais-na-internet-sobe-24-em-2021-25181616. Acesso em: 01 dez. 2021.

CAETANO, Guilherme. O que as polícias acham de Bolsonaro. *O Globo*, Rio de Janeiro/RJ, 2021. Disponível em: https://oglobo.globo.com/epoca/brasil/o-que-as-policias-acham-de-bolsonaro-1-24962414. Acesso em: 01dez2021.

CAMARGO, Mônica Ovinski de. O habeas corpus no Brasil Império: liberalismo e escravidão. *Revista Sequência*, n. 49, p. 71-94, dez. 2004.

CARVALHO, Aloysio Castelo de. As origens do SNI: Escola Superior de Guerra. *In*: Associação Nacional de Pós-Graduação e Pesquisa em Ciências Sociais, *43º Encontro Anual*, Anais do ST 14 Forças Armadas, Estado e Sociedade, Caxambu-MG, 2019.

CARVALHO, José Murilo de. *Forças Armadas e política no Brasil*. 2. ed. Rio de Janeiro: Jorge Zahar, 2006.

CAVALCANTI, Leonardo. Bolsonaro mais que dobrou contingente de militares no governo, aponta TCU. *Poder 360*, 17/7/2020. Disponível em: https://www.poder360.com.br/governo/bolsonaro-mais-que-dobrou-contingente-de-militares-no-governo-aponta-tcu/. Acesso em: 4 nov. 2021.

CINTRA, Marcos Antonio Macedo. (org.). *Inserção internacional brasileira*: temas de política externa. 1. ed. Brasília: Ipea, 2010. v. 1.

COELHO, Edmundo Campos. *Em busca de identidade*: o Exército e a política na sociedade brasileira. Rio de Janeiro: Forense-Universitária, 1976.

COUTINHO, Sérgio A. A. *A revolução gramscista no Ocidente*. A concepção revolucionária de Antônio Gramsci em os *Cadernos do cárcere*. Rio de Janeiro: Biblioteca do Exército, 2012.

COUTO E SILVA, Golbery do. *Planejamento estratégico*. Rio de Janeiro: Biblioteca do Exército/Companhia Editora Americana, 1955.

COUTO E SILVA, Golbery do. *Geopolítica do Brasil*. Rio de Janeiro: José Olympio, 1967.

DREIFUSS, René Armand. *1964*: a conquista do Estado: ação política, poder e golpe de classe. 3. ed. Petrópolis: Vozes, 1981.

DREIFUSS, René Armand; DULCI, Otávio Soares. As Forças Armadas e a política. *In*: SORJ, B., and ALMEIDA, MHT. (org.) *Sociedade e política no Brasil pós-64* [online], Rio de Janeiro: Centro Edelstein de Pesquisas Sociais, 2008 [1984].

DUARTE, Thaís Lemos. Facções criminais e milícias: Aproximações e distanciamentos propostos pela literatura. *BIB*, São Paulo, n. 90, p. 1-16, 2019.

EDGLEY, Roy. Materialismo dialético. *In*: BOTTOMORE, Tom. *Dicionário do pensamento marxista*. Rio de Janeiro: Editora Zahar, 2012.

FAGUNDES, Miguel Seabra. *As Forças Armadas na Constituição*. Rio de Janeiro: Biblioteca do Exército, 1947.

FARIA, Regina Helena Martins de. Civilizar e desenvolver: duas faces da intervenção militar em áreas internas do Brasil. Séculos XIX e XX. *Clio* – Revista de Pesquisa Histórica n. 29, p. 2, 2011.

FAUSTO, Boris. *História do Brasil*. 2. ed. São Paulo: Editora da Universidade de São Paulo, 1995.

FERREIRA, Oliveiros S. *Vida e morte do partido fardado* São Paulo: Editora Senac, 2019 [versão kindle].

FICO, Carlos. Versões e controvérsias sobre 1964 e a ditadura militar. *Revista Brasileira de História*, n. 47, p. 29-60, 2004.

FIGUEIREDO, Lucas. *Olho por olho*: os livros secretos da ditadura. Rio de Janeiro: Record, 2009.

FREIRE, Américo. A via partidária da transição política brasileira. *Varia História*, Belo Horizonte, v. 30, n. 52, p. 287-308, abr. 2014.

FRIEDE, Reis. A corrupção enquanto fenômeno mundial e fonte de financiamento das novas guerras. *Revista da Escola Superior de Guerra*, v. 34, n. 71, p. 178-191, ago. 2019.

GOMES, Ângela M. de C. *A invenção do trabalhismo*. 3. ed. Rio de Janeiro: Editora FGV, 2005.

GONÇALVES, Danyelle Nilin. Os múltiplos sentidos da anistia. *Revista Anistia Política e Justiça de Transição*, Brasília, Ministério da Justiça, n.1, p. 272-295, jan./jun.2009.

GORENDER, Jacob. *O combate nas trevas*: esquerda brasileiras, das ilusões perdidas à luta armada. Expressão Popular: São Paulo, 2020.

GUERRA, Maria Pia. *Polícia e ditadura*: a arquitetura institucional da segurança pública de 1946 a 1988. Brasília: Ministério da Justiça e Cidadania, 2016.

HANIOGLU, M. Sürkrü. *Preparation for a revolution*: the Young Turks, 1902-1908. New York: Oxford Press University, 2001.

INSTITUTO BRASILEIRO DE GEOGRAFIA E ESTATÍSTICA (IBGE). *Tendências Demográficas*: uma análise dos resultados da amostra do Censo Demográfico 2000. Rio de Janeiro: IBGE, 2004.

INSTITUTO DE PESQUISAS DATAFOLHA. Recorde, reprovação a Bolsonaro atinge 53%. Datafolha, 17/9/2021. Disponível em: https://datafolha.folha.uol.com.br/opiniaopublica/2021/09/1989340-recorde-reprovacao-a-bolsonaro-atinge-53.shtml. Acesso em: 12 nov. 2021.

KOERNER, Andrei. Um supremo coadjuvante: a reforma judiciária da distensão ao Pacote de Abril de 1977. *Novos Estudos Cebrap*, São Paulo, v. 37, n. 1, p. 81-97, abr. 2018.

LENTZ, Rodrigo. Da politização do judiciário à militarização da política. A intervenção civil-militar e o cerco à democracia. *Le Monde Diplomatique*, Rio de Janeiro, 19 de fevereiro de 2018. Disponível em: https://diplomatique.org.br/intervencao-civil-militar-e-o-cerco-democracia-2/. Acesso em: 4 nov. 2021.

LENTZ, Rodrigo. A intervenção militar e os democráticos tateantes. *Brasil de Fato*, São Paulo, acervo *online*, 4 out. 2017. Disponível em: https://www.brasildefato.com.br/2017/10/04/artigo-or-a-intervencao-militar-e-os-democraticos-tateantes. Acesso em: 3 nov. 2021.

LENTZ, Rodrigo. A volta dos que nunca foram: os militares na política. *Le Monde Diplomatique Brasil*, São Paulo, edição impressa n. 124, 2 nov. 2017. Disponível em: A volta dos que nunca foram: os militares na política. *Le Monde Diplomatique Brasil*, São Paulo/SP, edição impressa, 2 nov. 2017. Acesso em: 4 nov. 2021.

LERNER, Piero. Da campanha à conquista do Estado: os militares no capítulo da guerra híbrida brasileira. *In:* MARTINS FILHO, João Roberto. *Os militares e a crise brasileira*. 1. ed. São Paulo: Alameda, 2021.

MANSO, Bruno Paes Manso. *A república das milícias*: Dos esquadrões da morte à era Bolsonaro. São Paulo: Todavia, 2020.

MARQUES, Pablo. Em evento da maçonaria, general do Exército propõe intervenção militar. **Poder 360**, Brasília/DF, 2017. Disponível em: www.poder360.com.br/brasil/em-evento-da-maconaria-general-do-exercito-propoe-intervencao-militar/. Acesso em: 01 dez. 2021.

MARTINS FILHO, João Roberto. A conexão francesa: da Argélia ao Araguaia. *Varia História*, Belo Horizonte, v. 28, n. 48, p. 519-536, jul./dez. 2012.

MATHIAS, Suzeley Kalil; GUZZI, André Cavaller. Autonomia na lei: Forças Armadas nas Constituições nacionais. *RBCS*, v. 25, n. 73, p. 43, p. 44, p. 50, junho/2010.

MIGUEL, Luis F. *Dominação e resistência*: desafios para uma política emancipatória. 1. ed. São Paulo: Boitempo, 2018.

MIGUEL, Luis F. *Segurança e desenvolvimento*: peculiaridades da ideologia da segurança nacional no Brasil. *Diálogos Latino-americanos*, Aarhus (Dinamarca), v. 5, p. 40-56, 2002.

MONTEIRO, Pedro Aureliano de Góes. *A Revolução de 1930 e a finalidade política do Exército*. Rio de Janeiro: Andersen Editores, 1934.

MONTEIRO, Tânia; FERNANDES, Adriana. Com 2,9 mil cargos, Forças Armadas temem desgaste. *O Estado de S. Paulo*, 31 maio 2020. Disponível em: https://politica.estadao.com.br/noticias/geral,com-2-9-mil-cargos-forcas-armadas-temem-desgaste,70003320117. Acesso em: 4 nov. 2021.

MORAES, João Quartim de. O poder constituinte e a força. *Estudos avançados*, v. 3, n. 7, p. 67-86, 1989.

MOTTA, Rodrigo Patto de Sá. *Em guarda contra o perigo vermelho*: o anticomunismo no Brasil (1917-1964). Tese de doutorado em História Econômica. Faculdade de Filosofia, Letras e Ciências Humanas da Universidade de São Paulo. São Paulo, 2000.

MOTTA, Rodrigo Patto de Sá. O perigo é vermelho e vem de fora: o Brasil e a URSS. *Revista Locus*, Juiz de Fora/MG, v. 13, n. 2, p. 227-246, 2007.

NASCIMENTO, Fernanda de Santos. Militares e Política no século XIX: uma abordagem através do estudo da imprensa periódica militar. *In*: BARBOSA, Jefferson Rodrigues *et al*. (orgs.). *Militares e política no Brasil*. 1. ed. São Paulo: Expressão Popular, 2018. p. 22-66.

O'DONELL, Guilhermo. *Análise do autoritarismo burocrático*. Rio de Janeiro: Paz e Terra, 1990.

OLIVEIRA, Eliézer Rizzo. *As Forças Armadas*: política e ideologia no Brasil (1964-1969). Dissertação (Mestrado em Ciência Política), Departamento de Ciências Sociais, Universidade Estadual de Campinas, Campinas, 1976.

OLIVEIRA, Eliézer Rizzo de; SOARES, Samuel Alves. Brasil – Forças Armadas, direção política e formato institucional. *In*: D'ARAÚJO, Maria Celina; CASTRO, Celso (org.) *Democracia e Forças Armadas no Cone Sul*. Rio de Janeiro: Ed. Fundação Getúlio Vargas, 2000.

PADRÓS, Enrique Serra. A ditadura civil-militar uruguaia: doutrina e segurança nacional. *Varia História*, Belo Horizonte, v. 28, n. 48, p. 495-517, jul/dez 2012.

PENIDO, Ana; COSTA, Frederico; JANOT, Mariana. *Forças Armadas no Brasil*: profissão e intervenção política. *BIB*, São Paulo, n. 96, p. 1-22, ago. 2021. Disponível em: https://anpocs.com/images/BIB/n96/BIB_96_2.Foras_armadas.pdf. Acesso em: 4 nov. 2021.

PENIDO, Ana A.; MATHIAS, Suzeley K. Pensando a educação de militares na democracia. *In*: MARTINS FILHO, João Roberto (Org.). *Os militares e a crise brasileira*. 1ª ed. São Paulo: Alameda, 2021, v. 1, p. 219-240.

PENIDO, Ana A.; LENTZ, Rodrigo. *O Partido Militar e as FFAA no governo Bolsonaro* – Parte III. Tricontinental, 22 jun. 2020.

PENIDO, Ana A.; MATHIAS, Suzeley K.; RODRIGUES, Jorge. As Forças Armadas no governo Bolsonaro. *Tricontinental* [Brasil. Observatório da Defesa e Soberania], 14 abr. 2020.

PIMENTEL, Marcelo. A palavra convence e o exemplo arrasta. *In:* MARTINS FILHO, João Roberto. *Os militares e a crise brasileira*. 1ª ed. São Paulo: Alameda, 2021.

QUEVEDO, Luigi de Freitas Bisso. *O Brasil em armas*: os impactos da Primeira Guerra Mundial sobre as relações político-militares brasileiras. Dissertação (mestrado). Escola de Ciências Sociais da Fundação Getúlio Vargas, Programa de Pós-Graduação em História, Política e Bens Culturais, Fundação Getúlio Vargas, Rio de Janeiro, 2019. 80 f.

RANSOM, Howe Harry. *Informações centralizadas e segurança nacional*. Rio de Janeiro. Departamento de Imprensa Nacional, 1972.

REVISTA DA ESCOLA SUPERIOR DE GUERRA. Brasília, n. 38, 1999.

ROCHA, Antônio Jorge Ramalho. Militares e política no Brasil. *In:* ACIOLY, Luciana; CINTRA, Marcos Antonio Macedo. (org.). Inserção Internacional Brasileira: temas de política externa. 1. ed. Brasília: Ipea, 2010. v. 1.

ROUQUIÉ, Alain (org.). *Os partidos militares no Brasil*. Rio de Janeiro: Record, 1980.

SAINT-PIERRE, Héctor Luis. 11 de setembro: do terror à injustificada arbitrariedade e o terrorismo de Estado. *Revista de Sociologia e Política [online]*, v. 23, n. 53, p. 9-26, 2015.

SANTOS, Wanderley Guilherme. Quem daria o golpe no Brasil. Rio de Janeiro: Civilização Brasileira, 1962. (Coleção Cadernos do Povo Brasileiro)

SCHULZ, John. *O Exército na política*: origens da intervenção militar: 1850-1894. São Paulo: Edusp, 1994, p. 77, 88, 139, 140, 21, 184

SEABRA, Catia; GARCIA, Diego. Bolsonaro multiplica por dez número de militares no comando de estatais. *Folha de S. Paulo*, 6 mar. 2021. Disponível em: www1.folha.uol.com.br/mercado/2021/03/bolsonaro-multiplica-por-10-numero-de-militares-no-comando-de-estatais.shtml+&cd=1&hl=pt-PT&ct=clnk&gl=br. Acesso em: 4 nov. 2021.

SEIDL, Ernesto. A formação de um Exército à brasileira: lutas corporativas e adaptação institucional. *História* [online], São Paulo, v. 29, p. 71-94, 2010.

SEIXAS, Alexandre Magalhães. *A Justiça Militar no Brasil*: estruturas e funções. Dissertação de mestrado. Departamento de Ciência Política da Universidade de Campinas, Unicamp, Campinas, 2002.

SODRÉ, Nelson Werneck. *A história militar do Brasil*. 2. ed. São Paulo: Expressão Popular, 2010.

STEPAN, Alfred. *Os militares na política*: as mudanças de padrões na vida brasileira. Rio de Janeiro: Editora Artenova, 1975. [1971].

TEIXEIRA, Mauro Eustáquio Costa. Em nome da ordem: a cultura política anticomunista nas Forças Armadas brasileiras: 1935-1985. *Revista Mediações*, Londrina, v. 19, n. 1, p. 151-169, jan./jun. 2014.

TOLEDO, Caio Navarro de. 1964: O golpe contra as reformas e a democracia. *Revista brasileira de História*, São Paulo, v. 24, n. 47, p. 13-28, 2004.

TREVISAN, Leonardo. *O que todo cidadão precisa saber sobre o pensamento militar brasileiro*. São Paulo: Global, 1985. (Cadernos de Educação Política).

URIBE, Gustavo; COLON, Leandro. 'O povo é soberano, se quiser a volta de Lula, paciência. Acho difícil', diz Mourão. *Folha de São Paulo*, São Paulo, 2021. Disponível em: https://www1.folha.uol.com.br/poder/2021/03/o-povo-e-soberano-se-quiser-a-volta-de-lula-paciencia-acho-dificil-diz-mourao.shtml. Acesso em: 01 dez. 2021.

VALENTE, Rubens. General fala em intervenção se Justiça não agir contra corrupção. *Folha de São Paulo*, 17 set. 2017. Disponível em: www1.folha.uol.com.br/poder/2017/09/1919322-general-do-exercito-ameaca-impor-solucao-para-crise-politica-no-pais.shtml. Acesso em: 01 dez. 2021.

ZAVERUCHA, Jorge. O legado autoritário da Constituição de 1988. *In:* SAFATLE, Vladimir; TELES, Edson (Orgs.). O que resta da ditadura: a exceção brasileira. São Paulo: Boitempo, 2010, p. 41-76.

PARA SABER MAIS

A vida e a morte do partido fardado
  Oliveiros da Silva Ferreira
  São Paulo: Editora Senac, 2019.

Expressão do pensamento conservador, esta obra tem como principal mérito condensar de forma única uma explicação organizacional da luta política no seio das Forças Armadas. Faz isso considerando a honra como princípio constitutivo do ethos burocrático e mostrando, desde a primeira intervenção, a dinâmica das tensões entre a oficialidade desengajada na política e os militares politizados – o partido fardado. É uma leitura fundamental para compreender os militares como uma instituição medieval-moderna, corporativa-profissional.

Forças Armadas e política no Brasil
  José Murilo de Carvalho

  2ª edição. Rio de Janeiro: Jorge Zahar Ed., 2006.
  Esta obra é capaz de fornecer uma interpretação social-democrata da história dos militares na política.

Seu grande mérito é demonstrar como os militares, em especial do Exército, estiveram diretamente envolvidos na formação política do Brasil República. Além disso, discorre sobre a dinâmica civil da participação militar na política e revela como a militarização da política é uma obra histórica socialmente construída.

Em busca de identidade: o Exército e a política na sociedade brasileira
Edmundo Campos Coelho
Rio de Janeiro: Forense-universitária, 1976.

Escrita em plena ditadura, a obra é um clássico do pensamento sociológico sobre os militares no Brasil. Como leitura organizacional do Exército, a interpretação de Coelho desenvolve o papel social dessa instituição na política brasileira, destacando a complexidade da construção de uma identidade para essa instituição no seio das disputas de poder. A conclusão, naquele tempo, revela o valor fundamental da obra: a crise histórica de identidade das Forças Armadas estaria solucionada pela institucionalização da doutrina de Segurança Nacional na organização militar.

1964: a conquista do Estado. Ação política, poder e golpe de classe
René Armand Dreifuss

3ª edição. Petrópolis: Rio de Janeiro, 1981.

Esta obra é fundamental para compreender o caráter de classe da ditadura de 1964. Com ampla base empírica, o estudo de vertente marxista revela em detalhes o complexo industrial-militar entre o capital nacional associado e o capital multinacional na infiltração e tomada do poder no Estado. Expressão da abordagem instrumental sobre os militares na política, este livro é revelador do caráter civil das ditaduras e das relações de classe da organização militar no Brasil.

Militares e política no Brasil
    Jefferson Rodrigues Barbosa *et al.* (org.)
    São Paulo: Expressão Popular, 2018.
Este livro é uma coletânea de artigos organizado por Paulo Ribeiro Cunha, Marly de Almeida Gomes Vianna, Leandro Pereira Gonçalves e Barbosa. A obra reúne uma interpretação histórico-social das relações de classe dos militares na política em torno de quatro eixos: militares e o Estado, educação militar, imprensa militar e o embate entre chauvinismo e antifascismo na organização. Além de repisar a falsa polêmica sobre militares e a política, o livro reúne uma generosa reconstituição das disputas ideológicas da formação política das Forças Armadas brasileiras.

SOBRE O AUTOR

RODRIGO LENTZ

Doutor em Ciência Política pela Universidade de Brasília (UnB), mestre em Ciência Política pela Universidade Federal do Rio Grande do Sul (UFRGS) e advogado, com graduação na Universidade do Vale do Rio dos Sinos (Unisinos). Pesquisa sobre o pensamento político dos militares brasileiros e a justiça de transição, com artigos científicos, capítulos de livros, artigos de opinião e entrevistas. Foi consultor da Organização das Nações Unidas (PNUD), coordenador da Comissão de Anistia do Ministério da Justiça e membro da 8ª Pesquisa Legislativa Brasileira (FGV/Oxford). Atualmente integra o grupo de pesquisa "Democracia e Sociedade" (Demodê/Unb), é pesquisador sênior do observatório sobre Defesa e Soberania Nacional do Instituto Tricontinental de Pesquisa Social e professor convidado do curso de Especialização em Direitos Humanos e Políticas Públicas da Unisinos.

Ê

Coleção Emergências

República de Segurança Nacional –
Militares e política no Brasil

EDIÇÃO
Jorge Pereira Filho
Miguel Yoshida

COPIDESQUE
Cecília Luedemann

ILUSTRAÇÃO
Cesar Habert Paciornik

REVISÃO
Lia Urbini
Aline Piva

PROJETO GRÁFICO
Estúdio Bogari

DIAGRAMAÇÃO E CAPA
Zap Design

IMPRESSÃO
GRÁFICA PAYM

Sobre o livro
Formato: 120 x 180 mm
Mancha: 85 x 145 mm
Tipologia: Frutiger LT Std 10/14
Papel: Polen soft 80 g/m²
Cartão 250g/m² (capa)
1ª edição: 2022